道路桥梁与隧道施工技术

李顺红　朱庆飞　李宏伟　著

吉林科学技术出版社

图书在版编目（CIP）数据

道路桥梁与隧道施工技术 / 李顺红，朱庆飞，李宏伟著. -- 长春：吉林科学技术出版社，2023.5
ISBN 978-7-5744-0396-3

Ⅰ.①道… Ⅱ.①李… ②朱… ③李… Ⅲ.①道路施工②桥梁施工③隧道施工 Ⅳ.①U415②U445③U455

中国国家版本馆 CIP 数据核字(2023)第 092565 号

道路桥梁与隧道施工技术

著	李顺红　朱庆飞　李宏伟
出 版 人	宛　霞
责任编辑	程　程
封面设计	正思工作室
制　　版	林忠平
幅面尺寸	185mm×260mm
开　　本	16
字　　数	300 千字
印　　张	13.5
印　　数	1–1500 册
版　　次	2023年5月第1版
印　　次	2024年1月第1次印刷

出　　版	吉林科学技术出版社
发　　行	吉林科学技术出版社
地　　址	长春市福祉大路5788号
邮　　编	130118
发行部电话/传真	0431-81629529 81629530 81629531
	81629532 81629533 81629534
储运部电话	0431-86059116
编辑部电话	0431-81629518
印　　刷	廊坊市印艺阁数字科技有限公司

书　　号	ISBN 978-7-5744-0396-3
定　　价	82.00元

版权所有　翻印必究　举报电话：0431-81629508

前 言

  在开展道路桥梁隧道工程建设的过程中,虽然我国引进了先进的技术及专业人员,但是其中还是存在较多的问题,导致工程建设施工质量不佳。因此,需要提出有效的策略使道路桥梁隧道工程建设管理效用提升,发挥管理价值。

  在道路桥梁隧道工程的建设过程中需要结合生态需求、环境条件以及基建地形等对建设方案进行调整,为了确保工程质量、生产效益以及安全性,必须做好项目的建设管理,将不同部门之间的协调工作做好,做好资源的整合,对建设进度予以统筹,实现科学管理,为建设优质道路桥梁隧道工程提供保障。在实际建设中,建设项目要依据基建地形、环境条件、生态需求调整建设方案,而整个过程必然要做好建设管理,做好部门之间的协调工作,统筹好建设进度以及衔接好资源整合。

  道路桥梁隧道工程项目建设管理不仅关系到道路桥梁隧道工程施工质量及效率,还关系到整个道路建筑行业发展,故越来越多的道路施工单位都提高了对隧道工程健身项目管理的重视度。有文献显示,加强道路桥梁隧道工程项目建设管理还能够强化施工工艺,并减少不符合标准施工材料进入施工现场,从而降低因为施工材料不达标导致的各种施工问题和安全事故发生率,提高整体道路工程质量、使用寿命及社会价值。

编委会

孙柏宏	牟风芹	孟振兴
胡博	高翔	梁红委
周高庆	李高锋	仇玉
王宗山	席晓彬	张照亮
刘晓娜	王佳音	贺子恒
张志民	万子龙	田勇振
程秀丽	王素文	牛万轩
杨金朋	余婷	刘迪
赵法喜	陈日生	陈辉
魏娅萌	武仕强	张祥群
汪昆	韦倩倩	郭会月
樊嘉谦	宿付强	刘存贵
孜娜提·吾买尔		陈思艳
翟明	李永青	

目录

第一章 道路工程概述 …………………………………………001
- 第一节 道路基本建设程序 …………………………………001
- 第二节 道路施工项目管理过程 ……………………………007
- 第三节 道路施工项目管理的方法与内容 …………………011
- 第四节 道路工程施工监理 …………………………………017

第二章 桥梁工程概述 …………………………………………022
- 第一节 桥梁的基本组成及分类 ……………………………022
- 第二节 梁式桥的上部构造及施工 …………………………023
- 第三节 拱桥的上部构造及施工 ……………………………026
- 第四节 墩台的构造及施工 …………………………………029
- 第五节 基础的构造及施工 …………………………………033
- 第六节 斜拉桥和悬索桥简介 ………………………………044

第三章 道路隧道施工技术 ……………………………………062
- 第一节 概述 …………………………………………………062
- 第二节 隧道施工方法 ………………………………………070
- 第三节 隧道新奥法施工技术 ………………………………072

第四章 道路工程施工项目成本管理及优化 …………………075
- 第一节 道路工程施工成本概述 ……………………………075
- 第二节 道路工程施工成本计划与控制 ……………………082
- 第三节 施工项目成本核算、分析与考核 …………………088
- 第四节 道路工程项目施工成本管理优化 …………………093

第五章 道路工程施工现场管理 ………………………………108
- 第一节 现场管理基本规定 …………………………………108
- 第二节 施工现场的环境保护 ………………………………117
- 第三节 道路工程施工现场生产要素管理 …………………119
- 第四节 施工现场的管理优化 ………………………………126

第六章 施工项目进度控制 ……………………………………………… 129
第一节 进度控制概述 …………………………………………… 129
第二节 进度计划的审核与实施 ………………………………… 146
第三节 进度计划的检查与调整 ………………………………… 160

第七章 道路工程质量管理 ……………………………………………… 166
第一节 道路工程质量控制的常用方法 ………………………… 166
第二节 道路工程质量缺陷处理方法 …………………………… 170
第三节 桥梁工程质量检验 ……………………………………… 172
第四节 质量检验评定 …………………………………………… 178

第八章 道路桥梁建养一体化信息管理研究 …………………………… 186
第一节 道路桥梁建养一体化的概念认知 ……………………… 186
第二节 道路桥梁建养一体化信息管理的综合认知 …………… 192
第三节 道路桥梁建养一体化信息管理过程解析 ……………… 197

结语 …………………………………………………………………………… 205
参考文献 ……………………………………………………………………… 207

第一章　道路工程概述

第一节　道路基本建设程序

一、基本建设及其内容构成

基本建设是指国民经济中建造新的固定资产，从而扩大生产能力或工程效益的过程，在西方国家，相当于国家"资本投资"。例如，为了增加社会生产能力，新建工厂、学校、道路、桥梁、码头、矿井、电站、水坝、铁路等；为了扩大生产和提高效益而搭建生产车间、提高路面等级、修建永久性桥梁；为了提高生产效率，改进产品质量，对原有设备及工艺进行整体性技术改造，原有道路的全面改建等，都属于基本建设的范畴。

由此可见，凡是固定资产扩大再生产的新建、改建、扩建、恢复工程的建筑、添置、安装等活动及其与之连带的工作称为基本建设。

在我国，基本建设是发展国民经济，增强综合国力，迅速实现社会主义现代化，提高人民物质文化生活水平和加强国防实力的重要手段。因此，国家历来都十分重视基本建设事业，并制定、颁布了一系列政策、法规。通过十个五年计划，全国范围的大规模基本建设，初步形成了比较完整的工业、交通运输体系和国民经济体系，使历史悠久的中华大地发生了天翻地覆的变化，为我国的改革开放事业和构建社会主义的和谐社会提供了坚实的物质基础。基本建设工作应包括以下内容：

1. 建筑工程

指消耗建筑材料，使用工程机械，通过施工活动而建成的工程实体，如路基路面、桥梁、隧道、厂房、水坝等构筑物。

2. 安装工程

指基本建设项目需用的各种机械和设备的安设、装配、调试等工作，如工业生产设备道路及大型桥梁所需的各种机械、设备、仪器的安装及调试等。包括生产设备和生活设施。

3.设备、工具及器具的购置

指属于固定资产的机器、设备、工具、器具等用品的购置,如渡口设备、隧道照明、消防、通风的动力设备;高等级道路的收费监控通信、供电设备、路面养护用的沥青混合料拌和设备、摊铺机械和工具、器具等。

4.勘察、设计及相关工作

指编制建筑安装工程施工依据的勘察设计文件所进行的工作,如道路工程的可行性研究、初步设计、施工图设计等,以及勘察、设计过程中必须进行的地质调查、钻探、材料试验和技术研究工作、评价、评估、咨询、招标、投标、造价编制、试验研究工作等。

5.其他基本建设工作

指为确保基本建设工程的顺利实施和正常运行而进行的基础工作,如土地征用、拆迁安置、人员培训工程质量监督、监理、工程定额测定、施工机构迁移工作等。

二、基本建设项目的划分

基本建设工程规模有大小之分,但无论大小都有其自身的复杂性,要进行若干项技术的、经济的和物质形态的工作。为了加强对基本建设工作的管理,便于编制设计文件、概预算文件和施工组织设计文件,便于工程招投标工作和施工管理,必须对基本建设项目进行科学的分解和合理的划分。基本建设工程可以划分为建设项目、单项工程、单位工程、分部工程和分项工程。

1.建设项目

建设项目也称基本建设项目,是指经批准在一个设计任务书范围内按同一总体设计进行建设的全部工程。建设项目由一个或几个单项工程所组成,经济上实行统一核算,行政上实行统一管理,一般以一个企业(或联合企业)、事业单位或独立工程作为一个建设项目。道路工程以单独设计的道路路线、独立桥梁作为基本建设项目。

2.单项工程

单项工程也称工程项目,是指建设项目中具有独立的设计文件,建成后可独立发挥生产能力或使用效益的工程。如工业建筑中的生产车间、办公楼、仓库,民用建筑中的教学楼、图书馆、实验室、住宅,道路工程中独立合同段的路线、大桥、隧道等属于单项工程。

3.单位工程

单位工程是单项工程的组成部分,是指在单项工程中具有单独设计文件和独立施工条件,而又单独作为一个施工对象的工程。如生产车间的厂房修建、设备安装,道路工程中同一合同段内的路基、路面、桥梁、互通式立交、交通安全设施等属单位工程。由此可见,单位工程一般不能独立发挥生产能力和使用效益。

4. 分部工程

是按工程结构、构造或施工方法不同所作的分类,它是单位工程的组成部分。如房屋的基础、地面、墙体、门窗,道路路基的土石方、排水、涵洞、大型挡土墙,桥梁的上、下部构造、引道等均属分部工程。

5. 分项工程

是指通过较为简单的施工过程就能生产出来,并且可以用适当计量单位计算的"假定"的建筑或安装产品。如 $10m^2$ 块石基础、$100m$ 水泥混凝土路面,一台某型号龙门吊的安装等。必须指出,分项工程只是建筑或安装工程的种基本构成因素,是为了确定施工资源消耗和计算工程费用而划分的一种假定产品,以便作为分部工程的组成部分。因此,分项工程的独立存在是没有意义的,它不像上述项目那样是完整的产品。

三、道路基本建设程序

基本建设程序是指基本建设全过程中各项工作必须遵循的先后顺序。这个顺序是由固定资产的建设过程,即基本建设发展进程的客观规律所决定的。科学的基本建设程序能正确地处理基本建设工作中,制订建设规划、确定建设项目、勘察设计、组织施工、竣工验收等各阶段、各环节之间的关系,指导基本建设工作有计划、按步骤地进行。

道路基本建设程序,是指道路基本建设项目从规划立项到竣工验收的整个建设过程中各项工作的先后顺序,道路基本建设涉及面广,既受地质、气候、水文等自然条件的制约,又受物资供应、技术水平等物质技术条件的影响,同时还需要建设单位与设计、施工、监理、质量监督等单位和部门的协作配合。因此,道路基本建设项目必须严格按照规定的程序实施,依次进行各个方面的工作,才能达到预期的效果,否则将可能给国家造成严重的经济损失或给工程带来无法弥补的缺陷。

根据原交通运输部颁布的《道路建设监督管理办法》的规定,我国道路建设应当按照国家规定的建设程序和有关规定执行。政府投资道路建设项目实行审批制,企业投资道路建设项目实行核准制。

1. 政府投资道路建设项目的实施,按照下列程序进行:

(1)根据国民经济长远规划及道路网建设规划进行预可行性研究,编制项目建议书;

(2)根据批准的项目建议书进行工程可行性研究,编制可行性研究报告;

(3)根据可行性研究报告和可行性研究报告批复编制项目设计招标文件;

(4)根据批准的项目设计招标文件、资格预审结果和道路建设计划,组织项目设计招标投标;

(5)根据可行性研究报告和可行性研究报告批复编制初步设计文件；

(6)根据批准的初步设计文件，编制施工图设计文件；

(7)根据批准的施工图设计文件，编制项目施工招标文件；

(8)根据批准的项目施工招标文件、资格预审结果和道路建设计划投标；

(9)根据国家有关规定，进行征地拆迁等施工前的准备工作，编制项目开工报告，并向交通主管部门申报施工许可；

(10)根据批准的项目开工报告，组织项目实施；

(11)项目完工后，编制竣工图表、工程决算和竣工财务决算，办理项目交工验收、竣工验收和财产移交手续；

(12)竣工验收合格营运一段时间后，组织项目后评价。

2.企业投资道路建设项目的实施程度，在编制施工图设计文件之前与政府投资道路建设项目的建设程序有所不同：

(1)根据规划，编制工程可行性研究报告；

(2)组织投资人招标工作，依法确定投资人；

(3)投资人编制项目申请报告按规定报项目审批部门核准；

(4)根据核准的项目申请报告。编制项目设计招标文件、组织项目设计、招标投标编制初步设计文件，其中涉及公共利益、公众安全、工程建设强制性标准的内容应当按项目隶属关系报交通主管部门审查；

(5)根据初步设计文件，编制施工图设计文件；

(6)根据批准的施工图设计文件，编制项目招标文件；

(7)根据批准的项目招标文件、资格预审结果和道路建设计划，组织项目施工招标投标；

(8)根据国家有关规定，进行征地拆迁等施工前准备工作，并向交通主管部门申报施工许可；

(9)根据批准的项目施工许可，组织项目实施；

(10)项目完工后，编制竣工图表、工程决算和竣工财务决算，办理项目交工验收和竣工验收；

(11)竣工验收合格后，组织项目后评价。

为加强道路基本建设项目管理，道路建设还应当按照国家和交通运输部的有关规定实行项目法人制度、招标投标制度、工程监理制度和合同管理制度(通常称为"四项制度")。

3.现将道路基本建设程序各阶段的主要内容分别叙述如下：

(1)前期阶段

1)项目建议书阶段

项目建议书是建设单位(业主)向国家提出的要求建设某一项目的建议文件，是对建设项目的轮廓构想,这种构想可来自国家、部门和地方的发展规划与计划安排,或来自市场调查研究,或来自某种资源发现。项目建议书应对拟建项目的社会需求进行分析研究,明确为满足此需求所要达到的建设目标,包括经济目标、社会目标和环境目标,并考虑可能承担的风险。

2)可行性研究阶段

项目建议书批准后,由政府交通主管部门组织项目的可行性研究。可行性研究是对拟建项目在技术上和经济上是否"可行"进行科学分析和论证工作,为项目决策(即该项目是继续实施还是放弃)提供依据。可行性研究的主要任务是通过多方案比较,提出评价意见,推荐最佳方案。

按可行性研究的工作深度,划分为预可行性研究和工程可行性研究两个阶段。预可行性研究应重点阐明建设项目的必要性,通过路勘和调查研究,提出建设项目的规模、技术标准,进行简要的经济效益分析。工程可行性研究应通过必要的测量(高速道路、一级道路必须做)、地质勘探(大桥、隧道及不良地质地段等),在认真调查研究、占有必要资料的基础上,对不同建设方案从技术上和经济上进行综合论证,提出推荐方案。可行性研究报告的文件应符合《道路建设项目可行性研究报告编制办法》的规定。

可行性研究报告经审查批准后,项目才能正式"立项"。大中型项目和限额以上项目的可行性研究报告经批准后,可根据实际需要组成筹建机构,即组建项目法人。一般改建、扩建项目不单独设置机构,仍由原企业负责筹建。

(2)设计阶段

1)设计招投标及任务书阶段

根据可行性研究报告及可行性研究报告批复编制项目设计招标文件,进行项目设计招标,选择确定项目设计单位。

设计任务书是项目确定建设方案的决策性文件,是编制设计文件的主要依据。设计任务书可由建设单位自行提出,也可由工程咨询公司代为拟定,或由建设单位与设计单位协商确定。

设计任务书的内容包括:建设依据和建设规模;路线走向和主要控制点,独立大桥桥址和主要特点;地理位置、自然条件和社会经济现状;工程技术标准和主要技术指标;设计阶段及完成时间;环境保护、城市规划、抗震、防洪、防空、文物保护等要求和采取的措施方案;投资估算和资金筹措;经济效益和社会效益;建设期限和实施方案。

2)道路设计阶段划分

道路基本建设项目一般采用两阶段设计,即初步设计和施工图设计。对于技术简单、方案明确的小型建设项目,也可采用一阶段设计,即一阶段施工图设计。对于技术上复杂、基础资料缺乏和不足的建设项目,或建设项目中的特大桥、互通式立交枢纽、地质复杂的长大隧道、高速道路和一级道路的交通工程及沿线设施中的机电设备等,必要时采用三阶段设计,即初步设计、技术设计和施工图设计。

3)各阶段的设计依据

初步设计应根据批复的可行性研究报告、测设合同及勘测资料进行编制。一阶段施工图设计应根据批复的可行性研究报告、测设合同及定测、详勘资料进行编制。两阶段设计时,施工图设计应根据批复的初步设计、测设合同和定测和详勘资料(含补充资料)进行编制。三阶段设计时,技术设计应根据批复的初步设计、测设合同和定测、详勘资料进行编制;施工图设计应根据批复的技术设计、测设合同和补充定测、详勘资料进行编制。

4)施工图设计文件组成

不论按几个阶段设计,其中的施工图设计文件由以下十三篇及附件组成:总说明书,总体设计;路线;路基、路面及排水;桥梁、涵洞,隧道;路线交叉;交通工程及沿线设施;环境保护,渡口码头及其他工程;筑路材料,施工组织计划;施工图预算,附件。其中第二篇总体设计只用于高速道路和一级道路,附件内容为补充地质勘探、水文调查及计算等基础资料。

(3)施工阶段

项目在开工建设之前,要做好以下前期准备工作:

1)预备项目

初步设计已经批准的项目可列为预备项目。国家的预备项目计划,是对列入部门、地方编报的年度建设预备项目计划中的大中型项目和限额以上项目,经过对建设总规模、生产力布局、资源优化配置以及外部协作条件等方面进行综合平衡后安排和下达的。

2)建设准备的内容

建设准备的主要工作内容有:征地、拆迁和安置;完成施工用水、电、路工程;设备、材料订货;准备施工图纸;监理、施工招标投标。

3)申报项目施工许可

完成了规定的建设准备和有了开工条件以后,应申报项目施工许可。年度大中型项目和限额以上项目须经国家批准,国家发展和改革委员会下达项目计划,其他项目可由部门和地方政府批准。

建设项目开工报告一经批准,项目便进入了建设施工阶段。本阶段是项目决策的实施、建成投入使用、发挥效益的关键,因此建设单位、施工企业、监理单位都应认真做好各自的工作。

道路项目开工建设的时间以开始进行土石方施工的日期作为正式开工日期。分期建设的项目,分别按各期工程开工的日期计算。施工活动应严格按照设计要求、技术规程、合同条款、预算投资、施工程序和顺序、施工组织设计,在保证质量、工期、成本等计划目标的前提下进行,达到竣工标准要求,经验收后移交使用。

(4)设工验收及后评价阶段

1)竣(交)工验收交付使用阶段

竣(交)工验收是建设全过程的最后一道程序,是投资成果转入使用的标志,是建设单位、设计单位和施工单位向国家汇报建设项目的生产能力或效益、质量、造价等全面情况及交付新增固定资产的过程。验收工作在建设项目按施工合同文件的规定内容全部完成后进行。

道路项目验收分为单项工程交工验收和整体项目竣工验收两个阶段。竣工验收由建设主管部门主持,依据国家有关规定组成验收委员会,按照原交通运输部《道路工程竣(交)工验收办法》的要求组织验收。在工程验收前,建设单位要做好以下准备工作:组织设计、施工等单位进行工程初验,并向主管部门提出验收报告;整理技术资料,包括各种文件;绘制竣工图,必须准确、完整、符合档案管理的要求;编制竣工决算。验收合格的工程,应移交使用,并按有关规定办理交接手续。

2)项目后评价阶段

道路建设项目正常运营一段时间后,再对项目的立项决策、设计施工、竣工验收、生产运营等全过程进行系统评价的技术经济活动,称为项目后评价,它是固定资产投资管理的最后一个环节。通过后评价可以肯定成绩、总结经验、探讨问题、汲取教训,并提出建议,作为今后改进投资规划、评估和管理工作的参考。

项目后评价应经过建设单位自评和投资方评价两个阶段,包括以下内容:评估项目的实际成效,确定项目是否达到了预期目标和设计要求;检查设计、施工各个环节的实际质量;重新计算实际财务效益和国民经济效益。

第二节 道路施工项目管理过程

施工企业通过投标承揽施工任务后,道路施工项目管理要依次经历施工准备阶段、施工阶段、竣(交)工验收阶段、用后服务阶段等,按工程施工承包合同的要求完成施工任务。对于不同规模、不同性质的具体工程项目,施工过程各阶段的具体工作内容不尽相同。

一、投标与签订合同阶段

在社会主义的市场经济条件下,施工企业通过投标竞争,中标后与建设单位签订工程承包合同,承揽施工任务。在工程承包合同中,建设单位为发包人,称为业主;施工企业称为承包人。

建设单位的拟建工程项目具备了招标条件后,便发布招标广告(或邀请函),施工企业见到招标广告(或收到邀请函)后,从做出投标决策至中标签约的过程,实质上是在进行施工项目管理第一阶段的工作。

1. 投标决策

道路施工企业获得工程项目施工招标信息后,从本企业经营战略的高度并结合当前的施工任务情况,由企业决策层作出是否投标争取承包该项目的决策。

2. 收集信息

如果决定投标,就要力争中标。因此,应从当前工程市场形势、施工项目现场状况、竞争对手的实力、招标单位情况,以及企业目前的自身力量等几个方面大量收集信息,为投标书的编制提供可靠资料。

3. 编制投标书

按照招标文件的规定和要求,充分发挥本企业自身的优势,编制既能赢利,又有竞争力,可望中标的投标书。

4. 签订工程施工承包合同

如果中标,则在规定期限内与业主单位进行谈判,依法签订工程施工承包合同。

二、施工准备阶段

工程施工承包合同正式生效后,施工企业便应组建项目经理部,然后以项目经理部为主,与企业经营层和管理层配合,进行施工准备,使工程具备开工作业和连续施工的条件。

1. 成立项目经理部

施工企业按照工程施工承包合同规定的基本条件确定施工项目经理,成立项目经理部,根据施工项目的规模大小和施工管理工作的实际需要建立管理机构,配备管理人员。

2. 制订施工项目管理实施规划

施工项目管理实施规划由施工项目经理负责组织编制。施工项目管理实施规划是整个工程施工管理的执行计划,在施工项目中它还要进一步分解,由施工项目经理、经理部各部门、各工程小组、分包人等在项目施工的各个阶段中执行。

3. 进行施工现场准备

施工现场准备包括组织准备、技术准备、物资准备等项工作,主要有:熟悉和核对设计文件,补充调查资料,编制施工组织设计,建立临时生产与生活设施,施工测量、放样,劳务人员培训,材料试验、备料等。通过施工现场准备,使现场具备施工条件,有利于文明施工和场容管理。

4.编写和提交开工报告

各项施工准备工作完成,并具备连续施工作业的条件后,按照施工承包合同规定的期限向监理工程师提交工程开工报告。开工报告的主要内容应包括:施工机构的建立,质量检测体系、安全体系的建立和劳动力安排,材料、机械及检测仪器设备进场情况,水电供应,临时设施的修建,施工方案和总体施工组织设计等。

监理工程师对开工报告进行审查后,将在投标书附录规定的期限内发布开工令。

三、施工阶段

这是一个从工程开工至竣(交)工验收的实施过程。在这一过程中,具体负责施工项目现场管理工作的项目经理部既是决策机构,又是责任机构。企业管理层、建设单位、监理单位在这一阶段中的作用是支持、服务、监督与协调。这一阶段的目标是完成工程施工承包合同规定的全部施工任务,达到竣(交)工验收的要求。

1.组织施工

收到监理工程师发布的工程开工令之后,施工项目应在投标书附录中规定的开工期内开工。根据工程设计图纸,按照施工项目管理实施规划的安排,精心组织施工和管理,使整个施工活动连续、均衡、协调地进行,直到施工项目竣工。

2.对施工活动实施动态控制

实现施工项目的质量、进度、成本、安全等目标,是施工项目管理的根本目的。在施工项目的目标控制过程中,经常会受到各种客观因素的干扰,各种风险因素也可能随时发生,为确保按计划实现施工项目的阶段性目标和最终目标,对施工项目的各项目标都必须实施动态控制。

3.管理好施工现场

良好的施工现场是实现施工项目的目标以及安全生产和文明施工的保障条件之一。管理好施工现场,使场容清新美观、材料放置有序、机械设备整洁、施工有条不紊,为施工项目提供一个能使相关各方都满意的作业环境。

4.严格履行施工承包合同

开工后的整个施工过程中,项目经理部应严格履行施工承包合同,并认真做好工程分包、合同变更、费用索赔从工程延期等工作。为顺利履行合同,还应协调和处理好内部与外部的各种关系。

5.做好施工记录

施工记录包括施工原始记录、工序检查记录、隐蔽工程验收记录、材料试验与施工测量记录等。同时还应做好根据施工记录进行的协调、检查、整理、分析等工作,并按时编写和提交各项施工报告。

四、竣(交)工验收阶段

本阶段与建设项目的竣(交)工验收阶段协调、同步进行。目标是对施工项目的最终成果进行检查、总结、评价。道路工程验收分为交工验收和竣工验收两个阶段,小型工程或简易工程项目,经主持竣工验收单位批准后可合并为一次竣工验收。

1. 工程收尾与自验

工程施工承包合同规定的施工任务基本完成后,施工项目应及时进行工程收尾,并为施工项目验收时应提交的资料做好准备,项目经理首先要安排好竣工自验工作。

竣工自验又叫初验,是在施工项目按照承包合同的要求建成后、由项目经理组织各有关施工人员,按照正式验收的标准和要求进行的内部检验。对检查出的缺陷或不符合要求的部分,必须采取措施,定期修竣。全部问题处理完毕之后,项目经理应提请上级主管部门(如公司)进行复验,彻底解决所有遗留问题,为交工验收做好准备。

2. 交工验收

交工验收由建设单位主持,主要是检查施工承包合同的执行情况和监理工作情况,提出工程质量等级建议。

承包人在全面完成所承包的工程并经监理工程师同意后,向建设单位提出交工验收申请。建设单位组织设计、监理、施工、质量监督、接管养护、造价管理等单位的代表组成交工验收组,对工程项目进行全面验收。交工验收的,施工单位要提交验收项目的竣工图表、施工资料、工程施工情况报告等文件供交工验收组审议。验收组将提出交工验收报告,由建设单位报上级交通主管部门核定。

交工验收不合格或有缺陷的工程以及未完工程,由原承包人限期修复、补救、完成。交工验收合格的工程,监理工程师应及时向承包人签发交工证书,同时办理工程的移交管养工作。

3. 竣工验收

按照建设项目的大小,竣工验收由交通运输部或地方交通主管部门主持,主要是全面考核建设成果,总结经验,综合评价建设项目,确定工程质量等级。

经过交工验收各标段均达到合格以上的工程,由建设单位向竣工验收主持单位提出竣工验收申请。竣工验收委员会由验收主持单位、建设单位、交工验收组代表、质量监督、接管养护、造价管理、环境保护、有关银行等单位的代表组成。施工单位要向竣工验收委员会提交关于工程施工情况的报告。

验收委员会将对工程建设、设计、施工、监理等单位进行综合评分,并评定工程质量等级和建设项目等级。验收委员会对合格以上的建设项目签发道路工程竣工验收鉴定书,项目所在地的道路工程质量监督部门签发各标段的工程质量鉴定书。

4. 竣工结算与总结

工程经竣工验收合格后,业主与承包人之间根据监理工程师签发的"最终支付证书"办理竣工结算。

施工项目总结包括技术总结和经济总结两部分。技术总结的内容是:施工中采用的新技术、新工艺和重大革新项目,以及在合同管理、施工组织、技术管理、工程质量、安全生产等方面采取的措施、取得的成绩和存在的问题。经济总结主要是进行成本分析和经济核算,计算各种经济指标,通过与企业和同类施工项目的有关数据对比,总结经验教训,以利进一步提高施工项目的管理水平。

五、用后服务阶段

这是施工项目管理的最后一个阶段,主要包括施工项目在缺陷责任期和保修期的工作。其目的是保证使用单位正常使用,发挥效益。

交工验收合格的工程,在合同规定的期限内移交业主,施工项目即进入缺陷责任期。在缺陷责任期内,应尽快完成在交工证书中写明的未完成工作,对本工程存在的缺陷、病害或其他不合格之处按监理工程师的指令进行修补、重建及复建。

缺陷责任期终止后,施工项目即进入保修期。在保修期内承包人应对由于施工质量原因造成的损坏进行自费修复。还应进行工程回访,听取使用单位意见,观察项目的使用情况,开展必要的技术咨询和服务活动。

第三节 道路施工项目管理的方法与内容

一、施工项目管理及其特点

施工项目是指由建筑企业从施工投标开始到工程保修期满为止的施工全过程中完成的项目。施工项目的任务范围由施工合同界定,可以是一个建设项目的施工活动,也可以是一个单项工程或单位工程的施工活动。

施工项目管理是建筑企业管理的组成部分,是建筑企业运用系统工程的概念、理论和方法对施工项目通过计划、组织、指挥、控制、监督、协调、核算、信息反馈等一系列活动进行的全过程的全面管理。施工项目管理有以下特点:

1. 施工项目管理的主体是建筑企业

施工项目管理由建筑施工企业独立实施。建设单位和监理单位在工程施工阶段对施工项目进行的管理(如征地、进度和质量控制、验收等)属于建设项目管理的范围,不能算作施工项目管理。设计单位不进行施工项目管理。

2. 施工项目管理的对象是施工项目

施工项目管理工作针对特定的施工项目开展,管理工作的周期从工程投标开始到项目保修期结束时止。施工项目管理的特殊性主要表现在：生产活动与市场交易活动同时进行；先有交易活动，后有产品（竣工项目）；交易双方都要进行生产管理，生产活动和交易活动很难分开。

3.施工项目管理的内容是按阶段变化的

从施工投标开始到工程保修期满为止的各个阶段，施工项目管理的内容差异很大，因此必须针对不同阶段的具体情况进行动态管理，优化组合施工资源，提高施工效率和效益。

4.施工项目管理要求强化组织协调工作

道路施工项目是必须一次完成的单件性土木产出物，一旦发生工程质量不合格、影响环境或其他问题，则难以补救，将产生严重后果。另外，施工项目工期长、大量的野外露天作业、施工人员流动性大、需要巨额资金和种类繁多的资源，加之施工活动还涉及复杂的经济、技术、法律、行政和人际等关系，因此，施工项目管理中的组织协调工作就显得十分重要。

施工项目管理与建设项目管理是两种平等的工程项目管理的分支。建设项目管理是站在投资主体（即建设单位）的立场对建设项目从可行性研究开始，经过勘察、设计、施工等阶段的全部建设过程进行的综合性管理；而施工项目管理是由建筑企业在项目的施工阶段对项目的施工活动进行的管理，两者之间各自独立而又密切联系。从工程项目的招标、投标至竣（交）工验收这一阶段（即建设项目的施工阶段），建设项目管理和施工项目管理同步平行进行，彼此交叉，相互依存和制约。

施工项目管理也不同于建筑企业管理。建筑企业管理的对象是整个企业，自然包括对施工项目的监督和指导，而施工项目管理以施工承包合同确定购内容为最终管理目标，由施工企业的法定代表人授权的项目经理负责的项目经理部为管理主体，对施工项目实施管理。

二、施工项目管理的基本方法

施工项目管理的基本方法是"目标管理法"。目标管理法是现代科学管理方法之一，广泛应用于经济领域和管理领域。为了实现各项具体的目标，还有其他适用的专业方法，如在施工项目管理中，控制进度目标用"网络计划方法"；控制质量目标用"全面质量管理方法"；控制成本目标用"可控责任成本方法"；控制安全目标用"安全责任制"。

1.目标管理法

目标管理以被管理活动的目标为中心，将经济活动和管理活动的任务转换成具体的目标，运用现代管理技术和行为科学，借助人们的事业心、能力、自信、自尊等，实行自我控制，促成目标实现，从而完成经济活动的任务。目标管理的全体成员要亲自参加工作目标的制订,并以目标指导行动,因此,目标管理是面向未来的管理,是主动的、系统性的整体管理,是特别重视人的主观能动性、参与性和自主性的管理。

2.网络计划方法

网络计划方法是控制施工项目进度最有效的方法,尤其对复杂的大型项目的进度控制,更显其不可替代的优越性。随着计算机在网络计划技术中的应用日益普及,网络计划方法将在项目管理的进度控制中发挥越来越大的作用。

应用网络计划方法应注意以下几点:认真执行网络计划的有关标准,使网络计划规范化、进度管理集约化;遵循网络计划应用的一般程序,即准备、绘制网络图、时间参数计算与确定关键线路、优化并正式编制网络计划、实施与调整网络计划、总结与分析;采用先进的网络计划应用软件,对施工项目进度进行快速、准确的有效控制;不断总结和积累应用网络计划的经验,提高进度控制的水平,处理好网络计划技术与流水作业计划的关系,应根据项目的具体情况选用适合的进度控制方法。

3.全面质量管理方法

全面质量管理方法对实现质量管理科学化和促进产品质量水平的提高都发挥了重大作用,至今仍然是控制施工项目质量员有效的方法。简单地说,全面质量管理是"全员参与施工项目全过程和全部要素的质量管理",通过各种层面的PDCA(计划—执行—检查—处理)循环,在全员范围开展"QC小组"活动,最终确保实现质量目标。

4.可按责任成本管理方法

成本是施工项目中各种消耗的综合价值体现,也是施工项目管理效果的重要指标,因此,施工项目管理必须进行成本控制。可控责任成本方法是成本控制的主要方法。施工项目的操作者和管理者都有控制成本的责任,可控责任成本是指责任者可以控制住的那部分成本,可控责任成本方法是通过明确每个责任者的可控责任成本目标而达到对每个生产要素进行成本控制,最终实现有效控制施工项目总成本的方法。该方法的本质是成本控制责任制,也是"目标管理法"责任目标落实的方法。

可控责任成本方法的关键是责任制,因此,要建立和落实每个责任者(操作者和管理者)、各部门和各层次的成本责任制,项目经理部全体成员概莫能外。在实施过程中要加强各级各类成本核算,确保可控责任成本取得实效。

5.安全责任制

安全责任制是通过制度规定每个施工项目管理成员的安全责任,是施工项目安全控制的主要方法。安全责任制是岗位责任制的组成内容,项目经理、管理部门的成员、作业人员都要承担相应岗位的安全责任。安全责任制中还包含承担安全责任的保证制度,即进行安全教育,加强安全监督、检查与考核等。

三、施工项目管理的主要内容

施工项目管理由以项目经理为首的项目经理部负责实施,管理的客体是具体工程项目的施工活动及其相关的生产要素。国家标准《建设工程项目管理规范》(GB/T 50326—2017)规定了施工项目管理的基本内容。

1.建立施工项目管理机构

(1)选聘称职的施工项目经理

施工项目经理是经承包人的法定代表人授权对工程项目施工过程全面负责的项目管理者,是承包人在施工项目上的委托代理人。施工项目经理由企业采用适当的方式选聘或任命。

(2)建立施工项目经理部

根据施工项目管理的组织原则,结合工程规模和特点,选择合适的组织形式,建立施工项目经理部,并明确各部门、各岗位的责任、权限和利益。项目经理部是项目经理领导下的施工项目管理机构,负责对施工项目全过程的施工生产经营活动的管理。

(3)制订管理制度

在符合企业规章制度的前提下,根据施工项目管理的需求,制定施工项目经理部管理制度。

2.编制施工项目管理规划

(1)工程投标前编制施工项目管理规划大纲

在工程投标前,由企业管理层按招标文件要求编制施工项目管理规划大纲,对施工项目管理自投标到保修期满进行全面的纲领性规划。

(2)工程开工前编制施工项目管理实施规划

在工程开工前,由项目经理负责组织编制施工项目管理实施规划,作为施工项目从开工到竣(交)工验收整个工程施工管理的执行计划。

3.施工项目的目标控制

在施工项目管理的全过程中,必须对项目的质量、进度、成本和安全目标进行控制,确保实现整个施工项目的管理目标。控制的基本过程是:

(1)确定各项目标的控制标准。

(2)在实施过程中,通过检查、对比,分析目标的完成情况。

(3)将分析结果与控制标准进行比较,若有偏差,找出原因,采取措施以保证目标的实现。

4.生产要素管理

施工项目生产要素管理是指对施工中使用的人工、材料、机械设备、技术和资金等施工资源进行的计划、供应、使用、检查和改进等管理过程,目的是降低消耗、减少支出、节约物化劳动和活劳动。

(1)人力资源管理

人力资源不是简单的劳动力,而是指能够推动经济和社会发展的劳动者的能力,是关系到企业生存和发展的一种重要战略资源。作为施工项目的人力资源管理,主要是指对体力劳动者进行的劳务管理。对脑力劳动者的管理,纳入项目经理部的管理范围。

人力资源管理是一个动态管理过程。项目经理部对施工现场的劳动力管理应做到:按施工进展进行劳动力跟踪平衡,根据需要进行补充或减员,向企业劳动管理部门提出申请计划,实行有计划地作业,向作业班组下达施工任务书,根据执行结果进行考核、支付费用和奖励;加强对劳务人员的教育、培训、思想管理工作,对作业效率和质量进行检查。

(2)材料管理

材料管理对节约现场费用、降低工程成本具有重要意义。材料管理应满足以下要求:编制材料需用量计划;按计划供应材料,优选临时仓库地址;严把材料进场关,保证计量设备质量,材料的试验、检验必须符合质量要求;做好材料库存管理;建立限额领料制度和材料使用台账、实施材料使用监督制度、退料和回收制度。

(3)机械设备管理

机械设备的使用是管理工作的重点,而使用的关键是提高效率,要提高效率就必须提高机械设备的完好率和利用率。机械设备管理的职责是:编制机械设备使用计划,并报企业管理层审批;对进场的机械进行安装、调试、验收;做好机械设备的维护和管理;采用技术、经济、组织、合同等手段保证机械设备合理使用。

(4)技术管理

技术管理包括:图纸审查与会审;工程变更洽商;编制施工方案,技术交底;对分包人的技术管理进行服务和监督;参加施工预验收、隐蔽工程验收、分部分项工程验收、结构验收、交工验收和竣工验收;实施技术措施计划;技术资料管理。

(5)资金管理

项目经理部通过对资金的使用管理,实现保证收入、减少支出、防范风险、提高经济效益的目的。资金管理工作有:编制资金收支计划,并上报审批,配合企业财务部门及时进行资金计划;控制资金使用;做好资金分析。

5.合同管理

合同管理的内容包括与施工项目有关的施工合同、分包合同、买卖合同、租赁合同和借款合同等的订立、履行、变更、终止,以及解决合同争议。项目经理作为承包人在施工项目上的委托代理人,应按照施工合同认真完成所承接的施工任务,承担合同约定的义务,并行使相应的权利。

项目经理部合同管理的主要任务是实施和履行施工合同。项目经理部应向各职能部门的管理人员进行合同交底,落实合同目标,用合同指导工程施工和项目管理工作,按规定进行合同变更、索赔、转让和终止。

6.信息管理

对工程施工中发生的信息进行收集、整理、分析、处理、储存、传递、应用的过程称为施工项目的信息管理,是现代项目管理的一大支柱。信息管理必须适应施工项目管理的需要,建立信息管理系统,及时收集和准确、完整地传递信息,并配置信息管理人员。

施工项目应建立以项目经理为中心的信息管理系统。信息管理系统要满足项目经理部全部管理工作的需要,应做到目录完整,层次清晰,结构严密,信息齐全,表格自动生成,方便输入、处理、修改、存储、发布,与建设各阶段和各有关专业有良好的接口,相关单位、部门和管理人员能信息共享。

7.现场管理

施工项目的各项施工作业活动和相关管理工作,是以施工现场为平台进行联系和实施的,因此,施工现场管理不仅直接关系到施工作业任务的完成,而且对文明施工、安全生产、环境保护等都具有极其重要的意义。施工现场管理的依据是国家颁布的有关法律,法规、规定和项目经理部编制的施工平面图。

施工现场管理的总体要求是:文明施工,安全有序,整洁卫生,不扰民,不损害公众利益;现场入口处设立有关公示牌;项目经理部应经常巡视施工现场,发现问题及时整改;用施工平面图规范场容管理;按规定做好环境保护、防火保安、卫生防疫等工作;进行施工现场的综合考评。

8.组织协调

施工项目的组织协调,就是按一定的组织形式、方法和手段,疏通项目管理中的各方关系,排除施工过程中产生的各种干扰的过程。组织协调的内容包括人际关系、组织机构之间的关系、供求关系和协作配合关系等。

施工中需要协调的关系有三种:企业内部关系,属于行政关系;近外层关系,是由合同确定的关系,如承包人与业主、监理单位之间的关系;远外层关系,是由法律和社会公德确立的关系,如企业与政府监督部门、地方行政管理部门等之间的关系。

第四节　道路工程施工监理

一、施工监理的作用

工程监理制度是交通运输部规定的道路建设管理四项制度之一,它是随着我国经济体制改革的深化和社会主义市场经济的形成,在工程建设中逐步实施的一种与国际接轨的工程建设管理的新体制和新模式。工程监理通过对工程建设参与者的行为进行监控、督导和评价,并采取相应的管理措施,保证工程建设行为符合国家法律、法规和有关政策,制止建设行为的随意性和盲目性,促使工程建设费用、进度、质量按计划(合同)实现,确保工程建设行为的合法性、科学性、合理性和经济性。根据交通运输部的规定,道路工程的监理目前在道路施工阶段实施,因此也称为"施工监理"。道路工程施工监理制度,是以国际通用FIDIC土木工程施工合同条件为基础,形成建设单位、施工单位、监理单位三方相互制约,以监理单位为核心的管理模式。实行施工监理制度,使建设各方的权利、义务和责任更为合理、明确,有利于克服随意性,增强合同意识,提高管理水平;突破了建设单位事无巨细统揽一切的小生产管理方式的局限性,有利于积累经验,促进建设项目管理向专业化、社会化方式转变;突出了监理单位的管理作用,有利于预防和减少建设单位与施工单位双方发生的纠纷,促使建设活动顺利进行。

由于道路工程与国民经济的发展和人民生活的关系十分密切,道路建设又受到各种条件的限制,施工难度是很大的。为了保证道路工程的质量,控制工期和工程费用,提高投资效益及工程管理水平,凡列入基本建设计划的道路工程项目,都应实行"政府监督、社会监理、企业自检"的质量保证体系。政府监督,指承包人(施工单位)和施工人员、监理单位及监理人员、业主(建设单位)的项目管理人员等均应接受政府交通主管部门和道路工程质量监督部门的管理和监督检查。社会监理,指建设单位委托监理单位对施工项目实施全面的监督管理,监理单位和监理人员应按照"严格监理、热情服务、秉公办事、一丝不苟"的原则认真做好监理工作。企业自检,即施工企业在道路施工过程中应加强管理,自行把好质量关。

二、监理工作的组织过程

1.选择监理单位

监理单位是在工程施工招标之前由业主(建设单位)确定的。业主对监理单位的选择,可通过招标、聘请、委托等方式进行。

承担道路工程施工监理业务的单位,必须是经交通运输部审批,取得道路工程施工监理资格等级证书,具有法人资格的社会监理单位,并按批准的资格等级承担相应的施工监理业务。

2. 签订监理服务合同

监理单位确定之后,业主与监理单位双方必须签订监理服务合同,即用书面形式确定双方的责任和权利。监理服务合同是一个对业主和监理单位双方都具有法律约束力的文件。

监理合同文件由合同协议书、合同通用条件、合同专用条件和附件组成。主要内容应包括:委托监理工程的概况;监理服务的形式、范围与内容;监理单位的职责;建设单位的职责;监理服务的费用与支付办法;违约责任及赔偿等。

3. 组建监理机构

监理单位承接监理任务后,应考虑项目组成、工程规模、难易程度、合同工期、地理位置、现场条件等因素,根据不同情况设置现场监理机构,对道路工程施工的监理工作实行统一管理。

现场监理机构一般按工程施工招标合同设置基层监理机构,可视工程的具体情况分别设置一级、二级或三级监理机构。一级监理机构设置总监理工程师办公室,适用于特大桥、隧道等集中工程项目或小型道路工程项目;二级监理机构设置总监理工程师办公室和高级驻地监理工程师办公室,适用于一般大中型道路工程项目;三级监理机构是当建设项目为两个以上独立工程项目或跨省、直辖市、自治区时,在上述二级监理机构中间再设置项目监理部。

4. 确定监理人员

监理人员由以下三部分构成:

(1)监理工程师,包括总监理工程师、总监理工程师代表、高级驻地监理工程师、专业监理工程师;

(2)监理员,包括测量、试验人员和现场旁站人员;

(3)其他人员,包括文秘、翻译、行政、后勤人员。

各级监理机构中的人员构成及数量,根据被监理工程的类别、规模、技术复杂程度,以能够对工程实施有效监理为原则进行配备。

5. 实施工程监理

监理的主要依据有:国家有关道路工程建设的政策、法律和法规,政府批准的建设计划、规划、设计文件,以及道路工程的有关技术标准、规范、规程等;业主和承包人签订的施工合同文件,监理单位与业主签订的监理服务合同文件;道路施工过程中,监理工程师与承包人围绕工程实施的有关会议记录、纪要、函电和其他文字记载,以及经监理工程师批准的图纸、签发的指令等。

监理工作贯穿在道路工程施工的各个阶段,各监理阶段的划分及相应的监理任务如下：

(1) 施工准备阶段的监理

监理合同签订后，即进入施工准备阶段监理。在这一阶段，监理工程师应熟悉合同文件；制订监理程序，了解现场用地占有权和使用权的解决情况；核查设计图纸，复核定线数据；审查承包人的自检系统，以及工程总进度计划、现金流动估算、临时用地计划，准备第一次工地会议；发布工程开工令等。

(2) 施工阶段的监理

工程开工后，监理工程师应集中力量，严格按照合同要求对工程施工的质量、进度和费用实施监理，做好合同管理和信息管理等工作。

(3) 竣（交）工及缺陷责任期阶段的监理

在工程竣（交）工或部分（单位工程、分部工程）交工后签发交接证书，对未完成的工程进行监理和对工程缺陷的修补、修复及重建进行监理。本阶段应视同施工阶段监理一样，认真做好各项监理工作。

6. 提交监理报告

在工程施工期间要做好监理记录和工程监理月报。在工程结束后，监理工程师应提交监理工作报告，报送建设单位和上级主管部门。

工程监理报告的内容一般为：工程概况，监理组织机构及工作起、止时间；关于工程质量、进度、费用的监理及合同管理的执行情况，分项、分部、单位工程质量评估；工程费用分析；对工程建设中存在问题的处理意见和建议；监理过程中的照片或录像等。

监理工程师与业主、承包人或指定分包人之间有关工程质量、进度和费用的一切往来函件和报表，以及监理工作的各种文件、记录、报告、图纸、资料等，都应分类整理、编号，建立档案，按规定保存。

三、施工监理的内容

道路工程施工监理的主要内容，可分为工程质量监理、工程进度监理、工程费用监理、合同管理、信息管理、组织协调。通常称为"三监控、两管理、一协调"。

1. 工程质量监理

工程项目的质量控制分为业主的质量控制、承包人的质量控制和政府的质量控制。业主的质量控制是通过合同形式委托社会监理单位而实施的监理工程师质量目标管理，即工程质量监理。承包人的质量控制，靠承包人的质量自检体系来实现。政府的质量控制，通过行政主管部门及各级质量监督站来实现。因此，工程质量不是单一的技术管理，而是技术、经济与法律在道路工程质量上的统一体现。

质量监理的依据是：合同条件、合同图纸、技术规范和质量标准。监理人员应对施工全过程进行检查、监督和管理,制止影响工程质量的各种不利因素,使承包人提交的工程项目符合合同图纸、技术规范、使用要求和验收标准。

监理工程师应建立完整的质量监理组织体系,以保证对所有施工环节得到有效控制。质量监理组织体系中应根据工程规模的大小和复杂程度,设置材料、试验、测量、计量及各工程项目的专业技术岗位,并明确其名称和职责。

从开工报告到工序质量检查,都要按规定程序进行控制。对现场质量的控制、质量缺陷与质量事故处理,都是质量监理的工作内容。

2. 工程进度监理

每个工程项目,一般情况下在合同文件中对工期都做了明确的规定。承包人应根据合同规定的工期进行计划安排,制订出切实可行的工程施工进度计划。监理工程师的主要任务是审批承包人编制的施工进度计划。并对已批准的施工进度计划的执行情况进行监督,从全局出发,掌握影响施工进度计划所有条件的变化情况。对施工进度计划的执行进行控制。当可能发生工期延误时,监理工程师应及时要求承包人采取加强施工计划管理和技术管理的措施,重新修订或调整施工进度计划,增加施工机械或人力,以确保在竣工期限内完成工程施工任务。

3. 工程费用监理

工程费用包括合同文件中工程量清单内所列以及因施工单位索赔或建设单位未履行义务而涉及的一切费用。监理工程师应在质量符合标准、工期遵照合同要求的基础上对工程费用进行监理。

费用监理工作中,应尽可能合理地减少工程量清单中所列费用以外的附加支出,达到控制费用的最佳效果。为此,要求监理工程师必须熟悉技术规范、工程量清单及工程量清单说明的内容,掌握工程具体项目的工作范围和内容、计量方式和方法等。

4. 合同管理

道路工程施工涉及建设单位、设计单位、材料设备供应单位、施工单位、工程监理单位等。为使建设项目各有关单位之间建立起有机的联系,相互协调、默契配合,共同实现工程项目的进度、质量、费用三大管理目标,一个重要的措施就是通过合同,利用经济与法律相结合的方法,将各单位在平等互利的原则上建立起密切的权利义务关系。

道路工程施工监理必须熟悉合同,掌握合同,利用合同对工程施工过程的进度、质量、费用实施有效的管理。合同管理的主要内容包括工程分包、工程变更、工程延期、费用索赔、工程计量与支付、工程保险、业主违约、承包人违约等。理解和熟悉合同的主要内容,对监理工程师、建设单位代表和施工人员都是十分必要的。

5. 信息管理

道路工程监理的实施过程中,在工程费用控制、质量控制、进度控制、合同管理等方面,以及在试验、环境、监理工作有关各方之间都将产生大量的信息。信息管理包括信息的收集、传递、处理、存储、发布等内容。

由于道路工程投资巨大、建设期长、质量要求高、涉及各种合同,同时使用的机械、设备多,材料消耗数量大,因此,信息管理采取人工决策与计算机辅助管理相结合的手段,达到工程监理的高效、迅速、准确。信息管理的基本方法是建立信息的编码系统,明确信息流程,制订信息采集制度,利用高效的信息处理手段分析和处理信息,从而科学地为监理工程师的决策提供准确可靠的依据。

6.组织协调

监理处于建设单位和施工单位之间的第三方,又处于工程建设过程中实施监督和管理的核心地位,因而具有组织协调工程建设参与各方的能力,这也是道路工程施工监理的一项主要内容。

第二章　桥梁工程概述

第一节　桥梁的基本组成及分类

桥梁的组成部分一般包括以下四种：上部结构、下部结构、支座和附属设施。上部结构通常习惯性称为桥跨结构，是线路中断时跨越障碍的主要承重结构。下部结构包括桥墩、桥台和基础，用来支撑上部结构并将其传来的恒载和车辆活载传至基础。支座是指设在桥墩或桥台顶部用于支撑桥跨结构的传力装置，它不仅要传递很大的荷载，还要保证桥跨结构按设计要求产生一定的变形。桥梁的附属设施包括伸缩缝、栏杆、灯柱、锥形护坡、桥头搭板、护岸和导流结构物等。

在人们的日常生活中所见到的桥梁种类繁多，下面按桥梁的受力形式、用途、跨径等对桥梁进行简单的分类。

1.按受力形式划分

按照桥梁上部结构的受力形式，桥梁可以分为梁式桥、拱式桥和悬索桥，简称"梁""拱""吊"三大基本体系。其中梁桥以受弯为主，拱桥以受压为主，吊桥（悬索桥）以受拉为主。另外还有由两种及以上基本体系构成的组合体系桥，如刚架桥、拱梁组合体系桥、斜拉桥等。

梁桥是一种在竖向荷载作用下无水平反力的结构，由于外力的作用方向与桥梁结构的轴线接近垂直，与其他结构体系相比，梁桥内产生的弯矩最大，即梁桥以受弯为主。因此，通常需用抗弯、抗拉能力强的材料（如型钢、钢筋混凝土）来建造。梁桥按结构体系有简支梁桥、连续梁桥和悬臂梁桥。

拱桥的主要承重结构是主拱圈或拱肋，在竖向荷载作用下，桥墩和桥台不仅要承受竖向反力，还要承担很大的水平反力。同时墩台向拱圈或拱肋提供水平反力，这将大大抵消主拱圈由于荷载引起的弯矩。因此，与同跨径的梁桥相比，拱桥的弯矩、剪力和变形要小得多，拱圈以受压为主。拱桥对墩台有水平推力及承重结构以受压为主，这是拱桥的主要受力特点。因此，通常可采用抗压能力强的材料和钢筋混凝土来建造。由于下部结构要承受较大的水平推力，拱桥一般需要较好的地质条件。拱桥不仅跨越能力大,而且外形美观,在条件允许的情况下,修建拱桥往往是经济合理的。

2. 按用途划分

按用途来划分,桥梁可分为道路桥、铁路桥、公铁两用桥、农桥或机耕道桥、人行桥、水运桥(渡槽)、管线桥等。

3. 按跨径划分

按桥梁全长和跨径的不同,桥梁可分为特大桥、大桥、中桥、小桥和涵洞。我国《道路桥涵设计通用规范》规定了特大、大、中、小桥按总长和跨径的划分,见表2-1。

表2-1 桥梁按总长和跨径分类

桥梁分类	多孔跨径总长/m	单孔跨径/m
特大桥	L>1000	$L_o>150$
大桥	100≤L≤1000	$40≤L_o≤150$
中桥	30<L<100	$20≤L_o<40$
小桥	8≤L≤30	$5≤L_o<20$

4. 按承重结构所用的材料划分

按照主要承重结构所用的材料划分,桥梁可分为砌筑桥(包括砖、石、混凝土桥)、钢筋混凝土桥、预应力混凝土桥、钢桥、钢-混凝土组合桥及木桥等。

5. 按跨越障碍划分

按跨越障碍的性质,桥梁可分为跨河桥、跨海桥、跨线桥(立交桥)、栈桥和高架桥等。

6. 按行车道位置划分

按上部结构的行车道位置,桥梁可分为上承式桥、中承式桥和下承式桥。

7. 按桥跨结构平面布置划分

按桥跨结构的平面布置,桥梁可分为正交桥、斜交桥和弯桥。

第二节 梁式桥的上部构造及施工

从目前道路桥梁的施工来看,在道路桥梁施工过程当中,上部构造的施工十分关键,掌握道路桥梁上部施工工艺特点,是提高上部构造施工质量和满足道路桥梁施工要求的重要措施。为此,我们应当对道路桥梁上部构造的施工工艺有全面深入的认识,并制定有针对性的施工措施。

一、模板、拱架和支架的施工工艺

在道路桥梁施工中,上部构造的施工至关重要。掌握正确的施工工艺是提高道路桥梁上部构造质量的关键。为此,我们应当从模板拱架和支架的施工工艺、混凝土和钢筋混凝土现浇施工工艺、后张法预应力混凝土浇筑施工工艺等方面入手,只有做好这三个方面的施工,并掌握正确的施工工艺,才能够保证道路桥梁上部构造施工得到有效的加强,在整体施工质量和施工有效性方面满足质量要求和施工要求。为此,我们应当重点探讨这三个方面的施工工艺,做到根据施工实际制定有针对性的施工措施,保证施工工艺得到贯彻和落实。

1. 模板、拱架和支架的设计

结构外露表面的模板,其挠度不应超过1/400跨径;结构隐蔽表面的模板,不应超过1/250跨径。当结构自重和汽车荷载(不计冲击力)产生的向下挠度超过路径的1/600时,钢筋混凝土上梁、板、拱架的底模应设预拱度。

模板拱架和支架的设计关系到上部结构的施工效果,设计是源头,设计是决定了上部结构整体质量和施工难度的重要工序。因此,在实际的设计过程当中,应当对模板拱架和支架的强度、跨度直径以及实际的支撑力和承载力都进行有效的计算,保证设计出的模板、拱架和支架的结构能够满足施工要求,同时能够达到提高施工质量的目的,避免因设计参数错误对整个上部结构施工和使用带来不利影响。

2. 模板、拱架和支架的制作和架设

混凝土外露处的模板应采用下列材料之一:胶合板、钢材。至少一个侧面及两个边抛光。

模板拱架和支架的制作和架设是重要的施工工序,在实际施工过程当中应当合理选择模板拱架和支架的材料。目前材料主要有胶合和钢材这两种材料,在制作和架设过程当中应当将光滑的一面外露,并且对外露的部分进行抛光处理满足外观要求,同时还应当根据结构强度和承载力要求进行设计和架设,保证设计和架设的强度达到质量指标。

3. 模板、拱架和支架的拆卸

不承重的侧模,应在混凝土强度能保证混凝土表面及棱角不损坏的情况下方可拆除。一般在混凝土抗压强度达到2.5MPa时方可拆除侧模。承重模板、拱架和支架,应在混凝土强度能承受自重时方可拆除侧模。

模板拱架和支架在架设完成之后进行完混凝土的浇筑,等混凝土凝结之后需要将其拆除,在拆除过程当中,需要将不承重的侧模进行拆除,同时,在拆除过程当中应当保证混凝土的抗压强度达到质量要求,对于混凝土没有凝结好或者混凝土还存在一定的质量问题的部位,应当进行整改,等到质量完全达标之后再进行拆除,千万不能因为急于拆除而影响混凝土的凝结。

二、混凝土和钢筋混凝土现浇施工工艺

1. 钢筋混凝土主梁在支架上浇筑

浇筑梁体混凝土时,一般宜按梁的全部横断面斜向分段,水平分层连续浇筑。上

层与下层前后浇筑距离应不小于1.5m。

混凝土钢筋混凝土现浇施工是上部结构施工的重要组成部分,在实际施工过程当中需要采取分层浇筑的方式进行浇筑,在浇筑质量控制当中,既要保证浇筑的间距,同时也要保证浇筑的速度,使浇注的质量能够达到质量要求,避免浇注过快或者浇筑层次过小影响混凝土的浇筑效果,最终对整个浇筑质量产生影响。

2.混凝土拱、钢筋混凝土拱在支架上浇筑,跨度小于16m的拱圈或拱柱,应全宽度自两端拱脚向拱顶对称地连续浇筑。

混凝土在浇筑过程当中需要在拱度的位置进行有效的质量控制,保证拱度位置的浇筑强度和浇筑质量能够达标,避免混凝土在浇筑中因拱度处理不好或者拱圈等特殊位置浇筑出现瑕疵,对整个浇筑质量造成不利的影响。因此,在拱圈或拱柱的部位制定有针对性的浇筑措施是十分必要的,是解决浇筑质量问题的重要措施和手段。

三、后张法预应力混凝土浇筑施工工艺

1.预应力混凝土上梁的悬臂浇筑

如梁体与桥墩非刚性连接,悬臂浇筑梁体混凝土时,应先将墩顶梁段与桥墩临时固定,悬臂浇筑时桥墩两侧的浇筑进度应尽量做到对称、均衡,桥墩两侧的梁体和施工设备的重力差,以及相应地在桥墩两侧产生的弯矩差,应不超过图纸规定,悬架浇筑用挂篮,在已完成的梁段上前移时,后端应有压重稳定或采用其他可靠的稳定措施。

预应力混凝土上梁的悬臂浇筑是影响整个上部结构质量的关键,在实际浇筑过程当中需要根据浇筑的实际情况和浇筑的需要进行浇筑方式的变化,同时也要根据浇筑的实际需要采取有针对性的浇筑措施予以浇筑,解决救助过程当中存在的浇筑方法不对以及浇筑质量存在问题的情况。所以,在实际浇筑过程当中,应当保证悬臂浇筑符合施工工艺要求。

2.预应力混凝土梁在支架上浇筑

在支架上浇筑混凝土时,应根据混凝土的弹性和非弹性变形及支架的弹性和非弹性变形设置施工预拱度。全部混凝土宜在最初浇筑的混凝土初凝结前浇筑完。若跨径大,混凝土数量较多,不能在最初浇筑的混凝土初凝前浇筑完。

预应力混凝土梁在支架上浇筑过程当中需要了解混凝土的弹性和非弹性变形量,并且根据这一数据合理地设置施工的预拱度,保证在浇筑完成之后能够达到预期的质量要求,避免因施工道路出现问题以及施工质量存在问题影响整个混凝土的浇筑质量,解决混凝土浇筑过程当中拱度部位浇筑质量存在缺陷的现象,使整个混凝土浇筑能够达到预期目标。

在道路桥梁上部构造的施工过程当中,掌握正确的施工工艺是十分必要的。在

实际施工过程当中,应当根据施工工艺的特点和施工过程中的实际需要进行有效的施工工艺验证和施工工艺研究,通过施工工艺的改善以及施工工艺的实施,解决施工工艺的真实性问题,使施工工艺能够达到质量目标,保证施工工艺能够有更好的针对性,解决道路桥梁上部构造施工问题。

第三节 拱桥的上部构造及施工

一、拱桥的悬臂施工工艺

1. 悬臂浇筑拱桥

悬臂浇筑拱桥,将拱圈全截面按等长节段在钢支架上浇筑。钢脚手架一边支承在已硬化且能受力的混凝土结构上,另一边由岸上门塔呈扇形伸出拉带,控制钢支架在浮吊上安装,并由浮吊控制前移。拉带用刚性型钢制作,根据其受力情况,可在型钢中加入预应力钢缆,用辅助拉杆锚固在岩石上。拱圈浇筑后,可在拱顶安装用于调整应力的液压千斤顶,然后放松拉带,浇筑拱上立柱,在柱上施工桥面系。用悬浇法施工拱桥可结合顶推法共同作业。引桥采用顶推法架设,主跨用悬浇法,可加快架桥步伐。

2. 悬臂拼装拱桥

悬拼法的主要过程(以桁架拱为例):将拱圈构件从岸上开始向跨中外伸悬拼,钢索按施工所增加的力逐步加到型钢中,上悬杆锚固在岩石上;下弦杆由拱圈代用,拱上立柱作桁架的垂直构件,立柱按设计方式一次拼装完毕。为了减轻辅助受拉杆件,拱圈暂不按设计拼装。如拱圈截面为三箱时,在施工阶段只拼装到中箱室为止。拉杆在拱顶合拢并用液压千斤顶调整后逐步放松,最后才拼装另外两个侧箱,把拱圈加宽。拱圈合拢后须重新调整截面应力,拱上建筑可用预应力简支梁或板由主柱支承。

3. 拱桥悬臂施工存在的问题

悬臂法架设大跨径拱桥、推动了拱桥合理化施工进程,也为悬臂法开拓了新的适用范围,指出了如何继续探索施工方法的可能途径。由于这仅是一个开端,施工的实例少,经验缺乏,尚存在着许多待解决的问题。例如:采用全截面如何减小大批量钢结构构件及锚固设施;若沿纵向分期施工有许多流变问题(因混凝土龄期不同而使拱圈截面在恒载作用下产生不均匀应力无法避免);桁架拱对温度变化的敏感反应;施工中不断增加预应力构件和基本刚性受拉构件、各种材料配件和节点的拆除、都会妨碍拱上作业等。

二、拱桥的转体施工工艺

在前面几章桥跨结构施工中均将转体施工作为一种工艺简要介绍在各种施工方法内。本节将专门叙述拱桥的转体施工工艺。

转体施工架桥具有设备简单,节约材料、施工期间不受洪水威胁、不影响河道通航等特点。近来,国内外转体施工发展很快,并在拱桥、斜拉桥、梁式桥等多种桥型中得到广泛应用,用转体架设的桥跨已达119m,特别是拱桥,适合采用此种工艺。

(一)转体施工的原理和工序

1. 转体施工的原理

转体施工拱桥是从旋转梁式桥和斜拉桥梁体中得到启示而被我国推广采用的工艺。平转法把拱圈分为两个半跨在桥位两侧利用地形作简单支架;预制钢筋混凝土薄壁箱(拱)肋;用扣索从拱顶经支架适当处锚固在桥台尾端;预加应力使肋脱架;借助台身预先设置的四氟乙烯(C_2F_4以下同)环形滑道;用卷扬机牵引,转体一定的角度至跨中合拢;调整拱圈;进行拱上建筑施工,将桥架成。转体法是拱桥的一项新工艺,也是C_2F_4这一新型工程塑料在我国桥梁建设中应用的例子。

2. 转盘的构造

转盘的构造按承重方式可分为环道平面承重与转轴承重两种。环道平面承重由上、下转盘,转轴和环道构成。转轴起定位作用,用三层套管组成,即在里外两层管间夹C_2F_4,套管。环道为圆形,上盘用镀铬钢板拼成,锚于上盘底面,下盘用C_2F_4板拼成。转体全部重量由环道平面承受。转轴承重由上、下转盘,转轴,支重轮及环道组成。转轴有钢球切面柱式铰和混凝土球面铰两种。

3. 转体工艺

(1)平转工艺。半跨桥的稳定由平衡重与结构本身组成的扣锚体维持,平衡重可利用部分台身或另加临时重块;扣锚体系可用外加扣索或结构构件本身作拉杆,如桁架拱的上弦(弦内主筋应加强并锚于台背)。平转合拢后切断与台身的连接钢筋,使转体的悬臂状态转变为拱式体系。

(2)双箱对称同步转体工艺。把平衡转动体系改成锚固、转动和位控三个体系,用锚固体系代替平衡重。锚固体系由引桥主梁、立柱、锚梁及尾索(预应力)组成。转动体系与平衡转体相同,在两岸上下游方向任一对称角度,利用地形分别塔架预制四个半跨边箱,待混凝土达到强度后,张拉扣索使拱箱脱架,再用各箱扣点的浪风及预设的上、下转轴(偏心值)将两岸上、下游拱箱对称同步转体(即位控体系)。景阳桥就是采用此工艺。转体时用中5高强钢索作扣索,在拱顶处自锚于转轴上端的锚梁上。用尾索将锚梁分别锚于两岸地锚,锚梁上端用预制桥面板顶住,并将提扣索时产生的轴力传至两岸桥台,与尾索、拱箱共同形成平衡力矩。

(3)飞鸟式、平衡转体的设想。最近,根据转体架设拱桥的经验,有人提出当主跨及引桥都是拱式结构时可采用"飞鸟式刚架平衡转体或飞鸟式自平衡转体架设拱桥"。这种设想是将引桥作为主桥的配重一起施工,形成"双飞燕"式转体。为了减少引桥的施工材料,还设想用二次转体的方法,即先在岸边塔架预制引桥,转体后引桥悬空,用支架作主跨再转体合拢。

(二)C_2F_4转盘滑道的制作

聚C_2F_4作转盘滑道是利用它与钢的摩擦系数最小这一特点以使桥体转至跨中合拢。C_2F_4经过室内多次试验,发现有摩擦系数随压力而增减的现象。测定时发现摩擦系数f值在压力增大时而减少,压力减小时f值增加。有人以压力为491029430kPa做试验,测出如下变化规律:钢与C_2F_4接触时f=0.02~0.05,C_2F_4塑料自身之间的接触时f=0.04~0.06;40×40cm的C_2F_4板材在压力超过1962kPa后,压缩性太大,后期变形小。若压力为9810kPa,15天后,蠕变值为10%左右;环道压力为9810kPa时,镀铬钢与C_2F_4板的点接触$f_{静}$=0.09,$f_{动}$=0.04;表面不光洁的钢与C_2F_4板的面接触$f_{静}$=0.09,$f_{动}$=0.04;从而可得出用C_2F_4板与镀铬钢作转体环道接触面较为理想。

1.转盘轴心。塑料转盘以直径为10cm的钢棒作轴心,锚在混凝土下环内,外露20cm长的区段镀铬,外面套上壁厚1cm的C_2F_4轴套,再套上钢外套,放置直径60cm、厚4mm的不锈钢板,浇筑上环混凝土。待混凝土达到强度后,顶起上环,放入厚3mm的C_2F_4板,再将上环放下。检查密合后,用塑料薄膜把环缝遮盖以防水防尘。

2.环形滑道下环滑道可用46块3mm厚、6cm宽的C_2F_4板按要求拼成直径为6.2m的环形。上环道用厚1cm、宽10cm的镀铬钢板拼成相应的环形。在制作转盘轴心与滑道时应注意如下事项:

(1)滑道应控制在同一水平面内,确保受力均衡对称,水平精度要求在1mm之内;

(2)C_2F_4的滑道混凝土要求平整粗糙不成光面;

(3)镀铬钢板的接头要求光滑平顺。

为使转动滑道以上部分的重心恰好在轴心位置,以便启动时能受力均衡,需用墩台的自重及临时灌筑的低标号水泥砂浆砌块作平衡重以调整。上板采用混凝土时,可做成纵横梁组成的格式框架,内部可用圬工材料填充。但要注意浇筑上板及按砌台身时,要预留检查孔和捣棒孔。

(三)不用C_2F_4的转动体系制作

在C_2F_4不易得到时,可用转轴转盘或其他转体构造代替C_2F_4转盘。转轴转盘体系即用六个支重轮代替转轴中的C_2F_4板,把滑动摩擦变为滚动摩擦,使拱桥的转体施工工艺更有普遍推广的意义。因为支重轮在一般机械厂都可制造,且可重复使用。

1.转盘轴心,用于承受全部转动体系的压力和定位。在大小直径不同的无缝钢管内浇筑C38混凝土,轴上焊接一对相互吻合的球缺顶盖即一凸一凹(球面铰)。因转动体重心较高,为了避免不平衡产生的大偏心受压,球面铰顶盖的吻合面要做成曲面。

2.支重轮。均匀分布在上转盘四周(一般6~8个)。轮重30t左右,常用φ600厚32mm的圆钢板制作,用锚固钢筋锚于上转盘。

3.转盘,分上、下两个。上转盘,其作用是传递转动体重给轴心,它要求整体性好。轴心受力时,上转盘起悬臂板的作用,一般用φ6的钢筋扎成10x10mm的钢筋网(两层)浇筑C13混凝土而成。为了便于混凝土填充,上下转盘的间隙底部按1:5的坡度制作;下转盘,其位于桥台下部表面上,为便于转盘间的填充常做成锅底形,用10mm厚的钢板加工成直径4200mm,300mm宽的圆形轨道。每块弧形板长约为17m,用10φ16,长1000mm的双螺帽螺栓与桥台连接。为避免重复工序,轨道与桥台可一次浇成。先浇筑桥台下部低于轨道1.5m,然后预埋轨道位置铁件,继续浇筑,待浇筑到轨道底板时,即用这些预埋件焊接轨道的"V"形定位板。在混凝土浇至离弧形板30~40cm处,则调整高程,不需另作平整度的加工。

4.承托板。在台背墙上与转盘浇筑成整体。它有多种功能,既是背墙一部分,又是半跨桥的平衡重,也是张拉力筋和承受上弦拉压力的承托板。

第四节　墩台的构造及施工

桥梁墩台按建筑材料可分为圬工墩台,混凝土、钢筋混凝土、预应力混凝土等多种形式。按施工方法可分为就地灌注式和预制装配式两种。就地灌注式是在现场用支模,灌注混凝土的方法修筑墩台;装配式是在工厂或预制场把墩台分成若干块、预制成砌块或构件,运至桥位处用拼装或砌筑的方法装配成墩台。装配式墩台多为空心结构,它在国外桥梁建筑中发展较快,在我国城市建设中也应大力发展。目前在我国的城市桥梁中仍以就地灌筑实体混凝土或空心的钢筋混凝土墩台为主,辅助以一些石砌工程。在中、小型投资不大的桥中,也仍采用石砌墩台的型式。墩台按结构类型分类有多种类型,可分为实体和空心的两类、按形状可分为圆、方和尖端形。按立面形状可分为排架式、柱式、桩式和桩柱式等;按力学性能可分为刚性和柔性;按重量可分为重力式和轻型式;按受力图式可分为单向推力墩和无推力墩。

墩台施工应按图纸将各种形式的墩台构筑物建筑在准确位置上。在尺寸、形状、可靠度等方面均应符合设计要求,使之能有效地将桥跨上的全部荷载传递给基础,再传给地基。墩台施工要精确地测定位置,制造和安装模板,选择合格的材料,严格执行各种操作规程,确保工程质量。装配式桥墩竣工后不应有缺边掉角现象,它与基础的连接处必须严密、牢固,灌筑混凝土接缝应密实,强度要符合设计标准,外露的铁件必须作防锈处。

一、石砌墩(台)的施工

石砌墩(台)施工主要包括定位放样,材料运输,圬工砌筑,养护和勾缝等工序。

(一)定位放样

根据施工测量定出的墩台轴线放出砌筑石块的轮廓线,并在墩台转角处,设置标杆和挂线作为石砌的准绳。墩台放样定位的方法较多,常见的有垂线法、线架法和瞄准法等。可根据实际情况采用。

(二)材料运输

施工时材料需水平与垂直运送。水平运输主要靠车辆或人工担抬,垂直运输靠机械和脚手架提吊。施工用脚手架除开吊运材料外,尚可供工人上下和操作,主要有固定式、梯子式、螺旋升高滑动式和简易活动式多种。施工用石料和砂浆在数量小、重量轻时,可用马凳跳板直接运送;距地面较高时,可采用各种扒杆或绳索吊机和铁链、吊筐、夹石钳等捆装工具运送。也可用井架,固定式动臂吊机或桅杆式吊机吊运。石砌材料主要是片石、块石、粗料石或混凝土砌块和水泥砂浆。若在漂流物或冲积物多的河中砌筑墩台,其表面应选择坚硬石料或强度等级高的混凝土 R≥C23 预制块镶面,在低温或温差大的地区更要选用好料。因此在选料时不仅要注意强度,耐久性和经济价值,而且要考虑石料吊运、安砌就位是否方便。

(三)圬工砌筑

基础竣工后,经检查平面位置与标高符合设计要求即可清基、定位、放线、砌筑墩台。各种砖、石、混凝土砌块在使用前必须浇水湿润,表面的泥土、水锈要除掉,片石、块石强度不得小于 29400 kPa;粗料石强度不得小于 39200 kPa;混凝土砌块强度不得小于 C13 砂浆的和易性。强度和耐久性均要满足使用要求。

砌筑墩台一般采用浆砌配合挤浆法分层分段砌筑,表面用块石、粗料石或混凝土砌块镶面,内部用片石填充。石料按圬工砌筑方式排列,使之整体联结牢固。第一层砌块若遇到基底为土层时,可在砌石侧面铺刮砂浆不需坐浆。若是岩层和混凝土基底,除润湿凿毛外,还应坐浆砌筑。浆砌片石时,石块应交错排列坐实挤紧,尖锐凸出部分要敲掉,并掌握好砌筑厚度,不应高低差太大。浆砌块石时,可先在已砌石块平面上铺 4~5cm 厚一层砂浆,使石块放置安砌平稳,砂浆保持 2cm 厚挤满砌缝,竖缝上下层错开。浆砌料石时,应严格控制平面位置和高度,砌缝应横平竖直。浆砌混凝土预制块应从角石开始,竖缝应用厚度较灰缝略小的铁皮控制,安砌后立即用扁铲捣实砂浆,斜面应逐层收坡以保证规定的斜度。分段分层砌筑时,两相邻工作段的砌筑高差不得超过 1.2m,分段位置宜尽量设置在沉降缝或伸缩缝处。砌筑的顺序应由下而上,方向由上游至下游,先砌四转角石,然后挂线砌筑边部表层,最后填筑腹部。

(四)勾缝与养护

为了美观和防止水从砌缝中渗入墩台内部,表面砌缝靠外露面处要另行勾缝,靠掩蔽面则随砌随刮,但也应保证砌缝质量。石块与预制块均应以砂浆黏接,砌块间要求有一定厚度的砌缝,在任何情况下不允许相互间直接接触。浆砌规则块材如料石、混凝土砌块时可用凹缝,浆砌片石或块石用平缝或凸缝。勾缝砂浆强度等级在主体工程中不低于M10;在附属工程不低于M7.5。勾缝前,外层砌缝应留距石面1~2cm的空隙,用水清洗后以砂浆填充。勾缝在砌筑完工后从上至下进行,以保证墩台整齐干净。墩台砌筑完工后,必须用浸湿的草帘(袋)等物覆盖,根据气温变化浇水养护1~7天。

二、就地灌筑混凝土墩台

混凝土墩台灌筑的主要工作是立模,扎筋和灌筑混凝土成形等。

(一)墩台的模板

1.墩台模板的基本要求

钢筋混凝土墩台对模板的基本要求与钢筋混凝土受压构件相同。其轮廓尺寸的准确性由制模和立模来保证。墩台模板形式复杂、数量多、消耗大,对桥梁工程的质量、进度、经济技术的可靠性均有直接影响。它应能保证墩台的设计尺寸;有足够的可靠度承受灌筑的混凝土重量、侧压力和其他施工荷载,并保证受力后不变形,不位移;其接缝紧密不漏浆,内侧光滑平整;结构简单,制造,安装和拆卸方便。

2.模板的类型和构造

(1)固定式模板位置固定可在现场加工制作和安装,又称为零拼模板。主要由壳板、肋木、立柱、撑木、拉条(或钢箍)、枕梁与铁件等组成。墩身模板由斜面和圆锥体曲面组成,骨架的立柱安放在基础枕梁上,肋木固定在立柱上,木模的壳板竖直布置在肋木上,立柱两端用钢拉杆拉紧并加强联结,以保证模板的刚度以及不发生位移。若桥墩较高时,要加设斜撑,横撑式抗风拉索等。木壳板厚3~5cm,宽15~20cm;肋木一般用方木制作,间距由板厚及混凝土侧压力决定;两立柱间的距离为0.7~.1.2m,立柱用圆木制作;拉杆是$\varphi12~\varphi20$的圆钢;拱肋木由2~3层木板交错重叠用铁件结合,拱肋木与水平、直肋木之间也可用铁钉与螺栓连接。各种桥台的模板要比桥墩复杂,多了背墙、侧墙等构造,但基本形式大同小异。固定式模板使用一次后,就被拆散或改制,仅有一部分可重复使用,工料浪费较大,仅适用一般小型工程如墩台的基础、拱座、帽石、端翼墙、中小桥桥台身、涵洞等。

(2)镶板式模板又叫整体吊装模板,它是将固定式模板改成可以拆移活动的模板。在灌筑多个同类型墩台时,按一定的尺寸拼装一个分块装配式模板重复使用,可以节约许多工料。此种模板由螺栓连接,整体吊装,在拆装时应尽量不受损坏。镶板彼此用横带或竖带间接接合,尺寸大小由吊装能力与结构大小而定。常用钢板和型钢加工而成。

(3)拼装式模板又称为盾状模板。这是将墩台模板划分为若干尺寸相同的小块,在工厂按规定尺寸加工而成的大小相同块件,然后运到桥位处拼装的模板。它适用于高大桥墩或在同类墩台较多时,待混凝土达到拆模强度后,可以整块拆下来后;直接或略加修整,就可周转使用。此类模板可用钢材或木材加工制作。木料加工制造较为方便简单;钢材需铸造、刨光等,机械加工不方便。木模板的制作基本上与固定式模板相同。钢模用2~3mm厚的薄钢板与型钢为骨架。此种模板可重复使用,装拆方便,节约材料,降低成本,无须吊装,缩短工期。

(4)滑升模板又称为抽动模板,它整体地在墩脚处安放。灌筑时借助千斤顶及顶杆使模板沿墩身向上滑升,它滑升灌筑的高度可达70m以上。一般用钢板制作,可根据墩台的平面形状制成矩形,圆形,圆端形和其他形式。可用于滑升实体墩和空心墩,若墩身垂直或收坡率不大时,可做成内外壁同坡等厚或不等厚的空心墩。圆形收坡空心墩液压滑模主要由操作平台、模板系统、提升系统和垂直运输系统组成。空心墩模板有内外之分,由固定和活动模板组成。固定模板通过上、下横杆与提升架联结;活动模板由心板与边板叠合而成并用螺栓连在横杆上。当滑升时,活动模板依靠横杆上固定的小轮沿固定模板的横杆滑移。

3.模板的制作与安装

划线、下料、加工和拼缝均要符合设计要求。安装要先确定顺序,预留孔(件)、接触面、可靠度均要符合有关的规定。

(二)墩(台)的混凝土灌筑

灌筑混凝土墩(台)要遵循混凝土操作的一般规定,要控制灌筑质量,处理好墩身与墩帽的连接,注意施工节奏和安全。

1.质量控制

灌筑混凝土的质量应从准备工作,拌合材料,操作技术这三方面来控制。滑模灌筑应选用低流动度的或半硬性的混凝土拌合料,分层分段对称灌筑,并应同时灌完一层。各段的灌筑应到距模板上缘10~15cm处为止;采用插入式振捣器时伸入深度不应超过5cm;拌制混凝土时应掺加早强剂。要防止千斤顶和油管接头在混凝土和钢筋上漏油,要连续操作,中途因故停止时应按施工缝处理;脱模后若表面不平整或有其他缺陷要予以修整。在明挖基础上灌筑墩台第一层混凝土时,要防止水分被基底吸收或基底水分渗入混凝土中而降低强度。要注意对非黏土和干土基底的润湿。若土太湿时,应在基底以下填石料夯实或灌筑强度等级较低的混凝土垫层。若基底为岩石时,也应先润湿后,铺一层2~3cm厚的水泥砂浆,在其初凝前灌筑。

2.灌筑节奏

为确保质量和工期,要注意灌筑节奏。若墩台截面积不大时,应连续一次完成,以保其整体性;若墩台截面积太大时例如有100m²,可分段分块灌筑。大体积圬工所用片石数量不得多于整个混凝土体积的20%,最大粒径不得超过填放石块处最小尺寸的1/4。一节灌筑完后,须间歇一段时间才能立模,继续灌筑下一节。应充分利用劳力和设备,采用流水作业线,在各墩上同时立模,灌筑能收到显著效果。

3.墩帽与台顶施工

顶帽是用以支持桥跨结构的,桥梁支座就设在其上,墩(台)顶帽的形状,尺寸和各种预埋孔道要求十分精细。因此要特别重视这部分的施工操作。它主要包括放线、立模、扎筋、安埋锚栓孔和灌筑等工作。当墩身距顶帽以下40cm时,应停止灌筑,在此预埋接榫在墩身平面上定出纵横中心线,放出顶帽轮廓线,竖立顶帽模板,其下的拉杆可用顶帽下层的分布钢筋代替,安装锚栓孔模板用以埋设支座锚栓,扎好顶帽钢筋,支承垫石的模板挂装在上部的木拉杆上。钢筋混凝土墩(台)帽混凝土强度等级不得低于C18,其他部分采用素混凝土时也不应低于C18。对有托盘的顶帽作业时,可把托盘与顶帽模板作一整体安装。托盘模板的肋木,竖木和顶帽模板的立木用联结板和螺栓连成整体。

三、装配式桥墩的施工

装配式桥墩主要采用拼装法施工。它用于预应力混凝土薄壁空心墩和一些钢筋混凝土轻型桥墩,拼装式桥墩主要由就地灌筑实体部分墩身、拼装部分墩身和基础组成。实体墩身与基础施工可就地灌筑而成,但是在灌筑实体墩身时应考虑与拼装部分的连接、抵御洪水和漂流物的冲击,锚固预应力筋、调节拼装墩身的高度等问题。装配部分墩身由基本构件,隔板,顶板和顶帽四部分组成,在工厂制作,运到桥位处拼装成墩。装配部分墩身的分块,要根据桥墩的结构型式、吊装、起重和运输能力决定。要尽可能使分块大、接缝小,根据设计要求定型批量生产为宜。加工制作出来的拼装块件要质量可靠、尺寸准确、内外壁光洁度高。拼装要根据施工现场的地形、水文、土质、运输条件,墩的高度、起吊设备等进行。决定拼装方法时应注意预埋件的位置,接缝处理要牢固密实,预留孔道要畅通。

第五节 基础的构造及施工

一、明挖扩大基础施工技术

明挖扩大基础施工的内容包括:基础的定位放样、基坑开挖、基坑排水、基底处理以及砌筑(浇筑)基础结构物等。

在基坑开挖前,先进行基础的定位放样工作,以便将设计图上的基础位置准确地设置到桥址上。放样工作系根据桥梁中心线与墩台的纵横轴线,推出基础边线的定位点,再放线画出基坑的开挖范围。基坑各定位点的高程及开挖过程中高程检查,一般用水准测量的方法进行。

(一)基坑排水

桥梁基础施工中常用的基坑排水方法有:

1.集水坑排水法

除严重流沙外,一般情况下均可采用。基坑坑底一般多位于地下水位以下,而地下水会经常渗进坑内,因此必须设法将坑内的水排除,以便于施工。集水坑(沟)的大小,主要根据渗水量的大小而定,排水沟底宽不小于0.3 m,纵坡为1%～5%。如排水时间较长或土质较差时,沟壁可用木板支撑。

2.其他排水法。

对于土质渗透较大、挖掘较深的基坑可采用板桩法或沉井法。此外,视现场条件、工程特点及工期等因素,还可采用帷幕法,即将基坑周围土用硅化法、水泥灌浆法、沥青灌浆法以及冻结法等处理成封闭的不透水的帷幕。这种方法除自然冻结法外,其余均因设备多、费用大,在桥涵基础施工时较少采用。

(二)基底处理

1.基底检验。

基坑已挖至基底设计高程,或已按设计要求加固、处理完毕后,须经过基底检验,方可进行基础结构施工。

基坑施工是否符合设计要求,在基础浇筑前应按规定进行检验。其目的在于:确定地基的容许承载力的大小、基坑位置与高程是否与设计文件相符,以确保基础的强度和稳定性,不致发生滑移等病害。基底检验的主要内容包括:检查基底平面位置、尺寸大小,基底高程;检查基底土质均匀性、地基稳定性及承载力等;检查基底处理和排水情况;检查施工日志及有关试验资料等。

为使基底检验及时,以免因等候检验、基底暴露时间过久而风化变质,施工负责人应提前通知检验人员,安排检验。

(1)检验内容

1)检查基坑的平面位置、坑底尺寸、高程是否符合设计要求,偏差是否在现行有关规定允许范围以内。

2)检验基坑底面土质及其均匀性、稳定性,坑壁坡面是否平顺稳定,有无排水措施,容许承载力能否满足设计要求。

3)检查基坑和地基加固、处理过程中的有关施工记录和试验等资料。

4)检查基底地基经加固、处理后的效果是否达到设计要求。

(2)检验方法

1)小桥和涵洞基底的地基检验

一般经过直观或触探器确定土质与设计要求符合时,即可签认进行浇砌基础。

经过直观或触探对土质有疑问时,应取土样做土的物理力学性能试验,如颗粒分析、天然密度、天然含水量、天然孔隙比、液限、塑限、密度、可塑性、压缩性和抗剪强度等,以鉴定土的容许承载力,或钻探2~4m以上,检查下卧层土质。

特殊设计的小桥涵洞对地基沉降有严格要求,当属于下列不良土质情况时,宜进行载荷试验。

风化颇重的岩层;松散砂类土的相对密实度D_r≤0.33;黏质土的天然孔隙比超过下列限度时:黏土质砂(SC)e_o>0.7,低液限黏土(CL)e_o>1,高液限黏土(CL)e_o>1.1;含有大量有机物的吹填土或砂土、黏土;含有大块杂质(尤其是多量碎砖瓦等)的填筑土。对经过加固处理的地基,应根据不同加固方法的质量要求采用相应的检验方法,包括量测加固范围、桩位偏差和桩体垂直度偏差;用环刀法取样或灌砂法测定压实度或干密度;用静力触探或动力触探检验加固处理后的效果。

2)大、中桥和填土在12m以上涵洞基底的地基检验

一般由检验人员用直观、触探、挖试坑或钻探(钻探至少4m以上)试验等方法确定土质容许承载力,确认符合设计要求后,即可进行基础施工。

在地质特别复杂,或在设计文件中有特殊要求必须做载荷试验时,才做载荷试验。必要时还应做土工试验,与载荷试验核对。

论在特殊地基上已经加固处理又经触探、密实度检验后,尚有疑问时,则应再做载荷试验。确认符合设计要求后,才能进行基础圬工的施工。

3)检验注意事项

地基经检验后,需要做大的加固处理时,应由施工单位邀请建设单位及设计单位共同研究确定。加固处理完毕,应再经检验合格后,方可进行基础施工。

桥涵地基检验,除了进行平面尺寸和地基变形观测外,检验方法主要有静力触探、动力触探、标准贯入试验,土压力、孔隙水压力及土位移测试,载荷试验、旁(横)压试验,排水固结法加固的地基有时还需做十字板剪切试验。无论何种测试方法都有一定的局限性,故宜采用多种方法进行综合评价。现场测试要辅以取样,做室内土工试验,如加固设计已规定有检验项目和检验方法的,按设计规定办理。

为了有较好的可比性,加固前后两次的测试项目应力求对应,甚至最好由同一组织、用同一仪器按同一标准进行。

检验后按规定格式填写地基检验表,由参加检验人员会签,作为竣工验收的原始资料。

2.基底处理。

天然地基上的基础是直接靠基底土壤来承担荷载的,故基底土壤状态的好坏,对基础及墩台、上部结构的影响极大,不能仅检查土壤名称与容许承载力大小,还应为土壤更有效的承担荷载创造条件,即要进行基底处理工作。

(1)未风化岩石基底

对未风化岩层开挖至岩层面后,应清除岩面松碎石块,凿出新鲜岩面,并用水冲洗干净,岩面不得存有淤泥、苔藓等表面附着物。岩面倾斜时,应将岩面基本凿平或凿成台阶。对基坑内岩面有部分破碎带时,应会同设计人员研究处理,采用混凝土封填或设混凝土拱等方法进行处理,以满足承载力的要求。

(2)风化岩层基底

岩石的风化程度对其承载力影响很大。在开挖至风化岩层时,应会同设计人员认真观察其风化程度,检查基底是否符合设计承载力要求。按设计要求适当凿去风化表层,或清理到新鲜岩面,将基坑填满封闭,防止岩层继续风化。

(3)碎石或砂类土层

将基底修理平整并夯实,砌筑基础混凝土时,应先铺一层20 mm厚水泥砂浆。

(4)黏土基底

基坑开挖时,留200~300 mm深度不挖,以防止地面、地下水渗流至基面,浸泡基面,降低强度。砌筑前,再用铁锹加以铲平。如基底原状土含水量较大或在施工中浸水泡软,可在基坑中夯入100 mm以上厚度的碎石,但碎石顶面不得高于设计高程。当基底土质不均,部分软土层厚度不大时,可挖除后换填砂土,并分层夯实。

(5)湿陷性黄土

湿陷性黄土地基开挖时,必须保持基坑不受水浸泡,并尽量避免在雨期施工,否则应有专门的防洪排降水设施,并应按设计要求采用重锤夯实、换填或挤密桩法进行加固。

(6)软土层

软土地基应按设计要求进行加固,可采用换土、砂井、砂桩或其他软土地基处理方法。在软土地基上修建桥梁时,应按设计预留沉降量。采用砂井加固的软土地基,按设计要求采取预压。桥涵主体必须分期均匀施工。在砌筑墩台、填土和架梁工程中,随时观测软土地基的沉降量,用以控制施工进度,使软土地基缓慢平均受载,防止发生剧烈变化或不均匀下沉。

(7)泉眼

对于泉眼,应用堵塞或导流的方法处理。泉眼水流较小时,可用木塞、速凝水泥砂浆、带螺帽钢管等堵塞泉眼。堵眼有困难时,采用竹管、塑料管或钢管引流,待基础圬工灌注完后,向管内压浆将其封闭,也可在基底以下设置暗沟或盲沟,将水引至基础施工以外的汇水井中抽排,施工完后用水泥砂浆封闭。

(8)溶洞地基处理

在地基下出现溶洞时,应会同设计部门研究处理,一般采取以下加固措施进行处理:

1)首先用勘测方法探明溶洞的形态、深度和范围,以便采取相应的处理方法。

2)当溶洞埋深较浅时,可用高压射水清除溶洞中的淤泥,灌注混凝土进行填充;当溶洞较深且狭窄、洞内土壤不易清除时,可在洞内打入混凝土桩。

3)当洞处在基础底面,溶洞窄且深时,可用钢筋混凝土板盖在溶洞上面,跨越溶洞。

4)当埋藏较深,溶洞内有部分软黏土时,可用钻机钻孔,从孔中灌入砂石混合料,并压灌水泥砂浆封闭。

(三)基础浇筑

基础施工分为无水浇筑、排水浇筑和水下浇筑三种情况。

排水施工的要点是:确保在无水状态下砌筑圬工;禁止带水作业及用混凝土将水赶出模板外灌注方法;基础边缘部分应严密隔水;水下部分圬工必须待水泥砂浆或混凝土终凝后才允许浸水。

水下浇筑混凝土只有在排水困难时采用。基础圬工的水下灌注分为水下封底和水下直接灌筑基础两种。前者封底后仍要排水再砌筑基础,封底只是起封闭渗水的作用,其混凝土只作为地基而不作为基础本身,适用于板桩围堰开挖的基坑。浇筑基础时,应做好与台身、墩身的接缝联结,一般要求是:

1.混凝土基础与混凝土墩台身的接缝,周边应预埋直径不小于16 mm的钢筋或其他铁件,埋入与露出的长度不应小于钢筋直径的20倍。

2.混凝土或浆砌片石墩台身的接缝,应预埋片石,片石厚度不应小于150mm,片石的强度要求不低于基础或墩台身混凝土或砌体的强度。

二、钻孔灌注桩基础施工技术

1.场地准备

钻孔前要进行准备工作,其内容包括:

(1)场地为旱地时,应除杂物,换除软土,整平夯实;

(2)场地为陡坡时,可用枕木、型钢等搭设工作平台;

(3)场地为浅水时,宜采用筑岛施工,筑岛面积应根据钻孔方法、设备大小等要求确定;

(4)场地为深水或淤泥较厚时,可搭设工作平台,平台必须牢固稳定,能承受工作时所有静、动荷载,并考虑施工机械能安全进出。

2. 设备准备

根据地质资料,确定科学合理的钻孔方法和钻孔设备,架设好电力线路,配备适合的变压器。若用柴油机提供动力,则应购置与设备动力相匹配的柴油机和充足的燃油。混凝土拌和机、电焊机、钢筋切割机,以及水泥、砂石材料均要在钻孔开始前准备妥当。

3. 埋设护筒

可以采用钢护筒,也可以采用现场预制的钢筋混凝土护筒,在放样好的桩位处,开挖一个圆形基坑将护筒埋入。护筒应坚实、不漏水,护筒内径应比桩径大20～30cm。采用反循环钻时应使护筒顶高程高出地下水位2.0m;采用正循环钻时应高出地下水位1.0～1.5 m;处于旱地时,护筒在满足上述条件的基础上还应高出地面0.3 m。

4. 泥浆制备

钻孔泥浆由水、黏土(膨润土)和添加剂组成。具有浮悬钻渣、冷却钻头、润滑钻具、增大静水压力,并有在孔壁形成泥膜、隔断孔内外渗流、防止坍孔的作用。调制的钻孔泥浆及经过循环净化的泥浆,应根据钻孔方法和地层情况采用不同的性能指标。泥浆稠度应视地层变化或操作要求,灵活掌握。泥浆太稀,排渣能力小,护壁效果差;泥浆太稠,会削弱钻头冲击功能,降低钻进速度。

通常采用塑性指数大于25、粒径小于0.002 mm、颗粒含量大于500%的黏土,通过泥浆搅料机或人工调合,储存在泥浆池内,再用泥浆泵输入钻孔内。泥浆泵应有足够的流量,以免影响钻进速度。大直径深孔采用正循环旋转法施工时,泥浆泵应经过流量和泵压计算来选择。对孔深百米以内的钻孔,一般可采用不小于2 MPa的泵压。

5. 施工方法

(1)基础施工

钻孔就位前,应对钻孔的各项准备工作进行检查,包括场地与钻机坐落处的平整和加固,主要机具的检查与安装。必须及时填写施工记录表,交接班时应交代钻进情况及下一班应注意事项。钻机底座和顶端要平稳,在钻进和运行中不应产生位移和沉陷。回转钻机顶部的起吊滑轮缘、转盘中心和桩位中心三者应在同一铅垂线上,偏差不超过2 cm。钻孔作业应分班连续进行,经常对钻孔泥浆性能指标进行检验,不符合要求时要及时改正。

1)冲击法:用冲击钻机或卷扬机带动冲锥,借助锥头自重下落产生的冲击力,反复冲击破碎土石或把土石挤入孔壁中,用泥浆浮起钻渣,或用抽渣筒或空气吸泥机排出而形成钻孔。

2)冲抓法:用冲抓锥靠自重产生冲击力,切入土层或破碎土层,叶瓣抓土、弃土以形成钻孔。

3)旋转法:用钻机通过钻杆带动锥或钻头旋转切削土,用泥浆浮起并排出钻渣形成钻孔。

以上每种方法因动力与设备功能的不同而分为多种。

(2)钻孔

一般采用螺旋钻头或冲击锥等成孔,或用旋转机具辅以高压水冲成孔。根据井孔中土(钻渣)的取出方法不同,常用的方法是:螺旋钻孔、正循环回转钻孔、反循环回转钻孔、潜水钻机钻孔、冲抓钻孔、冲击钻孔、旋挖钻机钻孔。

正循环回转钻孔:系利用钻具旋转切削土体钻进,泥浆泵将泥浆压进泥浆龙头,通过钻杆中心从钻头喷入钻孔内,泥浆挟带钻渣沿钻孔上升,从护筒顶部排浆孔排出至沉淀池,钻渣在此沉淀而泥浆流入泥浆池循环使用。其特点是钻进与排渣同时连续进行,在适用的土层中钻进速度较快,但需设置泥浆槽、沉淀池等,施工占地较多,且机具设备较复杂。

反循环回转钻孔:与正循环法不同的是泥浆输入钻孔内,然后从钻头的钻杆下口吸进,通过钻杆中心排出至沉淀池内。其钻进与排渣效率较高,但接长钻杆时装卸麻烦,钻渣容易堵塞管路。另外,因泥浆是从上向下流动,孔壁坍塌的可能性较正循环法的大,为此需用较高质量的泥浆。

旋挖钻机钻孔:旋挖钻机是一种高度集成的桩基施工机械,采用一体化设计、履带式360°回转底盘及桅杆式钻杆,一般为全液压系统。旋挖钻机采用筒式钻斗,钻机就位后,调整钻杆垂直度,注入调制好的泥浆,然后进行钻孔。当钻头下降到预定深度后,旋转钻斗并施加压力,将土挤入钻斗内,仪表自动显示筒满时,钻斗底部关闭,提升钻斗将土卸于堆放地点。钻进施工过程中应保证泥浆面始终不得低于护筒底部,保证孔壁稳定性。通过钻斗的旋转、削土、提升、卸土和泥浆撑护孔壁,反复循环直至成孔。

旋挖钻机特殊的桶型钻头直接取土出渣,不需接长钻杆,钻孔时孔口注浆以保持孔内泥浆高度即可,因而能大大缩短成孔时间,提高施工效率。由于带有自动垂直度控制和自动回位控制,成孔垂直度和孔位等能得到保证。桶钻取土上提过程中对孔壁扰动较小,桶钻周边设有溢浆孔,溢出泥浆可起到护壁作用。

旋挖钻机一般适用黏土、粉土、砂土、淤泥质土、人工回填土及含有部分卵石、碎石的地层。对于具有大扭矩动力头和自动内锁式伸缩钻杆的钻机,可适用微风化岩层的钻孔施工。

(3)孔径检查与清孔

钻孔的直径、深度和孔形直接关系到成桩质量,是钻孔桩成败的关键。为此,除了钻孔过程中严谨操作、密切观测监督外,在钻孔达到设计要求深度后,应采用适当器具对孔深、孔径、孔形等认真检查,符合设计要求后,填写终孔检查表。

清孔的方法有抽浆法、换浆法、掏渣法、喷射清孔法以及用砂浆置换钻渣清孔法等,应根据设计要求、钻孔方法、机具设备和土质条件决定。其中抽浆法清孔较为彻底,适用于各种钻孔方法的灌注桩。对孔壁易坍塌的钻孔,清孔时操作要细心,防止坍孔。

清孔的质量要求:对摩擦桩,孔底沉淀土的厚度,中、小桥不得大于(0.4~0.6)d(d为桩的直径),大桥按设计文件规定。清孔后的泥浆性能指标,含砂率为4%~8%,相对密度为1.10~1.25,黏度为18~20s。对支承桩(柱桩、嵌岩桩),宜用抽浆法清孔,并宜清理至吸泥管出清水为止。灌注混凝土前,孔底沉淀土厚度不得大于50mm,若孔壁易坍塌,必须在泥浆中灌注混凝土时,建议采用砂浆置换钻渣清孔法,清孔后的泥浆含砂率不大于4%。其他泥浆性能指标同摩擦桩要求。对于沉淀土厚度的测量,用冲击、冲抓锤时,沉淀土厚度从锥头或抓锥底部所到达的孔底平面算起。沉淀土厚度测量方法可在清孔后用取样盒(开口铁盒)吊到孔底,待到灌注混凝土前取出,直接测量沉淀在盒内的沉渣厚度。

(4)钢筋笼制作与吊装

钢筋笼的制作应符合设计和规范要求,长桩骨架宜分段制作,分段长度应根据吊装条件确定;后场制作时应在固定胎架上进行,以保证钢筋笼的顺直;注意在钢筋笼外侧设置控制保护层厚度的垫块;钢筋笼起吊入孔一般用吊机,无吊机时,可采用钻机钻架、灌注塔架。

(5)灌注混凝土

1)灌注普通混凝土

在土中形成一定直径的井孔,达到设计标高后,将钢筋骨架(笼)吊入井孔中,灌注混凝土形成桩基础。每根灌注桩应留取混凝土抗压强度试件不少于2组。同时应以钻取芯样法或超声波法、机械阻抗法、水电效应法等无破损检测法对桩的均质性进行检测。检测应符合下列规定:其一,宜对各墩台有代表性的桩用无破损法进行检测,重要工程或重要部位的桩宜逐根检测。其二,对质量有怀疑的桩及因灌注故障处理过的桩,均应进行检测。

2)灌注水下混凝土

灌注水下混凝土时配备的搅拌机等设备,应能满足桩孔在规定时间内灌注完毕。灌注时间不得长于首批混凝土初凝时间。若估计灌注时间长于首批混凝土初凝时间,则应掺入缓凝剂。

水下混凝土一般用钢导管灌注,导管内径为200~350 mm,视桩径大小而定。导管使用前应进行水密承压和接头抗拉试验,严禁用压气试压。

混凝土拌和物运至灌注地点时,应检查其均匀性和坍落度等,如不符合要求,应进行第二次拌和,二次拌和后仍不符合要求时,不得使用。

首批灌注混凝土的数量应能满足导管首次埋置深度和填充导管底部的需要。首批混凝土拌和物下落后,混凝土应连续灌注。

街法在灌注过程中,导管的埋置深度宜控制在2~6 m,在灌注过程中,应经常测探井孔内混凝土面的位置,及时地调整导管埋深。

为防止钢筋骨架上浮,当灌注的混凝土顶面距钢筋骨架底部1 m左右时,应降低混凝土的灌注速度。当混凝土拌和物上升到骨架底口4 m以上时,提升导管,使其底口高于骨架底部2 m以上,即可恢复正常灌注速度。

在灌注过程中,特别是潮汐地区和有承压水地区,应注意保持孔内水头。在灌注过程中,应将孔内溢出的水或泥浆引流至适当地点处理,不得随意排放,污染环境及河流。

灌注中发生故障时,应查明原因,确定合理处理方案,及时处理。

混凝土应连续灌注直至灌注到设计的混凝土顶面,以保证截切面以下的全部混凝土具有优良质量。

三、沉井施工技术

1. 施工方法

沉井法施工就是在墩台位置上,按照基础的外形尺寸,用钢筋混凝土或混凝土预先制成一段井筒,然后在井筒内挖土,随着挖土,井筒借助于自重逐渐下沉,沉完一段,接筑一段,一直下沉到设计高程为止。

若为陆地基础,它在地表建造,由取土井排土以减少刃脚土的阻力,一般借自重下沉;若为水中基础,可用筑岛法,或浮运法建造。在下沉过程中,如侧摩阻力过大,可采用高压射水法、泥浆套法或空气幕等加速下沉。

泥浆套法是把拌制好的泥浆,用高压泥浆泵(压力150~500 kN/cm^2),通过预埋在井壁中的压浆管,直送井筒下部,喷向井壁外部,在井壁外周形成一圈厚度为10~20 mm的泥浆润滑套,使沉井下沉得又快又稳。

空气幕法则是向预埋在井壁四周的气管中压入高压气流,气流由喷气孔喷出壁外,沿沉井外壁上升,在井壁外周形成一圈压气层(亦称空气幕),使周围的土松动或激化,减少摩擦力,促使沉井顺利下沉。当水很深,筑岛困难时,一般采用浮运法下沉沉井。

浮运沉井可以在岸上制造而滑入水中,也可在驳船上制造,而由驳船载运就位、吊放入水。

沉井下沉到达基底设计高程后,把井底清理干净,灌注一层封底混凝土,然后用混凝土或砂石填实井筒(也有留成空心的),再在筒顶灌注混凝土盖板,桥梁墩身和台身就是建立在盖板上的。

2. 排除障碍

(1)施工过程中遇孤石

可采取潜水员水下排除、爆破等方法。在水下爆破时,每次总药量不应超过0.2 kg炸药当量。井内无水时,通过计算后,可适当加大药量。

(2)施工过程中遇铁件

可采取水下切割排除。

(3)施工前已经查明在沉井通过的地层中夹有胶结硬层

可采取钻孔投放炸药爆破的办法预先破碎硬层。

3. 清底、封底及浇筑

(1)不排水清底。

1)沉井下沉至设计高程后基底面地质满足设计要求,如有不符须作处理时,其方法征得设计单位同意,必要时取样检查。

2)基底土面或岩面尽量整平。基底面距隔墙底面的高度和刃脚斜面露出的高度,满足设计规定的最小高度。

3)基底浮泥或岩面残存物(风化岩碎块、卵石、砂等)均应清除,封底混凝土与基底间不得产生有害夹层。清理后的有效面积(即沉井底面积扣除在刃脚斜面下一定宽度内不可能完全清除干净的面积)不得小于设计要求。

4)隔墙底部及封底混凝土高度范围内井壁上的泥污应清除。

(2)沉井在封底混凝土强度满足受力要求后方可抽水浇筑填充混凝土。

四、承台和系梁的施工技术

1. 承台施工

(1)围堰及开挖方式的选择

当承台处于干处时,一般直接采用明挖基坑,并根据基坑状况采取一定措施后,在其上安装模板,浇筑承台混凝土。

当承台位于水中时,一般先设围堰(钢板桩围堰或吊箱围堰)将群桩围在堰内,然后在堰内河底灌注水下混凝土封底,凝结后,将水抽干,使各桩处于干处,再安装承台模板,在干处灌注承台混凝土。

对于承台底位于河床以上的水中,采用有底吊箱或其他方法在水中将承台模板支撑和固定,如利用桩基,或临时支撑。承台模板安装完毕后抽水,堵漏,即可在干处灌注承台混凝土。

承台模板支承方式的选择应根据水深、承台的类型、现有的条件等因素综合考虑。

(2)承台底的处理

1)低桩承台

当承台底层土质有足够的承载力,又无地下水或能排干水时,可按天然地基上修筑基础的施工方法进行施工。当承台底层土质为松软土,且能排干水施工时,可挖除松软土,换填10~30 cm厚砂砾土垫层,使其符合基底的设计标高并整平,即立模灌注承台混凝土。

2)高桩承台

当承台底以下河床为松软土时,可在板桩围堰内填入沙砾至承台底面标高。填砂时视情况决定,可抽干水填入或静水填入,要求能承受灌注封底混凝土的质量。

(3)模板及钢筋

1)模板一般采用组合钢模,纵、横楞木采用型钢,在施工前必须进行详细的模板设计,以保证模板有足够的强度、刚度和稳定性,能可靠的承受施工过程中可能产生的各项荷载,保证结构各部形状、尺寸的准确。模板要求平整,接缝严密,拆装容易,操作方便。一般先拼成若干大块,再由吊车或浮吊(水中)安装就位,支撑牢固。

2)钢筋的制作严格按技术规范及设计图纸的要求进行,墩身的预埋钢筋位置要准确、牢固。

(4)混凝土的浇筑

1)混凝土的配制除要满足技术规范及设计图纸的要求外,还要满足施工的要求,如泵送对坍落度的要求。为改善混凝土的性能,根据具体情况掺加合适的混凝土外加剂,如减水剂、缓凝剂、防冻剂等。

2)混凝土采用拌和站集中拌和,混凝土罐车通过便桥或船只运输到浇筑位置,采用流槽、漏斗或泵车浇筑。也可由混凝土地泵直接在岸上泵入。

3)混凝土浇筑时要分层,分层厚度要根据振捣器的功率确定,要满足技术规范的要求。

(5)混凝土养护和拆模

混凝土浇筑后要适时进行养护,尤其是体积较大,气温较高时要尤其注意,防止混凝土开裂。混凝土强度达到拆模要求后再进行拆模。

2. 系梁施工

(1)施工工艺流程

测量放样→铺设底模→钢筋安装→模板安装→混凝土浇筑→养护→模板拆除。

(2)具体施工工艺方法

1)铺设底模:按墩身系梁位置进行底模铺设。

2)钢筋安装:钢筋在加工场地预制成型,运至施工现场,采用常规方法进行焊接、安装。

在进行主筋（水平筋）接头时，将预埋筋按单面焊的搭接长度进行搭接，并满足同一搭接长度区段内接头错开500%，焊接标准执行施工规范的要求。安装时应注意预埋盖梁预埋钢筋。

3）模板安装：模板找正采用经纬仪跟踪测量，水平仪测量顶面高程的方法控制，模板支立前涂刷优质脱模剂，以保证混凝土外观质量及拆模便利。

4）混凝土浇筑：系梁混凝土采用集中搅拌站拌和，人工手持振捣棒分层浇筑振捣，塑料布覆盖洒水保湿养护的方法施工。

5）拆模：待混凝土强度达到设计规定强度再行拆模，采用人工配合吊车扶模拆卸。拆模时应注意不能损坏台体混凝土。

第六节　斜拉桥和悬索桥简介

一、斜拉桥的结构体系和构造特点

（一）斜拉桥的类型

斜拉桥按其索、塔、梁三者的不同结合方式，可组成漂浮体系斜拉桥、支承体系斜拉桥、塔梁固结体系斜拉桥和刚构体系斜拉桥等。下面分别给予简要介绍。

1. 漂浮体系斜拉桥

所谓漂浮体系斜拉桥，是指塔墩固结但塔梁分离，主梁除两端有支撑外，其余部位全部用斜拉索悬吊，从而形成多点弹性支承的单跨梁桥。多点弹性支承使得梁体处于满载状态时，塔柱附近的主梁不会产生负弯矩峰值，同时，由于主梁可以随塔柱的伸缩而自动上下调整，故温度梯度，混凝土收缩和徐变产生的次内力均较小。特别是在采用密索体系时，主梁截面的变形和内力变化较平缓，受力较均匀，对于主梁制造不会提出过高的要求。当发生地震时，在地震荷载的作用下，整个梁体将发生纵向摆荡。若梁体与塔墩的自振频率相差较大，则通过两者之间无规律的运动差和能量转换可以有效地控制塔墩的地震响应。不过，还应该采取一些措施来避免梁体两端的碰撞破坏。斜拉桥通常采用悬臂施工，为了保证施工过程的安全，需在塔梁相交处采取塔梁临时固结措施。以此抵抗施工过程中的不平衡弯矩和剪力作用。

2. 支承体系斜拉桥

所谓支承体系斜拉桥，是指塔墩固结，通过在塔柱横梁顶面设置竖向支承而将梁体支承在塔柱上，使得成桥后的梁体成为跨内具有多点弹性支承的三跨或三跨以上的连续梁桥。

如果支承体系的结构形式为主梁跨中设铰或挂孔，则要求挂孔处的搭接长度满足安全需要，以免一侧悬臂梁体受到车辆荷载作用时挂孔处发生过大的倾斜，从而影响行车的通顺。一般情况下,带挂孔的悬臂梁仅用于预应力混凝土梁,主梁在塔柱处采用固定支承,在边墩处采用纵向活动支承。

3. 塔梁固结体系斜拉桥

所谓塔梁固结体系斜拉桥,是指塔柱修建好之后在塔柱横梁上建造梁体,并将梁体与横梁固结的斜拉桥。此时,斜拉索作为一种弹性支承悬挂于悬臂梁体各处,斜拉索水平分力的作用使得主梁相当于配置了体外预应力索的连续梁或悬臂梁。

在塔梁固结体系斜拉桥中,梁的内力、挠度与主梁和塔柱的弯曲刚度比值直接相关。当跨中满载时,主梁在墩顶处的转角位移会导致塔柱倾斜,从而可显著增大主梁的跨中挠度和边跨负弯矩。因此,当采用塔梁固结体系斜拉桥时,合理控制主梁与塔柱的弯曲刚度比值很重要。

4. 刚构体系斜拉桥

在刚构体系斜拉桥中,梁与塔、塔与墩之间均为固结,从而形成跨度内具有多点弹性支承的刚构。

刚构体系斜拉桥的优点是既免除了大型支座,又能满足悬臂施工的稳定性要求,结构的整体刚度比较好。主梁挠度小,其缺点是主梁固结处的负弯矩大,结构中因温度和混凝土收缩徐变效应而产生的次内力较大,如果在主梁跨中设置可以水平移动的剪力铰或挂孔,则将导致行车不通顺。刚构体系较适用于独塔斜拉桥。

在斜拉桥的使用实践中,究竟应当选取怎样的主梁结构体系需根据地质条件、支座吨位、施工方法、行车平顺性及抗风抗震等因素综合分析后确定。

(二)斜拉桥的主要构件

1. 桥塔

斜拉桥的桥塔作为悬挂梁体及支承桥面活荷载的结构,其重要性是不言而喻的。桥塔造型的选择首先要满足结构性的功能要求,其次要满足投资方对景观效果的预期。随着科学技术的进步和建筑材料的发展,人们越来越追求斜拉桥的景观效果,因而出现了造型千姿百态的桥塔。即便某些桥塔的受力性能不尽合理,但是在安全性得到保证的前提下,投资方仍然愿意在桥塔造型方面投入更多的资金。因此,桥塔的设计应当受到人们的高度重视。

(1)桥塔的基本结构

一般情况下,斜拉桥的桥塔主要由四部分组成:塔座、塔柱、横梁和塔冠。在斜拉桥的长期发展变化过程中,桥塔的造型演变出了丰富多彩的形态。但无论如何变化,桥塔的造型首先要满足拉索布置和锚固安全的要求,其次要尽可能达到美学方面的预期景观效果。这就使得塔柱需要由多道横梁来约束或加强,因而横梁分为下横梁和上横梁。上、下横梁又把塔柱分为上塔柱、中塔柱和下塔柱多个部分。其中,下横梁除了用于增加塔柱的面内刚度外,还主要用来支撑主梁,维持主梁的标高。由于桥塔造型的多样化，其横梁的数量和分布必须根据具体情况而定，塔性的分段情况也是如此。不可一概而论。

(2)桥塔的结构形式

目前，建造桥塔所用的建筑材料主要有钢筋混凝土、预应力混凝土、钢材料。

(3)桥塔塔柱的截面形式

桥塔塔柱的截面形式和截面尺寸首先应满足结构对于强度、刚度和稳定性方面的要求，其次要满足桥塔上拉索锚固区的构造要求和桥梁美学方面的需求。

桥塔塔柱的截面形式与建造材料有关。如果采用混凝土塔柱，通常塔柱沿塔高有变截面和等截面两种形式，截面可以是实心截面或箱形截面。一般来说。等截面实心塔柱适用于小跨径斜拉桥。变截面实心塔柱适用于中等跨径斜拉桥，面对于大跨径斜拉桥来说，其桥塔一般采用箱形变截面塔柱。

如果塔柱采用钢材料建造，通常采用箱形结构，一股为单室多箱结构。为了确保钢塔柱具有足够的抗弯、抗扭刚度储备、箱室内应设置多层横隔板、横隔板上留有过人孔，并在各室之间的竖向隔板上焊接加劲肋，形成平面正交异性体系。

钢塔柱适用于大跨度斜拉桥，便于分段工厂化制作、运抵现场后分段吊装和焊接。节段质量较轻，施工比较容易；锚固区的制作尺寸精确，锚具安装和张拉作业空间充分，因此在钢塔柱上安装斜拉索比较方便。

2.主梁

斜拉桥的主梁可分为混凝土梁，钢箱梁，钢-混叠合梁和钢-混组合梁。

主梁截面形式的选择取决于很多因素，如建桥环境、梁体建造材料、主梁扭转动力特性、主梁与斜拉索之间的相互作用关系，斜拉索面的形态、斜拉索在梁面的锚固位置及分布、主梁施工工艺等因素。主梁的常用截面形式主要有板式梁、双主梁、半封闭箱形梁、箱形梁等。

(1)混凝土梁

混凝土梁的主要优点是造价低、刚度大、挠度小，抗风稳定性好、抗潮湿性能好，后期养护工作量比钢梁小、操作简单。养护成本低；其缺点是跨越能力不如钢梁强、施工速度不如钢梁快。

(2)钢箱梁

钢箱梁的主要优点是跨越能力强，构件可在工厂制作后在现场焊接装配成梁段，质量可靠、施工速度快；其缺点是价格昂贵、后期养护工作量大、抗风稳定性较差。

(3)钢-混叠合梁

钢-混叠合梁是在钢主梁上用预制混凝土桥面板代替常用的正交异性钢桥面板。因此，这种桥型既具有钢主梁的主要优点。又表现出混凝土箱形梁的重要优势。如节约钢材，成本较低，梁体的刚度和抗风稳定性均优于钢主梁，但是，应采取有效的措施确保混凝土桥面板与钢主梁之间的良好结合,同时还要采取有效的结构措施,避免大桥在运营过程中出现混凝土桥面板开裂的现象。

(4)钢-混组合梁

钢-混组合梁是指中孔大跨采用钢主梁,两侧边跨采用多跨预应力混凝土连续梁的组合梁。

钢混组合梁具有如下优点:

1)由于边跨主梁采用预应力混凝土结构,提高了全桥梁体的刚度,因此大大减小了主跨的内力及变形。

2)边跨混凝土梁增加了边跨配重既可减小边跨的长度,又可避免边跨端支座出现负反力,特别适用于边跨或主跨比较小的情况。

3)边跨相对容易架设,因此边跨采用预应力混凝土梁既能够保证安全架设,又有利于降低成本;而主跨的施工环境较差,采用钢梁可以分段在岸边预制,然后从主塔根部开始进行悬臂拼装,因梁段比较轻,运输和悬吊安装相对容易。

采用钢-混组合梁时,必须采取科学的构造措施,确保钢材料与混凝土材料之间的紧密结合。

3.斜拉索

每一根斜拉索都包括钢索和锚具两大部分。其中,钢索承受拉力;锚具设置在钢索两端,一方面用于锚固钢索,另一方面具有传递拉力的作用。钢索作为斜拉索的主体,主要有平行钢筋索,钢丝索和钢绞线索几种形式。

(1)钢索

1)平行钢筋索

平行钢筋索由若干根高强度的钢筋平行组成,钢筋直径为10~16mm,其标准强度不宜低于1570MPa,所有钢筋全穿在一根粗大的聚乙烯套管内。索力调整完毕后,在套管中注入水泥浆对钢筋进行防护。这种钢索应配备夹片式群锚。

平行钢筋索必须在现场架设过程中形成,操作过程繁杂。而且由于钢筋的出厂长度有限,当应用于大跨度斜拉桥时,索中钢筋必定存在接头。从而使其疲劳强度受到影响。因此,平行钢筋索已很少采用。

2)钢丝索

钢丝索分为平行钢丝索和平行钢丝微扭索。将若干根钢丝平行并拢、扎紧,穿入聚乙烯套管在张拉结束后注入水泥浆防护,形成平行钢丝索;在钢丝平行并拢后整体作同心同向的轻度扭转,然后用包带扎紧,最后用热挤压成型技术将聚乙烯材料包裹在索的最外层进行防护,从而形成平行钢丝微扭索。

平行钢丝索因不能盘绕,故难以长途运输,只适宜现场制作,随加工随用;而平行钢丝微扭索因挠曲性能好。可以盘绕成盘,因而可长途运输,宜在工厂中进行机械化生产并配备锚具后运至施工现场。显然,平行钢丝微扭索的工厂化生产不仅极大地简化了施工现场的工作,而且可生产出超长钢索,索的质量也有保证,在大跨度斜拉桥建造中显示出了巨大优势,因而逐步取代平行钢丝索面成为斜拉桥的主要用索。

3)钢绞线索

钢绞线索的制作类似于平行钢丝索。分为平行钢绞线索和平行钢绞线微扭索,其防护形式主要有:

A.将平行成束的钢绞线整束穿入聚乙烯套管中。然后压注水泥浆进行封闭;

B.将每一根钢绞线涂防锈油脂后再包裹聚乙烯防护层,然后将钢绞线平行成束,整体穿入较大直径的聚乙烯套管中。然后灌注水泥浆封闭;

C.将钢绞线平行成束后,经过轻微扭转后用热挤压聚乙烯外包,最后经热挤压成束。

一般情况下,前两种防护形式形成的平行钢绞线索适合在施工现场加工制作,而平行钢绞线微扭索适合在工厂预制,盘绕成盘后运至施工现场。

钢绞线的抗拉强度可达到1860 MPa,较钢丝的抗拉强度提高了27%,因此用钢绞线制作钢索可以进一步减小索的截面,降低索的质量。平行钢绞线索或平行钢绞线微扭索常配用夹片式群锚,先将钢绞线逐根张拉,建立初应力,然后整束张拉至规定应力。平行钢绞线索也可以配用冷铸镦头锚。

(2)锚具

斜拉索两端依靠锚具分别锚固在梁体与塔柱之上,使得斜拉索成为桥面荷载向塔柱传递的直接途径。在这个由斜拉索牵引而形成的完整体系中,锚具不但在力的传递方面发挥了画龙点睛的作用,而且自身将直接受钢丝束或钢绞线束的巨大拉力,因此锚具的制造质量和安装质量直接关系到斜拉桥的安全。在斜拉索的安装施工中,通常采用镦头锚或冷铸镦头锚对钢丝束或钢绞线束进行锚固。锚具受力最复杂并且对安全影响最大的部位主要是锚板、锚杯与锚圈。

二、斜拉桥的施工方法

(一)主塔施工

1.概述

斜拉桥主塔施工方法的确定需要从多个方面进行考虑。

首先,主塔建造材料是决定施工方法的根本因素。目前,常见的斜拉桥主塔有混凝土主塔、钢主塔和钢-混组合主塔。其中,混凝土主塔又分为钢筋混凝土主塔和预应力混凝土主塔。对于钢混组合主塔来说,通常下塔柱为混凝土结构。上塔柱为钢结构。这样的设计既可以发挥混凝土结构稳重、耐久、支撑能力强,容易现场浇筑成型的特点。又可以充分利用钢材易加工、结构质量轻、易安装、延展性能好、适合建造高耸结构的优点。不过,在钢-混结合部位必须采取特殊构造将混凝土材料和钢材牢固结合在一起,才能保证钢混组合主塔的长久安全。显然,针对不同的建筑材料,主塔的施工方法必然有明显的差异。

其次,应当充分认识到斜拉桥桥塔的构造远比一般桥墩复杂。通常桥塔的中部和上部均高出桥面,并以出色的承拉、承弯及承压能力将主梁提起。因此,从外形来看,桥塔可能是直立的,也可能是倾斜的,甚至可能是曲线形的;在塔柱的数量上,塔柱可能是单塔柱,也可能是双塔柱,甚至可能是多塔柱,塔柱之间有横梁;从受力的角度,桥塔上必须设有众多斜拉索锚固点,锚固点及相关预埋件的定位必须精准,以确保斜拉索的安装、张拉和锚固能顺利进行。正是塔柱外形和受力性能上的变化,使得其施工方法必须与之相适应,除此之外,在进行塔柱施工时,塔内必须设置必要的工作平台和起重设备;塔顶需要设置航空标志灯及避雷器,塔身内设置检修攀登步梯;对于景观桥,还可在塔内安装观光电梯,所有这些都增加了桥塔的施工难度。因此,桥塔施工方案的编写与实施必须根据设计图纸统筹兼顾结构要求、构造需要以及施工需求。

2. 混凝土主塔施工

混凝土主塔的施工方法主要有三种:支架现浇法,预制吊装法,移动模板施工法。其中移动模板施工法包括翻模法、爬模法和滑升模板法。

(1)支架现浇法

该施工方法工艺成熟,不需专用设备,能适应较复杂的塔柱断面形式,锚固区预留孔道和预埋件的处理也较方便;缺点是施工周期较长,且费工、费料。支架现浇法比较适用于跨度为200 m左右,桥面以上塔高为40m左右的斜拉桥。对于跨径更大的斜拉桥,其桥面以上的塔柱会更高,此时可将塔柱分为多段采取不同的方法施工。

(2)预制吊装法

顾名思义,采用这种方法时需首先在桥下预制场地将塔柱分段预制。然后运抵施工现场,运用起重能力较强的吊装设备进行拼装施工。这种施工方法不适合建造较高的塔柱,但是当塔柱不高、工期比较紧的时候,这种施工方法可以加快施工速度,减小高空作业的难度和劳动强度。目前,国外采用预制吊装法比较多。我国大多采用支架现浇法。

(3)移动模板施工法

移动模板施工法主要包括翻模法、爬模法和滑升模板法。这些方法均适用于高塔的施工,但是在施工工艺、施工效率、施工质量、施工安全等方面有着明显的差异。

1)翻模法

翻模体系通常由三层独立的模架组成,每一层模架由模板、支架、工作平台和吊架构成。在正常的循环施工中,每次将最下层模架拆卸后起吊并安装至最上层模架顶面处,然后以下面两层模架作为支撑浇筑新的一层塔柱,直至施工结束。翻模法施工中需要借助塔式起重机作为起吊设备,因此翻模法施工进度慢,外观效果差,高空作业时的安全性低,在桥塔施工中已很少采用。

2)爬模法

爬模法是目前塔柱施工中采用比较多的一种施工方法。爬模法施工安全性高,质量可靠,桥塔施工大多采用此法。爬模法施工的模板一般采用钢模板,沿竖向一般布置3~4节,每节的高度根据模板支架的构造和支挡能力等采用2~5 m,而爬模法施工中每节段混凝土的浇筑长度通常为3~6m。为了保证爬模操作的顺利进行,一般在爬模体系中设置自备提升设施或其他提升动力设施,目前使用较多的是液压式爬升设备。

3)滑升模板法

无论采用翻模法施工还是采用爬模法施工,一个共同的特点是都将已浇筑成型的塔柱混凝土作为下一节段施工的支撑。特别是在爬模法施工中,爬架依赖于导轨才能提升,而导轨必须安装在已成型的混凝土塔壁上。但是在滑升模板法施工中,整个体系的支撑和提升不依赖已浇筑成型的混凝土,而是支撑在预先埋置在塔壁混凝土内部的顶升钢筋或钢管上。滑升模板体系主要由模板、围圈、吊挂脚手架、支撑杆(俗称爬杆、顶杆)、千斤顶和顶架、操作平台和提升架等组成。在滑升模板法施工过程中,由于不再要求已浇筑混凝土必须达到较高的强度,因此施工的混凝土结构连续性好,表面光滑,无施工缝,并且施工速度快,安全性高、混凝土材料消耗少。可节省大量对拉钢筋、钢模板及其他周转材料。正是上述优势,使得滑升模板法已成为塔柱等混凝土高耸结构的主要施工方法。

3.钢主塔施工

钢主塔都在工厂内分段制作、运抵现场后进行分段吊装和连接。因此,相比混凝土塔柱,钢主塔的施工要简单得多,施工的技术含量较低,具有施工进度快、施工周期短、施工安全性高等优点。再加上钢材料容易加工、分段质量轻、易安装、延展性能好等特点,使得钢主塔在特大跨度斜拉桥的塔柱建造中具有独特的优势。

(二)横梁施工

对于大跨度斜拉桥高耸的双塔来说,无论是直立的还是倾斜的,都需要在双塔之间设置一道或多道横梁。

横梁至少具有以下三方面的功能:首先,对于某些斜拉桥来说,横梁作为梁体的支撑必不可少;其次,横梁作为双塔之间的连接可以大大增加塔柱的横向刚度;再次,对于斜塔柱来说,双塔之间的横梁是维持塔柱稳定所必需的构件。因此,横梁施工是塔柱施工中非常重要的一个环节。

但是,由于横梁的跨径和断面较大,并且是高空悬空作业,因此横梁的施工难度很大。为此,必须在设计高度的双塔之间为横梁施工搭建一个支撑平台,方可完成横梁的施工。为了保证横梁的施工质量和施工安全,在设计这个支撑平台时,不仅要考虑支撑平台的竖向刚度,还要考虑支撑平台、塔柱和混凝土横梁因材料不同在日照下变形不一致所造成的不均匀变形,采取有效措施避免混凝土横梁在早期养护期间及每次浇筑过程中由于支架的变形而引起的开裂。支架法施工横梁。

(三)主梁施工

与塔柱施工方法的选择类似,通常情况下,斜拉桥主梁施工方法的选择主要是由主梁的建筑材料决定的。

斜拉桥混凝土主梁常用的施工方法有支架或托架法,悬臂浇筑法、平转法和顶推法等。对于大跨度混凝土斜拉桥,其主梁特别适合采用悬臂浇筑法进行施工。当然,梁体局部的施工通常辅以支架法或托架法;平转法和顶推法适用于特殊环境下跨径不大,高度不高的斜拉桥。对于特大跨度的斜拉桥来说。主梁非常适合采用钢箱梁,而钢箱梁的施工特别适合采用悬臂拼装的方法。此时,可以在桥下将钢箱梁分段预制,然后由运输船只或车辆将梁段运抵桥下吊装位置,由吊装设备将梁段提升、就位、拼装和挂索。如果梁体采用钢桁架梁,悬臂拼装的方法同样适合。当然,梁体局部的施工通常辅以支架法或托架法。

斜拉桥混凝土主梁为等截面梁,宜采用悬臂浇筑施工法。

斜拉桥混凝土主梁悬臂施工时所采用的挂篮主要有长平台牵索挂篮和短平台复合型牵索挂篮。牵索挂篮按杆件种类可分为常备杆件组拼式和型钢组焊式。

1.悬臂施工

斜拉桥混凝土主梁特别适合采用悬臂浇筑的方法施工。二十世纪七八十年代,我国大部分斜拉桥悬臂浇筑所采用的挂篮沿用一般连续梁施工常用的挂篮。然而,无论是桁架式挂篮还是斜拉式挂篮都采用后支点悬臂结构,使得节段浇筑长度受到很大限制。同时,挂篮自重比较大,与所浇筑梁段的质量之比一般在0.7以上,甚至可能达到1~2。

我国桥梁工作者根据斜拉桥的特点。努力挖掘斜拉索在悬臂施工过程中的承载作用,开始研制前支点牵索式挂篮。牵索式挂篮利用悬浇梁段前端最外侧两根斜拉索将挂篮前端大部分施工荷载传至承载能力极强的桥塔,从而将后支点悬臂状态下的负弯矩转变为前支点简支状态下的正弯矩。这既改变了挂篮和浇筑梁体在施工过程中的受力状态,又减轻了挂篮自重,使节段悬臂浇筑长度及挂篮的承受能力都得以提高,并简化了施工程序,从而诞生了长平台牵索挂篮。

但是作为前支点挂篮,长平台牵索挂篮也存在明显的缺点——前移不便且承载平台过长。因此,我国桥梁工作者将后支点式挂篮与拉索的承载能力相结合,设计出了复合型牵索挂篮。复合型牵索挂篮利用桥面桁架结构与拉索共同受力,不但可以大大减小承载平台的长度,而且便于挂篮的前移,人们一般称之为短平台牵索挂篮。目前,牵索挂篮已成为斜拉桥混凝土连续梁悬臂施工中的主要设备。

(1)长平台牵索挂篮

顾名思义。长平台牵索挂篮的总长度很长。一般情况下,挂篮平台长度较待浇梁段长很多,并且仅在混凝土主梁下设置挂篮平台,如浇注8 m梁段,挂篮平台的长度可达23 m。

长平台牵索挂篮主要由主桁承重系统、模板系统牵索系统、锚固系统、调高系统及行走系统6部分组成。悬臂施工过程中,将待浇筑梁段的斜拉索临时锚固在长平台牵索挂篮的前端,因此挂篮前端的垂直荷载可通过拉索直接传递给斜拉桥桥塔。这样可以大大减小挂篮对主梁的荷载作用;当悬臂梁段施工完成后,再将拉索从挂篮前端解除并锚固在主梁上,从而完成体系转换。

长平台牵索挂篮的优点主要有:能够为待浇梁段提供充足的作业空间;为挂篮平台悬臂部分提供足够的竖向刚度,以保证主梁的线形。但也带来一些问题,因挂篮长、自重大,致使挂篮前移时挂钩直接作用于主梁的反力过大,对某些断面可能会改变主梁的设计尺寸,因此前移时不是很方便,并增加了工程量和工程费用。

(2)短平台复合型牵索挂篮

短平台复合型牵索挂篮主要由挂篮平台,三脚架和伺服系统(牵索系统、悬吊系统、行走系统、锚固系统、水平支承系统、微调定位系统)组成。所谓复合型是指现浇梁段的荷载由牵索系统和三脚架共同承担。

2.转体施工

当斜拉桥的跨度不是很大,并且不允许在道路或河流上方沿桥梁设计轴线直接架设时,可以将桥梁对称地分为两座半桥,每座半桥构成一座独塔斜拉桥,分别在平行于道路或河流的两侧建造。两座独塔斜拉桥建造完成后经过适当的调整,便可以分别围绕各自的塔柱轴线转体至桥梁设计轴线处就位并合龙。

(四)斜拉索施工

斜拉索作为斜拉桥的特征构件,是这种桥型名称的来源,在结构上也是连接塔、梁,传递桥面荷载,构造一个稳定体系不可或缺的关键构件。因此,斜拉索的设计、制造与安装质量便显得极为重要。

1.斜拉索安装注意事项

斜拉索安装时应注意以下几点非技术性事项:

(1)由于斜拉桥的梁体是逐段生成的,每生成一段就必须在前端挂索,故拉索安装与梁体逐段施工是有规律地交替进行的,这样才能保证梁体的受力安全。因此,斜拉索的安装将贯穿整个悬臂施工过程。

(2)由于混凝土梁的悬臂施工采用牵索挂篮,因此梁端的斜拉索需安装两次。第一次是出于悬臂施工的需要,梁端拉索需临时挂在施工平台的前端,用以承担较大的施工荷载,并将荷载传递至塔柱;第二次挂索是在梁段施工完毕后,需将拉索从挂篮前端拆解后永久锚固在梁体前端。

(3)一般情况下,拉索两端分别锚固在桥塔上和梁体内,一端为固定锚,另一端为张拉锚。张拉锚究竟安装于塔上还是梁内需严格遵从设计。

(4)由于固定锚和张拉锚在结构和安装方面具有明显的差异,因此在斜拉索的布索和吊装时须谨慎检查,采用正确的安装方法,切不可失误。

2.斜拉索的安装

斜拉索制作好后堆放在制索厂,安装前运送到施工现场。运输过程中,为了防止斜拉索受损,大跨度斜拉桥的斜拉索通常采用钢结构焊成的索盘将斜拉索卷盘,或者将斜拉索直接盘绕成盘状,外面加临时保护。

(1)放索

通常情况下,安装斜拉索之前应在梁面锚固点与塔柱之间将斜拉索展开,为斜拉索的安装做好准备,这就是所谓的放索。由于斜拉索在工厂中生产时已经成盘,因此施工现场的放索方式通常有两种——立式转盘放索和水平转盘放索。

对于盘在钢结构盘架上的斜拉索,在采用立式转盘放索时,为了避免散盘,应在索盘上安装转盘制动装置;如果拉索成盘时没有盘架,则应将索盘置于转动平台,上采用水平转盘放索。无论采用何种放索方式,当斜拉索在桥面上伸展移动时,应在沿斜拉索移动的路径上布设滚筒,并将锚头置于移动平车上,以减小放索阻力,避免斜拉索在桥面上磨损,确保放索顺利。

(2)挂索方案

常用的挂索方案有以下三种。

1)先梁后塔

当张拉锚安装于塔上时,采用的挂索方案可简称为"先梁后塔"。这种挂索方案常用于主梁为预制安装,梁端操作空间狭小而塔端安装、张拉空间较充足的斜拉桥。这时,梁端锚头通常为固定锚,塔端锚头为张拉锚。

挂索时,首先利用塔式起重机将拉索张拉锚头提升至桥塔待安装的索道管口附近,然后将梁端拉索锚头安装到位,最后利用软、硬牵引装置将塔端张拉锚头穿过索道管牵引至塔内,套入锚垫板并穿入锁紧螺母后临时固定,等待实施张拉作业。

2)先塔后梁

当张拉锚安装于梁上时,采用的挂索方案可简称为"先塔后梁"。这种挂索方案适用于主梁采用支架法或牵索挂篮悬浇法施工且塔内操作空间狭窄的情况。这时,塔端锚头通常为固定锚、梁端锚头为张拉锚。

挂索时,首先利用塔式起重机将斜拉索的固定锚头吊装至塔柱待穿索的索道管口,利用牵引装置将锚头牵引至塔端锚垫板上并穿入螺母;然后挂斜拉索的梁端锚头,利用安装在锚头前端的刚性张拉杆及柔性牵引杆分步牵引斜拉索的锚头到安装位置。

3)先梁或先塔

当张拉锚既适合安装在塔上也适合安装在梁上时,宜采用"先梁或先塔"的挂索方案。具体实施时,先接长拉索的一端,待另一端被牵引安装到位后再将接长的一端牵引到位。这种方法适用于塔、梁两端都具有充足施工操作空间的情况,挂索设计条件相对宽松,经济效益明显。

以上三种挂索方案可总结为一条具有共性的基本原则:先挂固定锚,后挂张拉锚。总之,挂索方法的选择应服从全桥上部结构施工总体方案和步骤的安排。

(3)挂索技术

对于固定锚端,常用的吊装技术为点吊法,点吊法又分为单吊点法和多吊点法;对于张拉锚端,常用的吊装技术为分步牵引法。

1)点吊法

所谓点吊法,是指索盘上桥并放索到位后,首先从索道内伸出牵引索连接到拉索的前端。并在锚具后方的适当位置选择一个或多个吊点安装索夹,然后以塔式起重机和型钢支架卷扬机为吊装设备,辅助转向滑轮开展拉索吊装。当锚头提升到索道管口位置后,在牵引索的引导下使锚头准确通过索道管,穿入螺母后将锚头锚固在锚垫板上。

斜拉索通常可分为柔性索和刚性索。柔性索一般相对细一些、长一些、质量较轻、容易折曲,适宜采用单吊点法吊装,而且单吊点法施工简便、效率高;而刚性索相对刚一些,粗一些很难折曲、适合采用多吊点法吊装,让吊点分散,可扩大斜拉索的折曲范围,以适应拉索穿入索道前必须达到弯曲形态的要求。

2)分步牵引法

分步牵引法主要适用于斜拉索张拉锚端的吊装。首先用大吨位卷扬机将斜拉索的张拉锚端从桥面提升到索道管口外,然后用穿心式千斤顶将其牵引通过索道,穿入锁紧螺母临时锚固在锚垫板上,待下一步张拉操作。

牵引过程第一步:利用卷扬机吊索在滑轮组辅助之下产生的牵引力,使斜拉索锚头在柔性拉杆(即刚性索)的引导下逐步靠近索道管口,使刚性拉杆进入索道。

牵引过程第二步:当刚性拉杆进入索道时,斜拉索的吊起长度越来越长,拉索索力和卷扬机吊索的起吊力逐渐增大,需刚性拉杆发挥引导作用,准确地将锚头逐渐牵引到位。

3.斜拉索的张拉

所谓斜拉索的张拉是指在挂索完成之后在斜拉索内导入一定的拉力,使每一根

斜拉索以适度张紧的状态承担部分梁体与桥面的荷载,并且可以通过对斜拉索张紧状态的调整来实现对桥面标高和梁体形态的调整

(1)斜拉索的张拉方法

1)千斤顶直接张拉

此方法是在斜拉索的某一端锚固点处安装千斤顶直接张拉斜拉索将斜拉索内力控制在所需要的水准。这种张拉方法较简单且直接,是目前普遍采用的方法,但需要在塔内或梁上预留或临时设置足够的千斤顶安装与张拉作业的空间。

2)用临时钢索将主梁前端拉起

此方法是用临时钢索将主梁前端临时吊起,待斜拉索安装并锚固后逐步放松并解除临时钢索,依靠梁体的复位过程使斜拉索受拉。此方法不需要大型张拉机具,但仅仅依靠临时钢索有时不足以让主梁前端产生所需的上挠量,最后还需用其他方法来补充斜拉索的索力,所以此方法较少采用。

3)在支架上将主梁前端顶起

此方法的原理同张拉方法2)。只是将向上拉起改为向上顶起。这种方法仅适用于主梁用支架法架设的斜拉桥。

(2)张拉与补张拉

在斜拉桥的悬臂施工过程中。主梁长度一直在逐段增长,拉索数量随之不断增加,梁体增长的每一段都是在多根斜拉索的悬吊下悬浮于空中,成为一个临时的超静定体系。因此,斜拉桥梁体悬臂施工过程就是一个超静定可变体系的规模由小到大,阶段性增大的过程,这样的过程决定了斜拉索的受力也是一个不断变化,波动性增大的结构参数。

施工过程的每个阶段都会形成一个超静定体系,每次增加的梁段质量和梁端新增斜拉索(在此称作主动索)的张拉必定会影响先前已经张拉的斜拉索(在此称作被动索),使得被动索索力在后期悬臂施工新增荷载(梁段质量和拉索张拉力)的影响下不断变化。因此,在悬臂施工过程中科学地控制每个阶段主动索的张拉力度,对于控制主梁悬臂施工的成桥形态和梁体内弯矩分布的均匀性以及提高梁体在长期运营中的安全性便显得极为重要。

科学地控制每个悬臂施工阶段内主动索的张拉力度是一项复杂的工作,需要在设计成桥目标的约束下,在梁体悬臂施工成桥过程中每个暂时的超静定状态之间进行联合求解,并通过对联合求解结果的优化制订一个最佳的张拉方案。由于施工过程中各临时超静定状态下主动索的张拉将导致一系列被动索索力的变化,因此这将影响每一悬臂施工阶段目标的实现,必须及时进行被动索的索力调整,调整的依据来自优化后的张拉方案,否则主梁状态将偏离施工目标越来越远。关于张拉方案的优化和被动索的索力调整,需考虑以下几个因素:

1)总体张拉方案应该由一系列阶段性张拉方案构成,每个阶段都设有梁体线形与索力分布的施工目标,以此作为控制与评价施工过程的依据。

2)张拉方案的优化与确定必须考虑施工的效率与便捷,追求可操作性,不可能按照超静定体系的理论过细考虑主动索对于所有被动索的影响。虽然主动索的后续张拉对于一系列被动索的索力均会产生影响。

但其影响效果将随着被动索与主动索之间距离的增加而迅速减弱。对于混凝土梁来说,考虑相邻被动索的影响便可以得到较好的效果,而钢箱梁相对较柔,应该加大调整的范围,可以到次相邻索的范围。

3)由于混凝土梁的刚度比较大,主动索对于被动索的影响效果衰减较快,因此可以仅考虑相邻索的影响,其张拉方案可按照二次张拉进行设计;而钢箱梁相对较柔,刚度相对弱一些。主动索张拉时对于被动索的影响范围相对大一些,因此可以考虑次相邻索的影响,张拉方案可以按照三次张拉进行设计。

4.换索

在斜拉索制作过程中,钢丝束或钢绞线束的防护至关重要。尽管斜拉索的外层防护技术和钢束的防锈技术有了很大进步,但是柔性索的防护效果还不能说有绝对把握,尤其在锚头附近。由于斜拉索的长期振动,漏气、渗水等现象难以杜绝,因此在经过长期运营以后,难免有个别斜拉索因锈蚀而无法继续使用,此时不得不进行斜拉索更换;再者,来自外部的损伤,如车辆撞击、人为破坏等均有可能造成斜拉索严重受损而不得不更换。因此,斜拉桥的设计应该将斜拉索更换作为设计内容。

一般情况下。对于密索体系斜拉桥,斜拉索可逐根更换;对于疏索体系斜拉桥,应设置临时索安装预埋件,借助临时索的帮助实现换索作业。

三、悬索桥概述

悬索桥也称吊桥,主要用悬挂在两边塔架上的强大缆索作为主要承重结构。在竖向荷载作用下,通过吊杆使缆索承受很大的拉力,在两岸桥台的后方修筑非常巨大的锚碇结构。悬索桥的钢缆易于运输,结构的组成构件较轻,便于无支架悬吊拼装。对于山岭地区和遭受山洪泥石冲击等威胁的山区河流以及大跨径桥梁,在修建其他桥梁有困难的情况下,往往采用悬索桥。

(一)悬索桥的受力特点

悬索桥的主要受力构件是锚碇、索塔、缆索系统以及加劲梁等。成桥后作用在桥面上的竖向荷载一部分由加劲梁承担,一部分通过吊索传递给主缆。主缆在塔顶由主索鞍提供支撑,并通过主索鞍将荷载传递给索塔,索塔传递给基础。主缆在两端的强大拉力通过锚碇来平衡,并通过锚碇将拉力传递给地基。

悬索桥属于柔性桥梁结构体系,刚度小、变形大,具有较强的非线性受力特征。

从构件受力的重要性出发,可将悬索桥的各部件分为第一体系、第二体系、第三体系。

主缆是第一体系的主要承重构件,承担由吊杆传递过来的桥面荷载及恒载,以受拉为主。主缆通过塔顶鞍座悬挂在索塔上,两端锚固于锚体上。主缆是柔性构件,但主缆的恒载拉力提供了强大的重力刚度,使其成桥后的桥梁总体刚度满足桥梁规范的要求。

索塔是第一体系的主要承重构件,主要起支撑主缆的作用。悬索桥的恒载和活载均通过索塔传递给基础。锚碇是主缆的锚固体,属于第一体系的承重结构,它将主缆的拉力传递给地基,通常有重力式锚碇和隧道式锚定。重力式锚碇依靠巨大的自重来抵抗主缆的竖向分力,水平分力由锚体与地基的摩阻力抵抗。隧道式锚碇是将主缆拉力直接传递给围岩。

悬索桥的加劲梁属于第二体系的承重构件,以受弯为主。其主要功能是提供桥面和防止桥梁发生过大的挠曲变形和扭转变形。加劲梁直接承受桥面荷载。

吊索属于第三体系的构件,主要作为传力结构,主要受拉。其主要功能是将桥面上的活载以及恒载,通过索夹传递到主缆上。吊索的上端通过索夹与主缆相连,下端与加劲梁相连。

(二)悬索桥的分类

1.按悬吊跨数划分

根据悬吊跨数不同,悬索桥可分为单跨悬索桥、三跨悬索桥、四跨悬索桥和五跨悬索桥,其中单跨悬索桥和三跨悬索桥最为常用。

(1)单跨悬索桥

单跨悬索桥常用于高山峡谷地区,两岸地势较高而采用桥墩支撑边跨更为经济,或者道路的接线受到限制,使得平面曲线布置不得不进入大桥边跨的情况。就结构特性而言,单跨悬索桥由于边跨主缆的垂度较小,主缆长度相对较短,对中跨荷载变形控制更为有利。

(2)三跨悬索桥

三跨悬索桥是目前国际工程实例中应用最多的桥型,世界上大跨度悬索桥几乎全采用这种形式。不仅是因其结构受力特征较为合理,同时,也因其流畅对称的建筑造型更符合人们的审美观。

(3)多跨悬索桥

相对于三跨悬索桥而言,四跨和五跨悬索桥又称为多跨悬索桥,这种桥型由于结构柔性大,固有振动频率较低,难以满足特大跨度悬索桥的实力及刚度需要,因而也就不具备实用优势,世界上几乎没有这类特大桥工程的实例。

2.按主缆的锚固方式划分

根据主缆的锚固方式的不同,悬索桥可分为地锚式悬索桥和自锚式悬索桥。

(1)地锚式悬索桥

通常所讲的绝大多数悬索桥都采用地锚式锚固主缆,即主缆通过重力式锚碇或岩隧式锚碇将荷载产生的拉力传至大地来达到全桥的受力平衡,这是大跨度悬索桥最佳的受力模式。

(2)自锚式悬索桥

在较小跨度的悬索桥中,也有个别以自锚形式锚固主缆的,这种自锚式悬索桥的主缆,在边跨两端将主缆直接锚固于加劲梁上,主缆的水平拉力由加劲梁提供轴压力自相平衡,不需要另外设置锚碇。这种桥式的加劲梁要先于主缆安装施工,实践中因施工困难、经济性差等原因,一般很少采用。

3.按悬吊方式划分

采用竖直吊索并以钢桁架作加劲梁;采用三角布置的斜吊索,并以扁平流线型钢箱作加劲梁,也有呈交叉形布置的斜吊桥;混合式,即采用竖直吊索、斜吊索和流线型钢箱梁作加劲梁。除了有一般悬索桥的缆索体系外,还设有若干加强的斜拉索。

4.按支承结构划分

如果按加劲梁的支承结构来分,又可分为单跨两铰加劲梁悬索桥、三跨两铰加劲梁悬索桥及三跨连续加劲梁悬索桥等。

四、悬索桥施工

(一)塔柱施工工艺

钢塔柱一般用钢板先预制连接成格子形截面的节段,节段在现场吊装拼接成塔柱。早期的钢塔柱无论节段内还是节段间的连接均采用铆接,构件加工精度要求高。随着栓焊技术的发展,钢塔节段在工厂焊接制造,然后将节段运输到工地架设并用高强螺杆来连接。

钢搭柱一般支承在一块厚钢板上,厚钢板与桥墩混凝土拴接并把塔柱压力均匀传递到桥墩中去。现在也有在桥墩混凝土中埋设锚固构架,塔柱用高强螺栓锚固在构架上,通过构架将压力均匀传递到混凝土中去的做法。

混凝土塔柱的施工与斜拉桥塔柱施工相同,一般以就地建筑为主,采用滑模爬模等技术连续浇筑。

(二)锚碇施工

悬索桥主缆索股锚固形式分为自锚式和地锚式。自锚式是将主缆索股直接锚于加劲梁上,无须使用锚碇结构,一般仅适用于中小跨径悬索桥。地锚式则将主缆索股锚于重力式锚碇、隧道锚碇或直接锚于坚固的岩体上。此处所讨论的锚碇是指地锚式悬索桥锚固主缆的重要结构物。

锚碇是锚块基础、锚块、钢缆的锚碇架及固定装置等的总称。它不仅抵抗来自主缆的竖直反力,而且抵抗主缆的水平力,是悬索桥区别于其他桥梁的独有结构,直接关系到悬索系统的稳定。锚块是直接锚固主缆的结构,它通过锚固系统将主缆索股拉力分散开。锚块与其下面的锚块基础连成一体,用于抵抗因主缆拉力产生的锚碇滑动及倾倒。锚碇主要有重力式锚碇、隧道式锚碇等。目前,世界上已建悬索桥绝大部分采用的是重力式锚碇。这除了与锚碇所处的地形、地质条件有关外,还与主缆架设方法、锚碇施工方法有关。

一般而言,若锚碇处有坚实岩层靠近地表,则修建隧道式锚定(或称岩洞式锚碇)可能比较经济。美国华盛顿桥新泽西岸锚碇是隧道式的,其混凝土用量仅为纽约岸锚碇(重力式)的21%,但隧道式锚碇有传力机制不明确的缺点。若有坚实基岩层靠近地表,也可采用重力式锚碇,让锚块嵌入重基岩,使位于锚块前的基岩凭借承压来抵抗主缆的水平力。例如,汕头海湾大桥设计为力前锚式锚碇,虎门大桥的东锚碇设计为山后重力式锚碇。

(三)主缆施工

1.主缆架设

悬索桥的钢缆有钢丝绳钢缆和平行线钢缆。钢丝绳钢缆适用于中、小跨度的悬索桥,平行线钢缆适用于主跨为500m以上的大跨悬索桥。平行线钢缆根据架设方法分为空中送丝法和预制索股法两种。

(1)空中送丝法架设主缆

1)架设方法

空中送丝法架设主缆是在桥两岸的索塔和锚碇等都已安装就绪后,沿主缆设计位置,在两岸锚碇之间布置一无端牵引绳,将牵引绳的端头连接起来,形成从这一岸到那岸的长绳圈。其主要架设方法如下。

第一,将送丝轮扣牢在牵引绳上,且将缠满钢丝的卷筒放在一岸的锚碇旁,从卷筒中抽出钢丝头,暂时固定在靴跟处(称为"死头")。

第二,继续将钢丝向外抽,由死头、送丝轮和卷筒将正在输送的丝形成一个钢丝套圈,用动力机驱动牵引绳,于是送丝轮就带着钢丝送向对岸。

第三,在钢丝套圈送到对岸时,用人工将套圈从送丝轮上取下,套到其对应的靴跟上。

第四,随着牵引绳的驱动,送丝轮又被带回这岸,取下套圈套在靴跟上,然后又送向对岸。

第五,这样循环进行,当其套在两岸对应靴跟上的丝数达到一根丝股钢丝的设计数目时,就将钢丝"活头"剪断,并将该"活头"与上述暂时固定的"死头"用钢丝连接器连起来。即完成了一根丝股的空中编制。

2)空中送丝法施工注意事项

空中送丝法主缆每一丝股内的钢丝根数为300~600根,再将这种丝股配置成六角形或矩形,挤紧而成为圆形。空中送丝法架设主缆施工必须设置猫道,配备送丝设备,还需有稳定送丝的配套措施。为使主缆各钢丝均匀受力,应分别对钢丝长度和丝股长度进行调整,还应及时进行紧缆和缠缆。

(2)预制索股法架设钢缆

1)架设方法

预制索股法架设钢缆的目的是使空中架线工作简单化。索股预制股每束61丝、91丝或127丝,再多就过重。两端嵌固热铸锚头在工厂预制,先配置成六角形,然后挤紧成圆形。

2)索股线形调整步骤

第一,垂度调整应在夜间温度稳定时进行。温度稳定的条件为:长度方向索股的温差不大于29℃,横截面索股的温差不大于1℃。

第二,绝对垂度调整,应测定基准索股下缘的标高及跨长、塔顶标高及变位、主索鞍预偏量、散索鞍预偏量。主缆垂度和标高的调整量,应在确定气温与索股温度等值后经计算确定。基准索股标高必须连续3d在夜间温度稳定时进行测量,3次测出结果误差在容许范围内时,应取3次的平均值作为该基准索股的标高。

第三,相对垂度调整,应按与基准索股若即若离的原则进行。

第四,垂度调整允许误差,基准索股中跨跨中为120000跨径;边跨跨中为中跨跨中的两倍;上下游基准索股高差10mm;一般索股(相对于基准索股)为5~10mm。

第五,调整合格的索股不得在鞍槽内滑移。索股锚头入锚后应进行临时锚固。索股应设一定的抬高量,抬高量宜为200~300mm,并做好编号标志。

第六,索力的调整应以设计提供的数据为依据,其调整量应根据调整装置中测力计的读数和锚头移动量双控确定。实际拉力与设计值之间的允许误差应为设计锚固力的3%。

2.主缆防护

首先,主缆防护应在桥面铺装完成后进行。防护前必须清除主缆表面灰尘、油污和水分等,并设置临时覆盖。待涂装及缠丝时再揭开临时覆盖。其次,主缆涂装应均匀,严禁遗漏。涂装材料应具有良好的防水密封性和防腐性,并应保持柔软状态,不硬化、不脆裂、不霉变。最后,缠丝作业宜在二期恒载作用于主缆之后进行,缠丝材料以选用软质镀锌钢丝为宜。钢丝缠绕应紧密均匀,缠丝张力应符合设计要求。缠丝作业应由电动缠丝机完成。

(四)加劲梁架设

悬索桥的加劲梁一般采用钢结构,早期以钢桁梁为主,个别中小跨度的悬索桥采用钢板梁。由于钢板梁的抗风性能不佳,自采用钢板梁的美国塔科马大桥被风振毁后,世界各国在较大跨度的悬索桥中不再采用钢板梁。

1. 加劲梁断面形式

现阶段,加劲梁主要有钢桁梁(桁架式加劲梁)和钢箱梁(钢箱式加劲梁)两类。

钢箱梁的抗风性能较好,风阻吸收仅为钢桁梁的 1/4~1/2,且耗钢量较少;钢桁梁在双层桥面的适应性方面远较钢箱梁优越,适用于交通量较大、公铁两用或其他特殊条件下的悬索桥。

2. 加劲梁架设安装顺序

加劲梁的架设安装顺序主要有两种形式:一种是从主跨跨中及两侧桥台向索塔的两侧推进;另一种是从索塔两侧分别向主跨跨中及两侧桥台推进。拼装顺序应能保证塔顶纵向位移尽可能较小,梁段的竖向变位起伏小,并有利于抗风稳定。

美国旧金山奥克兰海湾大桥和维拉扎诺桥采用的是前一种顺序,而金门大桥和麦基纳克桥采用的是后一种顺序;欧洲多数桥梁(赛文桥、博斯普鲁斯海峡大桥、亨伯尔桥等)采用前一种顺序;在日本,除白鸟大桥外,几乎全部采用后一种顺序。

随着悬索桥施工实践的日益增多,加劲梁架设顺序也在不断发展。例如,日本的明石海峡大桥分别采用两种顺序进行架设。但无论采用哪种架设顺序,均须考虑主缆变形对加劲梁线形(高程)的影响,应在施工前尽可能先做模型试验与必要的计算分析,再结合各桥的特点加以确定。

3. 缆载吊机

加劲梁架设的主要工具是缆载吊机,其由主梁、端梁及各种运行提升机构组成。缆载吊机横跨并支承在两主缆上,其主梁跨度即为两主缆的中心距。

梁段用驳船浮运到安装位置的下方,提升梁上的卷扬机,放下提升钢丝绳。钢丝绳通过平衡梁与加劲梁节段连接。卷扬机将梁段提升到吊索位置后,将吊索下端与梁段上的吊点连接,同时,将本段梁段与相邻梁段临时铰接,然后松开平衡梁,本梁段即吊装完毕。

主缆是柔索结构,当只有部分梁段悬吊在主缆上时挠度很大,已吊装的加劲梁将产生很大的弯曲变形。如果梁段吊装到位后即与相邻梁段连接,则加劲梁将承担很大的弯曲应力,容易造成结构破坏。

为此,梁段吊装到位后只在上缘与相邻梁段形成铰接,下缘在吊装期间张开。随着吊装梁段的增加,主缆的局部挠度减小,加劲梁下缘的间隙逐渐闭合,待梁段全部吊装完成或大部分完成后,在相邻节段间永久固结连接。此时,加劲梁恒荷载完全由主缆承担,加劲梁只承担节段内的局部弯矩。

第三章　道路隧道施工技术

所谓隧道,是指一种修建在地层中的地下工程建筑物。它被广泛地应用于道路、铁路、矿山、水利、市政和国防等方面。道路隧道是指专供道路运输使用的地下工程结构物。随着高速道路的发展,它在道路工程中的作用和地位日益重要,特别是在山区道路的修建中的作用更为显著。本章主要对道路隧道施工技术进行详细的讲解。

第一节　概述

一、隧道发展概况

(一)我国隧道发展现状

以前,由于我国经济相对落后,地下建筑发展速度极其缓慢,修建隧道屈指可数,而且主要依靠人力开挖。为改变国家的经济布局,发展内地和山区的经济,先后修建了数十条隧道比重较大的山区铁路,使得我国在铁路隧道的数量和施工技术上都有了较大发展,逐渐掌握了隧道建筑的近代技术,从以人力为主体的施工转向以机械开挖为主体的施工,技术上有了质的飞跃。

我国道路隧道的建设发展相对迟缓。近几年由于高速道路建设的加快,道路隧道的数量已开始成倍增长,据不完全统计,我国已建成的道路隧道达七千多座,同比增长23.36%。我国特长道路隧道见表3-1。

表3-1 已建成的3km以上的道路隧道概况

隧道名称	隧道长度/m	营运条件
秦岭终南山隧道	18020	双洞、单向、双车道
大坪里隧道	12290	双向、双车道
包家山隧道	11500	双向、双车道
宝塔山隧道	10391	双向、双车道
泥巴山隧道	9985	双向、双车道
麻崖子隧道	9000	双向、双车道

续表

隧道名称	隧道长度/m	营运条件
龙潭隧道	8700	双向、双车道
米溪梁隧道	7923	双向、双车道
括苍山隧道	7930	双向、双车道
方斗山隧道	7581	双向、双车道

(二)我国隧道的发展趋势

与国外发达国家相比,我国的道路和城市道路还很落后。国外隧道工程的施工方法比较先进,机械化、自动化程度较高,建设速度快,新奥法施工、无轨运输、无爆法隧道掘进等都比我国发展得早。隧道地质的超前预测、地质灾害监测和警报等在我国的发展也相对落后。因此,为加快我国隧道技术的发展,应在引进技术的同时,立足于国内技术力量,争取在短时间内赶超国际水平。

二、隧道的分类

(一)交通隧道

交通隧道是应用最广泛的一种隧道,其作用是提供交通运输和人行的通道以满足交通线路畅通的要求,一般包括以下几种。

1.道路隧道——专供汽车运输行驶的通道。

2.铁路隧道——专供火车运输行驶的通道。

3.水底隧道——修建于江、河湖、海洋下的隧道,供汽车和火车运输行驶的通道。

4.地下铁道——修建于城市地层中,为解决城市交通问题的火车运输的通道。

5.航运隧道——专供轮船运输行驶而修建的通道。

6.人行隧道——专供行人通过的通道。

(二)水工隧道

水工隧道是水利工程和水力发电站的一个重要组成部分,包括以下四种。

1.引水隧道:为了将水引入水电站的发电机组或水资源的调动而修建的孔道。

2.尾水隧道:为了将水电站发电机组排出的废水送出去而修建的隧道。

3.导流隧道或泄洪隧道:水利工程中为了疏导水流并补充溢洪道流量超限后的泄洪而修建的隧道。它是水利工程的一个重要建筑,其作用主要是泄洪。

4.排沙隧道:为了冲刷水库中淤积的泥沙而修建的隧道。

(三)市政隧道

在城市的建设和规划中,充分利用地下空间,将各种不同的市政设施安置在地下而修建的地下孔道,称为市政隧道。市政隧道与城市中人们的生活、工作和生产关系十分密切,对保障城市的正常运转起着重要的作用。其类型主要有五种。

1. 给水隧道:为城市自来水管网铺设系统修建的隧道。

2. 污水隧道:为城市污水排送系统修建的隧道。

3. 管路隧道:为城市能源供给(煤气、暖气、热水等)系统修建的隧道。

4. 线路隧道:为电力、通信系统修建的隧道。

5. 人防隧道:为了战时的防空目的而修建的防空避难隧道。

在现代化的城市中,将前四种具有共性的市政隧道,按城市的布局和规划建成一个共用隧道,称为共同管沟。共同管沟是现代城市基础设施科学管理和规划的标志,也是合理利用城市地下空间的科学手段,是城市市政隧道规划与修建发展的方向。

(四)矿山隧道

在矿山开采中,从山体以外通向矿床和将开采到的矿石运输出来,是通过修建隧道来实现的。矿山隧道主要为采矿服务,有下列几种。

1. 运输巷道:向山体开凿隧道通到矿床,并逐步开辟巷道,通往各个开采面。前者称为主巷道,为地下矿区的主要出入口和主要的运输干道;后者分布如树枝状,分向各个采掘面,此种巷道多用临时支撑,仅能满足作业人员开采工作的需要。

2. 给水隧道:送入清洁水为采掘机械使用,并将废水及积水通过泵抽排出洞外的隧道。

3. 通风隧道:专门用来排除地下有害气体、采掘机械工作排出的废气、工作人员呼出的气体,补充新鲜空气的隧道。

综上所述,隧道工程应用到许多领域,已经成为国家建设、人民生活和生产的重要组成内容。

三、隧道结构构造

隧道结构由主体构造物和附属构造物两大类组成。主体构造物是为了保持岩体的稳定和行车安全而修建的人工永久建筑物,通常指洞身衬砌和洞门构造物。附属构造物是主体构造物以外的其他建筑物,是为了运营管理、维修养护、给水排水、供蓄发电、通风、照明、通信、安全等而修建的构造物。

1. 洞身

隧道的衬砌结构形式,主要是根据隧道所处的地质地形条件,考虑其结构受力的合理性、施工方法和施工技术水平等因素来确定的。随着人们对隧道工程实践经验的积累,对围岩压力和衬砌结构所起作用的认识的发展,结构形式发生了很大变化,出现了各种适应不同的地质条件的结构类型,大致有直墙式衬砌、曲墙式衬砌、喷混凝土衬砌、喷锚衬砌、复合式衬砌、偏压衬砌、喇叭口隧道衬砌、矩形断面衬砌等形式。

2. 洞门

洞门是隧道两端的外露部分,也是联系洞内衬砌与洞口外路堑的支护结构,其作用是保证洞口边坡的安全和仰坡的稳定,引离地表流水,减少洞口土石方开挖量。洞门也是标志隧道的建筑物,因此,洞门应与隧道规模、使用特性以及周围建筑物、地形条件等相协调。洞门形式有端墙式洞门、翼墙式洞门、环框式洞门、遮光棚式洞门等。

3.明洞

当隧道埋深较浅,上覆岩(土)体较薄,难采用暗挖法时。则应采用明挖法来开挖隧道。用这种明挖法修筑的隧道结构,通常称明洞。

明洞具有地面、地下建筑物的双重特点,既作为地面建筑物用以抵御边坡、仰坡的坍方、落石、滑坡、泥石流等病害,又作为地下建筑物,在深路堑、浅埋地段不适宜暗挖隧道时用来取代隧道。另外,它还可以用在与道路、灌溉渠立交处,以减少建筑物之间的干扰。其形式有拱形明洞、棚式明洞。

4.内装、顶棚及路面

(1)内装

为了确保行车安全,在道路隧道中必须采取措施,使墙面在长期的运营中保持必要的亮度。墙面需用适当的材料加以内装处理,以改善隧道内的环境,提高能见度和吸收噪声。通常采用的内装材料有饰面板、镶板瓷砖、油漆等。

(2)顶棚

顶棚的反射率对提高照明效果有利,经过顶棚的反射光使路面产生二次反射,能明显增加路面亮度。顶棚是背景的一部分,特别是在有坡度处和变坡点附近对识别障碍物和察觉隧道内异常现象很有帮助。顶棚可以美化隧道,特别是与整齐排列的灯具相互衬托,更可以起到美化的效果,并有明显的诱导作用。

根据实际需要可以把顶棚做成平顶或者拱顶。在自然通风或诱导通风时,可以用拱顶。在半横向或横向通风时可以用平顶。顶棚以上可以作为通风道和供管理人员使用的通道。

(3)路面

路面材料主要有两种,即混凝土和沥青混凝土。由于混凝土的反射率较沥青混凝土路面高,横向抗滑性好,是过去广泛使用的材料。其最大缺点是产生裂缝时不容易修补,更换时要停止交通,在高寒地区还要受到防滑链的损害,必须考虑设置磨耗层。沥青混凝土路面的反射率较低,为了改善路面亮度,需要在面层加入石英和铝的混合物,有的还要加入浅色石子和氧化钛做填充料。

5.隧道的防水与排水

水不仅是影响隧道正常施工的因素之一,也是影响隧道正常运营的重要因素之一。在施工期间,地下水不仅降低围岩的稳定性(尤其是对软弱破碎围岩影响更为严重),增加开挖难度,且增加了支护的难度和费用,甚至需采取超前支护或预注浆堵水和加固围岩。此外,若对地下水处理不当,还可能造成更大的危害。如地下、地表水位下降及水环境的改变,影响农业生产和生活用水,或被迫停工,影响工程进展等。

在运营期间,地下水常从混凝土衬砌的施工缝、变形缝(伸缩缝和沉降缝)、裂缝甚至混凝土孔隙等通道渗漏进隧道中,造成洞内通信供电、照明等设备处于潮湿环境而发生锈蚀,使路面积水或结冰,造成打滑,危及行车安全。由于结冰膨胀和侵蚀性地下水的作用,不仅会使衬砌受到破坏,而且以上危害会更加严重。总之,隧道工程中,地下水的存在是必然的,但它对工程的危害却是可以避免和减少的。

为避免和减少水的危害,我国隧道工作者已总结出"截、堵、排相结合"的综合治水原则,并以模筑混凝土衬砌作为防水(堵水)的基本措施。

(1)截,就是在隧道以外将地表水和地下水疏导截流,使之不能进入隧道工程范围内。

(2)堵,就是以衬砌混凝土为基本防水层,以其他防水材料为辅助防水层,阻隔地下水,使之不能进入隧道内的防水措施,必要时还可以采用注浆堵水措施。堵水措施可以较好地保护地下水环境。

(3)排,就是人为设置排水系统,将地下水排出隧道。

(4)结合,就是因地制宜,综合考虑,适当选择治水方案,做到技术可行,费用少,效果良好,保护环境。这要根据围岩的工程地质条件,地下水的水量大小及埋藏和补给条件,工程结构的设计使用要求,施工技术水平及环境保护要求等情况来选择确定。结合的又一层含义是,设计、施工、维修相结合,但以施工为主,充分结合现场实际,实行点面结合,将大面积渗漏水汇集为局部出水,进行有组织排水。应尽可能在施工中就将水治理好,保护地下及地表水的自然环境,减少对水环境的破坏并尽量恢复其自然环境。

四、隧道围岩分级

隧道围岩是指隧道(坑道)周围一定范围内,对隧道(坑道)稳定性能产生影响的岩(土)体。隧道周围的地层可以是软硬不一的岩石,也可以是松散的土,把土视为一种特殊的(风化破碎严重的)岩石,所以隧道周围的地层,不管是土体还是岩体,统称为围岩。

隧道围岩压力是指隧道开挖后,围岩作用在隧道支护上的压力,是隧道支撑或衬砌结构的主要荷载之一。其性质、大小、方向以及发生和发展的规律,对正确地进行隧道设计与施工有很重要的影响。

(一)隧道围岩分级的指标及其选择

围岩分级的指标,主要考虑影响围岩稳定性的因素或其组合的因素,大体有以下几种。

1. 单一的岩性指标

单一的岩性指标一般有岩石的抗压和抗拉强度、弹性模量等物理力学参数;岩石的抗钻性、抗爆性等工程指标。在一些特定的分级中,如确定钻眼功效、炸药消耗量等,土石方工程中划分岩石的软硬、开挖的难易,均可采用岩石的单一岩性指标进行分级。但单一岩性指标只能表达岩体特征的一个方面,用来作为分级的唯一指标是不合适的。

2. 单一的综合岩性指标

单一的综合岩性指标是以单一的指标反映岩体的综合因素。这些指标有:

(1)岩体的弹性波传播速度:弹性波传播速度与岩体的强度和完整性成正比,其指标反映了岩石的力学性质和岩体的破碎程度。

(2)岩石质量指标:是综合反映岩体强度和岩体破碎程度的指标。所谓岩石质量指标,是指钻探时岩芯复原率,或称为岩芯采取率。钻探时岩芯的采取率、岩芯的平均和最大长度是受岩体原始裂隙、硬度、均质性影响的,岩体质量的好坏主要取决于岩芯采取长度小于10cm以下的细小岩块所占的比例。

(3)围岩的自稳时间:被认为是综合岩性指标。隧道开挖后,围岩通常都有一段暂时稳定的时间,不同的地质环境,自稳时间不同。

(二)隧道围岩分级的方法

国内外隧道围岩分级的方法较多,所采用的指标也不同,但都是在隧道工程的实践基础上逐步建立起来的,随着人们对隧道工程、地质环境之间相互关系的认识和理解,围岩分级方法也在逐步深化和提高。

1. 以岩石强度为单一岩性指标的分级法。具有代表意义的是我国工程界广泛采用的岩石坚固系数f值分级法。这种方法的优点是指标单一,使用方便,尤其是在f值分类法中,还将定量指标f值与作用在支护结构上的围岩压力直接联系起来,给设计和施工带来较大的方便。其缺点是不能全面地反映岩体固有的形态。

2. 以岩体构造和岩性特征为代表的分级法,如太沙基分级法。这类方法的优点是正确地考虑了地质构造特征、风化状况、地下水情况等多种因素对隧道围岩稳定性的影响,并建议了各类围岩应采用的支护类型和施工方法。缺点是分级指标还缺乏定量描述,没有提供可靠的预测隧道围岩级别的方法,在一定程度上要等到隧道开挖后才能确定。

3. 与地质勘察手段相联系的分级法。这类方法的优点是分级指标大体上是半定量的,同时考虑了多种因素的影响。其缺点是分级的判断还带有一定的主观性,如弹性波速度低,可能是岩体完整,但岩质松软;地质坚硬,但比较破碎;地形上局部高低相差悬殊等几种原因引起的,就弹性波速度这一一个指标,就很难客观地得出正确的结论。

4.多种因素的组合分级法。如岩体质量Q法,我国国防工程围岩分级法等,属于这个范畴。这类方法是当前围岩分类法的发展方向,优点很多,只是部分定量指标仍需凭经验确定。

5.以工程对象为代表的分类法。如专门适用于喷锚支护的原国家建委颁布的围岩分类法(1979年),前苏联在巴库修建地下铁道时所采用的围岩分级法,属于这一类。这类方法的优点是目的明确,而且和支护尺寸直接挂钩,使用方便,能指导施工。但其分级指标以定性描述为主,带有很大的人为因素。

五、隧道勘察

隧道勘察的目的在于查明隧道所处位置的工程地质条件和水文地质条件,以及隧道施工和运营对环境保护的影响,为规划、设计、施工提供所需的勘察资料,并对存在的岩土工程问题、环境问题进行分析评价提出合理的设计方案和施工措施,从而使隧道工程经济合理和安全可靠。

(一)地质勘察

隧道作为地下工程,其所在地区地质条件的好坏直接影响隧道工程施工以及运营期间的结构安全、建设工期、工程造价等。隧道地质调查就是为隧道方案比选和隧道设计提供依据,使隧道位置选择在地质条件较好的地段,从而保证隧道工程施工以及运营期间的结构安全,缩短建设工期、降低工程造价。

隧道地质调查在不同阶段应满足不同范围和目标的要求。在踏勘阶段应在大于可能方案的范围内进行调查,为路线走向比选提供区域地形、地质等基本资料;在初勘阶段应在大于比选方案范围提供路线所需的地形、地质基础资料;在详勘阶段应在隧道两侧及周围地区提供技术设计施工图设计、预算等所需的地质资料。

隧道地质勘察手段主要包括收集地质文献、地质调绘、坑探、物理勘探、钻探和试验测试工作等。

1.收集地质文献包括收集地质资料和工程资料。地质资料指地质图和相应说明书,一般应从地质部门收集1:5000~1:20000比例尺的地质图,长、大隧道还应参考遥感资料,概略了解隧道通过区域的地形、地貌、地层、岩性,不良地质现象、灾害资料、区域地震动峰值加速度系数等。工程地质资料指隧道附近的建设工程提供的资料,如铁路、水电、矿山、城建等工程提供的地质资料。这些资料从施工记录和工程报告总结等文件中得到。

2.地质调绘就是通过观察露头收集地质资料的方法。地质调绘的范围应是隧道所穿越的全部地段及其延伸段,其宽度应根据地质的实际情况以及附属工程的布置和分布情况而定。通过调查应掌握隧道所在地区的地形、地貌、地层界线、地层岩性、地层产状、地质构造、接触关系特殊岩土和不良地质范围等。调查的有效路线是与地层和断层的走向、褶曲轴的方向成正交的路线以及沿河川洼地、山谷和新建道路的路线。当露头的数量和位置不能满足地质调查的要求时,要开挖人工露头即坑探。

3. 坑探一般有挖探、探槽等方法。地质调绘和坑探调查的实际情况应随时标记在地形图和记入野外记录本上,调查完毕后归纳整理,分析研究写出调查报告书,并附调查路线图、地质平面图、地质剖面图。

4. 隧道勘察采用的物探方法主要有地震勘探和电法勘探。在人口密集和地下水发育区以采用电法勘探为宜。通过勘察可以了解覆盖层厚度、地质构造赋水情况等。由于物探的局限性和资料成果的多解性,应结合钻探、坑探、地调等资料,进行物理力学指标的测定和岩土层次探测论证。

5. 钻探就是提取地下岩土体的岩芯,通过岩芯观测、钻进情况分析、试验工作来判断地下的地质条件。其调查项目有地层、岩性、坚硬程度、完整性、风化程度、接触关系、地质构造、地下水资料等。围岩分级中两项重要定量指标是坚硬程度和完整性系数,通过钻探或相关试验均可以得到。

6. 在收集地质文献的基础上,踏勘阶段一般以地质调绘为主,必要时可采用坑探、物探和钻探等方法,为路线走向比选提供地质依据;初勘阶段一般以地质调绘坑探、物探方法为主,配合少量代表性钻探测试,相互印证,为方案比选提供地质依据;详勘阶段进行地质调绘、坑探、物探和钻探等方法的综合勘探,并以钻探为主,相互印证,以期在初勘基础之上取得更加深入可靠的地质结论,为隧道工程的设计提供地质依据。

勘察过程中应着重查明滑坡、崩塌、岩堆、岩溶、膨胀性岩土、软土、湿陷性黄土、泥石流、盐渍土、泥沼、煤层、冰川、雪崩、冻土和流砂等不良地质和特殊地质现象,查明其成因、范围、规模、水力联系等问题以及对隧道可能产生的影响等。勘察阶段应尽早提供不良地质地段详尽的资料,以便在确定隧道位置或确定隧道方案时有具体的可靠依据。

(二)水文勘察

隧道工程设计与施工应充分考虑地下水、地表水对隧道的影响以及隧道的修建对周围水资源的影响,这就要求隧道工程勘察期间应重视涌水及枯水的调查。隧道的涌水直接影响工程的施工难易、施工人员人身安全以及结构的长期稳定;枯水可能导致隧道上方地下水以及周围地表水枯竭,引起水环境问题。

隧道涌水可分为集中涌水和稳定涌水。集中涌水有时以突然发生大量涌水的形式出现,往往造成停工和人身伤亡事故。集中涌水通常发生在隧道通过的岩溶发育段、厚含水砂砾层段富水断裂破碎带段。隧道集中涌水主要考虑对工程有影响的涌水位置、涌水压力、涌水量等。预测时可根据地形、地质调查、弹性波探测和钻探等分析地质构造，了解含水层位置、规模和透水性等。稳定涌水受隧道长度埋深、位置、含水层规模和透水性等因素影响，并与流域的枯水流量有密切关系。调查时根据地形地质调查、弹性波探测和钻探等，查明流域范围的地形、地质构造、地下水状况，并测定径流范围的涌泉、溪流、河川等的枯水流量。

（三）环境调查评价

隧道的修建及运营必然带来一系列破坏自然环境的问题，为此，在隧道着手修建以前，要调查该地区的环境现状，不能因修建隧道给该地区的自然环境带来重大影响。要预测、研究隧道的修建及运营对周围环境的影响内容及其程度，提出减小或防止破坏环境的措施，以符合国家对环境保护的要求，这就是环境调查评价的目的。

六、隧道总体设计

1. 隧道位置选择

隧道位置选择的原则是：中、短隧道应服从路线走向；长、大隧道在服从路线总体走向的同时，作为路线基本走向的控制点，有时为了选择较好的隧道位置需要在合理的范围内先确定隧道位置，所以长大隧道的地质调查在路线大方案确定之后就应该进行大范围调查，将调查结果作为定线的依据，而这也体现了地质选线的思想。

隧道位置应选择在相对稳定的地层中，对施工和营运均有利，亦可节省投资。对岩性不好的地层、断层和破碎带、含水层等不良地段应避免穿越，以免增大投资，造成施工与营运的困难，影响隧道安全。若不能绕避而必须通过时，应采取可靠的工程处理措施，以确保隧道施工及营运的安全。对于隧道位置的选择应充分考虑建设投资、施工工期、施工风险、经济效益、社会效益等因素并进行经济技术比选，同时对于不同的隧道类型，其位置的选择应具有不同的侧重点。

2. 隧道线形设计

隧道的几何设计研究的范围，主要是汽车行驶与隧道各个几何元素的关系，以保证在满足设计速度、预计交通量，通风、照明、安全设施齐全等条件下，行驶安全、经济，旅客舒适，隧道美观等。因此，隧道几何设计时，把隧道中心线解剖为隧道的平面、纵断面及净空断面来分别研究处理。

第二节　隧道施工方法

采用钻爆法开挖和用钢木构件支撑的施工方法称为传统的矿山法。传统的矿山法施工能适应山岭隧道的大多数地质条件，尤其在不便采用锚喷支护的地质条件下，用于处理塌方也很有效。传统矿山法施工的基本原则是：少扰动、早支撑、慎撤换、快衬砌——"十二字原则"。

传统矿山法的施工顺序,可按衬砌的施作顺序分为先墙后拱法和先拱后墙法。

1. 先墙后拱法(又称为顺作法)

先墙后拱法通常是在隧道开挖成形后,再由下至上施作模筑混凝土衬砌。先墙后拱法施工速度较快,施工各工序及各工作面之间相互干扰较小,衬砌结构的整体性较好,受力状态也比较好。

2. 先换后墙法(又称为逆作法)

先拱后墙法是先将隧道上部开挖成形并进行拱部衬砌后,在拱圈的掩护下面再开挖下部并施作边墙衬砌。先拱后墙法施工速度较慢,上部施工较困难。但是当上部拱圈完成之后,下部施工就较安全和快速。先拱后墙法施工衬砌结构的整体性较差,受力状态不好,并且拱部衬砌结构的沉降量较大,要求的预拱度较大,增加了开挖工作量。

3. 采用传统的矿山法施工的基本要求

(1)由于隧道开挖后,存在围岩的松弛变形、衬砌的承载变形、立模时放线和就位误差,为了保证衬砌厚度及其净空不侵入建筑限界,在隧道开挖及衬砌立模时均应预留沉落量。衬砌立模预留沉落量应根据围岩类别、衬砌施作顺序及施工技术水平来确定。

(2)采用先拱后墙法施工时,边墙马口(即指先拱后墙法施工时的边墙部位)的开挖应注意:左右边墙马口应交错开挖,不得对开。同一侧的马口宜跳段开挖,不宜顺开。先开马口,应开在边墙围岩较破碎的区段,且长度不能太长,一般不超过2~4m,并且及时施作边墙衬砌。后开的马口应待相邻边墙刹肩(即墙顶与拱脚封口)混凝土达到一定强度后方可开挖。马口开挖顺序还应与拱部衬砌施工缝、衬砌变形缝、辅助洞室位置统一考虑合理确定。马口开挖时,应严格控制爆破,以防止炸裂拱圈。采取以上措施的目的均是减少拱部衬砌下沉和防止掉拱。洞身开挖必须清除大块浮石。

(3)矿山法隧道施工必须注意安全生产。在保证工程质量的前提下提高经济效益。除完整稳定围岩外,施工时必须配合开挖及时支护,确保施工安全。明洞和洞口工程土石开挖不得采用大爆破;石质陡坡应先加固再进洞,尽量保持原有仰坡稳定;松软缓坡开挖边坡时,应事先放出开挖线,由上而下进行随挖随支护。

(4)传统矿山法施工中,开挖应采用对围岩扰动小时的开挖方法。当用钻爆开挖时,应采用光面爆或预裂爆破技术。在软弱、含水围岩或浅埋等不易自稳的地段施工时,应有辅助施工措施,或进行预加固处理。此外,隧道施工防排水应与永久性防排水设施相结合。

(5)隧道开挖断面不宜欠挖。当石质坚硬完整时,拱部允许个别凸出处(每平方米不大于$0.1m^2$)突出衬砌不大于5cm。拱脚和墙脚以上1m内严禁欠挖。

第三节　隧道新奥法施工技术

一、新奥法施工的基本原则

根据我国公(铁)路隧道采用新奥法施工的经验,隧道施工采取的基本原则可以概括为"少扰动、早喷锚、勤量测、紧封闭"。具体说,是指在隧道开挖时,必须严格控制,减少对围岩的扰动强度、扰动持续时间和扰动范围,以使开挖出的隧道符合成型的要求。

1. 少扰动

隧道开挖时能采用机械开挖的就不用钻爆法开挖。采用钻爆法开挖时,严格控制爆破,尽量采用大断面开挖。选择合理的循环掘进进尺,自稳性差的围岩循环掘进进尺宜用短进尺,支护应紧跟开挖面,以缩短围岩应力松弛时间及开挖面的裸露风化时间。

2. 早喷锚

早喷锚指对开挖暴露面应及时作初期锚喷支护,经初期支护加固,使围岩变形得到有效控制而不致变形过度而坍塌失稳,以达到围岩变形适度而充分发挥围岩的自承能力。必要时可采取超前预支护辅助措施。

3. 勤量测

按照规范的量测方法和量测数据及信息反馈,通过对施工中量测数据,对开挖面的地质观察即对围岩周边位移进行现场监控量测,进行预测和评价围岩与支护的稳定状态,或判断其动态发展趋势,以便根据建立的量测管理基准,及时调整隧道的施工方法(包括开挖方法、支护形式,特殊的辅助施工方法),断面开挖的步骤及顺序,初期支护设计参数等进行合理的调整,以确保施工安全、坑道稳定,支护衬砌结构的质量和工程造价的合理性。

4. 紧封闭

紧封闭指易风化的自稳性较差的软弱围岩地段,应对开挖断面及早作封闭式支护(如喷射混凝土、锚喷混凝土等),以避免围岩因暴露时间过长而产生风化降低强度及稳定性,使支护与围岩进入良好的共同工作状态。

二、新奥法施工的工序

新奥法施工是以喷混凝土、锚杆、光爆和量测监视为依托的施工方法。任何种类及级别的岩石隧道都可使用,只是在开挖方面采用的方法不同。

1. 全断面开挖法

全断面开挖法是按照设计断面一次开挖成型。

(1)施工特点。适合于Ⅰ~Ⅲ类硬岩隧道,深孔爆破。

1)全断面开挖法有较大的作业空间,有利于采用大型配套机械化作业,提高施工速度,且工序少,干扰少,便于施工组织和管理。缺点是由于开挖面较大,围岩相对稳定性降低,且每循环工作量相对较大,故此要求施工单位应具有较强的开挖、出渣与运输及支护能力。

2)全断面开挖法的主要工序是:使用移动式钻孔台车,首先全断面一次钻孔,并进行装药连线,然后将钻孔台车后退到50m以外的安全地点,再起爆,使一次爆破成型,出渣后钻孔台车再推移至开挖面就位,开始下一个钻爆作业循环,同时进行锚喷支护或先墙拱后衬砌。

(2)施工注意事项。

1)为确保施工安全和施工进度,应加强对开挖面前方的工程地质和水文地质的调查,对不良地质情况,要及时预测、预报、分析研究,随时准备好应急措施。

2)新奥法施工机械程度高,各种机械功效匹配。如:各工序机械设备要配套:钻眼、装渣、运输、模筑、衬砌支护使用主要机械和相应的辅助机具,在尺寸、性能和生产能力上都要相互配合。

3)注意对各种辅助作业及辅助施工方法的设计与施工检查。如软弱破碎围岩中使用全断面法开挖时,应对支护后围岩的动态量测与监控,对各种辅助作业的三管两线(即高压风管、高压水管通风管、电线和运输路线)要求保持技术上的良好状态。

4)选择支护类型时,应优先考虑锚杆和锚喷混凝土、挂网、撑梁等支护形式为佳。这些支护施工相对简单,效果好,技术也比较成熟,普遍在应用。

2.台阶法施工

台阶法一般是将设计断面分成上半断面和下半断面两次开挖成型。

3.分部开挖法

分部开挖法,是将隧道开挖断面进行分部开挖逐步成型,可分为三种情况:台阶分部开挖法、单侧壁导坑法、双侧壁导坑法。

(1)台阶分部开挖法。台阶分部开挖法,适用于一般土质或坍塌的软弱围岩地质地段开挖施工。此法上部留有核心土可以支挡开挖工作面,又称为环形开挖留核心土法。可利用核心土作为拱部初期支护增强开挖工作面的稳定性,核心土及下部开挖在拱部初期支护下进行,施工安全性较好。

(2)单侧壁导坑法。单侧壁导坑法即单侧壁导坑超前,中部和另一侧断面采用正台阶法施工。此法适用于地质条件较差,围岩稳定性较差,隧道跨度较大,地表沉陷难以控制的情况。它具有正台阶法和双侧壁导法施工的优点。

(3)双侧壁导坑法。在开挖导坑时,尽量减少对围岩的扰动,导坑断面近似椭圆,周边轮廓圆顺,避免应力集中。初期支护采用格栅钢架、挂网、喷混凝土柔性支护体系,及时施工,使断面及早闭合,以充分利用围岩的自承能力,控制围岩变形。建立一整套围岩支护结构监控量测系统,进行信息化施工管理,随时掌握施工过程中的动态变化,合理安排,调整施工工艺和设计参数,确保施工安全。

新奥法施工,在隧道开挖施工中普遍在应用。此法科学、施工进度快又能保证施工的安全,受到人们广泛关注。

第四章 道路工程施工项目成本管理及优化

道路施工企业的基本活动是建造道路建筑产品,如道路、桥梁以及其他交通工程设施等。在建造道路建筑产品过程中会产生各种耗费,包括劳动对象的耗费、劳动手段的耗费以及劳动力的耗费等,这些耗费的货币表现成为生产费用。本章主要对道路工程施工项目成本管理及优化进行详细的讲解。

第一节 道路工程施工成本概述

一、施工项目成本及成本管理的概念

施工成本是指建设工程项目的施工过程中所发生的全部生产费用的总和。

施工项目成本是施工企业的主要产品成本,亦称工程成本,一般以项目的单位工程作为成本核算对象,通过对各单位工程成本核算的综合来反映施工项目成本。

施工项目成本管理就是要在保证工期和质量满足要求的情况下,采取相应的管理措施,包括组织措施、经济措施、技术措施、合同措施,把成本控制在计划范围内,并进一步寻求最大程度的成本节约。

道路项目施工成本,是指在施工现场发生的全部生产费用的总和(制造成本)。包括:所消耗的原材料、辅材、构配件等的费用;周转材料的摊销费或租赁费;施工机械的使用费或租赁费;支付给生产工人的工资、奖金、津贴;施工组织与管理过程中的全部费用支出等。

其研究对象是财务成本(即现金成本),是以货币或资金的形式来表现的。非财务成本则是一种不能通过资金形式直接表示的成本。非财务成本虽然耗费了资金,却不能马上表现出资金支出,但是日后也会通过其他途径最终表现在资金形态上,如精神成本、企业形象和企业信誉等。因此,施工成本管理既是对资金要素的管理,又是对各项施工要素管理的综合效果,与其他生产要素管理密不可分。

二、施工项目成本的分类

(一)按成本管理的要求分类

1. 预算成本

道路工程项目的产品具有多样性、固定性和生产周期长的特点,对工程项目的建设需要通过编制预算来确定产品价格。预算成本是根据施工图,按分部、分项工程的预算单价和取费标准计算的工程预算费用。工程预算成本加间接费、利润和税金,即为工程项目的预算造价。在招标投标时,预算造价是施工企业与发包单位签订承包合同和进行工程价款结算的主要指标。

预算成本是确定工程造价的基础,也是编制计划成本的依据和评价实际成本的依据。

2. 施工项目计划成本

施工项目计划成本,是指施工项目经理部根据计划期有关资料(如工程的具体条件和施工企业为实施该项目的各项技术组织措施),在实际成本发生前预先计算的成本,也就是施工企业考虑降低成本措施后的成本计划数。

计划成本反映了企业在计划期内应达到的成本水平,对于加强施工企业和项目经理部的经济核算,建立和健全施工项目成本管理责任制,控制施工过程中生产费用,降低施工项目成本具有十分重要的作用,是施工项目成本分析和考核的重要依据之一。

3. 实际成本

实际成本是施工项目在报告期内实际发生的各项生产费用的总和,是反映施工企业施工管理水平和考核企业成本降低任务完成情况的重要依据。

实际成本与计划成本比较,可揭示成本的节约和超支情况,考核企业施工技术水平及技术组织措施的贯彻执行情况和企业的经营效果。实际成本与预算成本比较,可以反映工程盈亏情况。计划成本和实际成本都是反映施工企业成本水平的,它受企业本身的生产技术、施工条件及生产经济经营管理水平的制约。

(二)按计入成本的方法分类

按照《道路工程基本建设项目概算预算编制办法》的规定,道路施工项目成本可分为直接费、间接费和税金三大类。

1. 直接费

直接费是指施工过程中直接耗费的构成工程实体和有助于工程形成的各项费用,包括人工费、材料费、施工机械使用费和其他工程费,是构成施工项目成本的主要部分,是成本管理的重点。

(1)人工费。人工费是指列入概、预算定额的直接从事建筑安装工程施工的生产工人开支的各项费用。

(2)材料费。材料费是指施工过程中耗用的构成工程实体的原材料、辅助材料、构(配)件、零件、半成品、成品的用量和周转材料的摊销量,按工程所在地的材料预算价格计算的费用。材料费在直接费中占有较大的比重。

(3)施工机械使用费。施工机械使用费是指列入概、预算定额的施工机械台班数量按相应台班费用定额计算的施工机械使用费和小型机具使用费。随着施工机械化程度的提高,该项费用占直接费的比重在逐步增大。

(4)其他工程费。其他工程费指直接工程费以外施工过程中发生的直接用于工程的费用。内容包括冬季施工增加费、雨季施工增加费、夜间施工增加费、特殊地区施工增加费、高原地区施工增加费、风沙地区施工增加费、沿海地区工程施工增加费、行车干扰工程施工增加费、安全及文明施工措施费、临时设施费、施工辅助费、工地转移费共九项。通过合理的施工组织,尽量避开冬雨季施工,减少对施工的干扰因素,可以减少其他工程费的开支,降低工程成本。

2.间接费

间接费由规费和企业管理费组成。

(1)规费。规费是指法律、法规、规章、规程规定施工企业必须缴纳的费用(简称规费),包括养老保险费、失业保险费、医疗保险费、住房公积金、工伤保险费。各项规费以各类工程的人工费之和为基数,按国家或工程所在地法律、法规、规章、规程规定的标准计算。

(2)企业管理费由基本费用、主副食运费补贴、职工探亲路费、职工取暖补贴和财务费用5项组成。

1)基本费用。基本费用是指施工企业为组织施工生产和经营管理所需的费用,内容包括管理人员工资、办公费、差旅交通费、固定资产使用费、工具用具使用费、劳动保障费、工会经费、职工教育经费、保险费工程保修费工程排污费、税金、其他费用。

2)主副食运费补贴。主副食运费补贴是指施工企业在远离城镇及乡村的野外施工项目买生活必需品所需增加的费用。

3)职工探亲路费。职工探亲路费是指按照有关规定,施工企业职工在探亲期间则售往返车船费、市内交通费和途中住宿费等费用。

4)职工取暖补贴。职工取暖补贴是指按规定发放给职工的冬季取暖费或在施工设置的临时取暖设施的费用。

5)财务费用。财务费用是指施工企业为筹集资金而发生的各项费用,包括企业经营期间发生的短期贷款利息净支出、汇兑净损失、调剂外汇手续费、金融机构手续费以及企业筹集资金发生的其他财务费用。

3.税金

税金指按国家规定应计入工程造价内的营业税、城市建设维护税及教育费附加。它有一个固定的数额标准。

按上述分类方法,能正确反映施工项目成本的构成,考核各项生产费用的使用是否合理,便于找出降低成本的途径。

三、施工项目成本管理的环节

项目施工成本是一项综合指标,其管理贯穿于施工生产经营活动的全过程,涉及物资消耗劳动效率、技术水平、施工管理等方面,内容十分广泛。施工项目经理部在项目施工过程中,对所发生的各种成本信息,通过有组织、有系统地进行预测、计划、控制、核算和分析等一系列工作,促使施工项目正常运行,使施工项目的实际成本能控制在预定的计划成本范围内。成本管理的好坏直接影响企业所创造利润的多少,影响企业的经济效益。

从成本管理的角度来看,施工项目成本管理的主要环节包括:施工项目成本预测、施工项目成本计划、施工项目成本控制、施工项目成本核算,施工项目成本分析,施工项目成本考核。

1.施工项目成本预测

施工项目成本预测是采用科学的预测方法,根据掌握的各类信息资料,对未来生产经营活动进行定性研究和定量分析,从而预测未来的成本水平及其变动趋势。通过成本预测,可以使项目经理部在满足业主和企业要求的前提下,选择成本低、效益好的最佳成本方案并能够在施工项目成本形成过程中,针对薄弱环节,加强成本控制,克服盲目性,提高预见性。因此,施工项目成本预测是施工项目成本决策与计划的依据。

2.施工项目成本计划

施工项目成本计划是项目经理部对项目施工成本进行计划管理的工具。它是以货币形式编制施工项目在计划期内的生产费用、成本水平、成本降低率以及为降低成本所采取的主要措施和规划的书面方案,它是该施工项目降低成本的指导性文件,是建立施工项目成本管理责任制、开展成本控制和核算的基础,也是设立目标成本的依据。施工企业应当在认真总结上期成本计划完成情况的基础上,根据企业计划期内计划完成的施工生产任务和相应的技术组织措施、施工组织设计以及成本预测等资料,制订既切实可行又具有先进性的成本计划。

编制成本计划,既要以有关的计划为依据,又要与有关计划特别是与利润计划相衔接。成本计划的实现,对于实现企业提高经济效益的要求具有重要意义。因此,成本计划提出的降低成本的目标,对于动员企业广大职工挖掘潜力、控制消耗、降低成本具有指导作用。

3.施工项目成本控制

施工项目成本控制是按照成本计划制订的成本水平和降低成本目标、对成本形成过程的生产耗费进行严格的计算、调节和监督,及时发现与预定的成本目标之间的差异并采取措施解决存在的问题,使工程的实际成本控制在预定的目标范围内,促使成本降低的管理活动。通过成本控制,最终达到实现甚至超过预期的成本目标的目的。

施工项目成本控制应贯穿在施工项目从招投标阶段开始直到项目竣工验收的全过程,是企业全面成本管理的重要环节。由于成本费用涉及企业生产经营活动的各个方面和各个环节,因此,必须实施全面的成本控制。所谓全面的成本控制,是指在生产经营全过程实施成本控制,对全部生产耗费实施成本控制和全体职工都参与成本控制。实施成本控制,还必须采取一定的组织形式,建立有效的成本责任制,即将构成成本的生产耗费,按生产耗费发生的范围进行分解,具体落实到有关职责部门或个人。实行责任成本,采取责权利相结合,成本控制与业绩考核相结合的办法,促进成本得到控制,实现降低成本、提高经济效益的目标。

4.施工项目成本核算

成本核算是对企业工程施工所发生的生产费用进行事后核算,以便确定产品实际制造成本和归集期间费用,及时反映成本目标和成本计划的完成情况。在进行工程成本核算时,首先,应对发生的费用进行审核,确认其是否属于生产耗费,能否计入工程成本,应计入哪类产品的成本等。其次,还要将确认的生产费用按用途进行归集、分配,按既定的成本核算对象分别计算其制造成本,确定最终产品的成本。

施工项目成本核算所提供的各种成本信息,是成本预测、成本计划、成本控制、成本分析和成本考核等环节的依据。因此,加强施工项目成本核算工作,对降低施工项目成本,提高企业的经济效益有积极的作用。

5.施工项目成本分析

施工项目成本分析是指在成本形成过程中,对施工项目成本进行的对比评价和剖析总结工作。也就是说,施工项目成本分析主要利用施工项目的成本核算资料(成本信息),与目标成本(计划成本)、预算成本以及类似的施工项目的实际成本等进行比较,了解成本的变动情况,同时也要分析主要技术经济指标对成本的影响,系统地研究成本变动的因素,检查成本计划的合理性;通过成本分析,揭示成本变动规律,寻找降低施工项目成本的途径。它贯穿于施工项目成本管理的全过程。

6.施工项目成本考核

所谓成本考核,就是施工项目完成后,对施工项目成本形成中的各责任者,按施工项目目标责任制的有关规定,将成本的实际指标与计划、定额、预算进行对比和考核,评定施工项目成本计划的完成情况和各责任者的业绩并以此给予相应的奖励和处罚。通过成本考核,做到有奖有惩,赏罚分明,才能有效地调动企业的每一个职工在各自的施工岗位上努力完成目标成本的积极性,为降低施工项目成本和增加企业的积累作出自己的贡献。

综上所述,施工项目成本管理系统中每一个环节都是相互联系和相互作用的。成本预测是成本计划的前提,成本计划是成本目标的具体化。成本控制则是对成本计划的实施进行监督的手段,保证成本目标实现,而成本核算又是对成本计划是否实现的最后检验,它所提供的成本信息又对下一个施工项目成本预测和决策提供基础资料。成本考核是实现成本目标责任制的保证和实现决策目标的重要手段。

四、施工项目成本管理的基本原则

施工项目成本管理是企业成本管理的基础和核心,在对项目施工过程进行成本管理时,必须遵循以下基本原则。

1. 成本管理科学化原则

成本管理是企业管理学中的一个重要内容,企业管理要实行科学化,必须把有关自然科学和社会科学中的理论、技术和方法运用于成本管理。例如,在施工项目成本管理中,可以运用预测与决策方法、目标管理方法、量本利分析方法和价值工程方法等。

2. 成本管理最低化原则

施工项目成本管理的根本目的,是通过运用成本管理的各种手段,不断降低施工项目的成本,达到可能实现最低的目标成本的要求。但是,在实行成本最低化原则时应注意研究降低成本的可能性和成本最低的合理性,一方面挖掘各种降低成本的潜力,使可能性变为现实;另一方面要从实际出发,制订通过主观努力可能达到合理的最低成本水平并据此进行分析、考核和评比。

3. 成本管理责任制原则

为了实行全面成本管理,施工管理人员应对企业下达的指标负责,班组和个人对施工管理人员的成本目标负责,以做到层层分解,以分级、分工、分人的成本责任制作为保证,定期考核评定。成本责任制的关键是划清责任,并与奖惩制度挂钩,使各部门、各班组和个人都关心施工项目成本。

4. 成本管理有效化原则

所谓成本管理有效化,主要有两层含义。一是以最少的人力和财力,完成较多的管理工作,提高工作效率;二是促使施工管理人员以最少的投入,获得最大的产出。

提高成本管理有效性,一是采用行政方法,通过行政隶属关系,下达指标,制定实施措施,定期检查监督;二是采用经济方法,利用经济杠杆、经济手段实行管理;三是用法制方法,根据国家的政策方针和规定,制定具体的规章制度,使人照章办事,用法律手段进行成本管理。

5.成本管理全面性原则

全面成本管理是全企业、全员和全过程的管理,亦称"三全"管理。长期以来,在施工项目成本管理中,存在"三重三轻"问题,即重实际成本的核算和分析,轻全过程的成本管理和对其影响因素的控制;重施工成本的计算分析,轻采购成本、工艺成本和质量成本;重财会人员的管理,轻群众性的日常管理。为了确保不断降低施工项目成本,达到成本最低化目的,必须实行全面成本管理。

五、施工项目成本管理的措施

为取得施工成本管理的理想成效,应当从多方面采取措施实施管理,通常可以将这些措施归纳为组织措施、技术措施、经济措施和合同措施。

1.组织措施

组织措施是从施工成本管理的组织方面采取的措施。施工成本控制是全员的活动,如实行项目经理责任制,落实施工成本管理的组织机构和人员,明确各级施工成本管理人员的任务和职能分工、权力和责任。施工成本管理不仅是专业成本管理人员的工作,各级项目管理人员都负有成本控制责任。

组织措施的另一方面是编制施工成本控制工作计划、确定合理详细的工作流程。要做好施工采购计划,通过生产要素的优化配置、合理使用、动态管理,有效控制实际成本;加强施工定额管理和施工任务单管理,控制活劳动和物化劳动的消耗;加强施工调度,避免因施工计划不周和盲目调度造成窝工损失、机械利用率降低、物料积压等。成本控制工作只有建立在科学管理的基础之上,具备合理的管理体制、完善的规章制度、稳定的作业秩序、实现完整准确的信息传递,才能取得成效。组织措施是其他各类措施的前提和保障,而且一般不需要增加额外的费用,运用得当即可取得良好的效果。

2.技术措施

施工过程中降低成本的技术措施包括:进行技术经济分析,确定最佳的施工方案;结合施工方法,进行材料使用的比选;在满足功能要求的前提下,通过代用、改变配合比、使用外加剂等方法降低材料消耗的费用;确定最合适的施工机械、设备使用方案;结合项目的施工组织设计及自然地理条件,降低材料的库存成本和运输成本;应用先进的施工、技术,运用新材料,使用先进的机械设备等。在实践中,也要避免仅从技术角度选定方案而忽视对其经济效果的分析论证。

3.经济措施

经济措施是最易为人们所接受和采用的措施。管理人员应编制资金使用计划,确定、分解施工成本管理目标。对施工成本管理目标进行风险分析并制定防范性对策。对各种支出,应认真做好资金的使用计划并在施工中严格控制各项开支。及时准确地记录、收集、整理、核算实降低支出的费用。对各种变更,应及时做好增减账、落实业主签证并结算工程款。通过偏差分析和未完工程预测,可发现一些潜在的可能引起未完工程施工成本增加的问题,对这些问题应以主动控制为出发点,及时采取预防措施。因此,经济措施的运用不仅仅是财务人员的事情。

4.合同措施

采用合同措施控制施工成本,应贯穿整个合同周期,包括从合同谈判开始到合同终结的全过程。对于分包项目,首先是选用合适的合同结构,对各种合同结构模式进行分析,比较,在合同谈判时,要争取选用适于工程规模、性质和特点的合同结构模式。其次,在合同的条款中应仔细考虑一切影响成本和效益的因素,特别是潜在的风险因素。通过对引起成本变动的风险因素的识别和分析,采取必要的风险对策,如通过合理的方式增加承担风险的个体数量以降低损失的比例并最终将这些策略体现在合同的具体条款中。

第二节 道路工程施工成本计划与控制

一、施工项目成本计划

在施工企业的综合经营计划中,不仅要有工作量完成计划、机械使用计划和劳动力调配计划等,而且还要有成本计划、利润计划。施工企业的施工项目成本计划是在成本预测的基础上进行的,是施工企业为确定计划年度降低成本水平和成本目标而变质的指导性计划,是计划年度施工企业各项降低成本措施及其经济效益的综合反映。

编制施工成本计划,需要广泛收集相关资料并进行整理,以这些资料作为施工成本计划编制的依据。在此基础上,根据有关技术文件、工程承包合同、施工组织设计、施工成本预测资料等,按照施工项目应投入的生产要素,结合各种因素变化的预测和拟采取的各种措施,估算施工项目生产费用支出的总水平,进而提出施工项目成本计划控制指标,确定目标总成本。目标总成本确定后,应将总目报分解落实到各级部门,以便有效地进行控制。最后,通过综合平衡,编制完成施工成本计划。编制施工项目成本计划,必须指标先进、切实可行、有科学论证、能具体落实。

施工成本计划的编制依据包括以下12个方面。

①投标报价文件。

②企业定额、施工预算。

③施工组织设计或施工方案。
④人工、材料、机械台班的市场价格。
⑤企业颁布的材料指导价、企业内部机械台班价格、劳动力内部挂牌价格。
⑥周转设备内部租赁价格、摊销损耗标准。
⑦已签订的工程合同、分包合同(或估价书)。
⑧结构件外加工计划和合同。
⑨有关财务成本核算制度和财务历史资料。
⑩施工成本预测资料。
⑪拟采取的降低施工成本的措施。
⑫其他相关资料。

1. 施工项目成本计划的编制程序

(1)成本计划的编制过程是充分利用资料,研究分析资料和利用各种资料对规划计划年度降低成本水平和成本目标进行决策分析的过程。资料是编制成本计划的基础和主要信息来源。编制成本计划所必需的基础资料有以下方面。

1)国家和上级主管部门下达的降低成本计划指标及其相关指标。

2)施工单位年度与指定成本计划有关的各项经营管理计划,主要包括施工生产计划、劳动工资计划、物资供应计划、技术组织措施方案、年度报表和成本报表等以及施工图预算、施工预算和施工组织计划等资料。

3)材料、公式、施工机械台班消耗等市场信息的各项技术经济定额和费用开支标准。

4)施工单位之前年度有关施工项目的成本计划、实际资料和分析资料。

5)其他有关资料。

收集上述资料后,要进行初步整理与分析,检查资料的真实性、完整性、代表性,剔除虚假因素并排除偶发因素干扰,认真比对,分析历史成本资料之间的差异,从中找出成本变化的一般规律。

(2)确定计划成本目标。财务部门掌握了丰富的资料后,应对其加以整理分析,特别是对计划期成本计划完成情况进行分析的基础上,根据有关的设计、施工等计划,按照工程项目应投入的物质、材料、劳动力、机械及各种设施等,结合计划期内各种因素的变化和准备采取的各种层产节约措施,进行反复测算。修订、平衡,估算生产费用支出的总水平,进而提出全项目的成本计划控制指标,以确定目标成本。然后,把目标成本以及总的目标分解落实到各个部门、班组。

(3)编制成本计划草案。对于中大型项目,项目管理人员批准下达成本计划指标后,各职能部门应充分发动群众进行认真的讨论,在总结上期成本计划完成情况的基础上,结合本期计划指标,找出完成本期计划的有利和不利因素,提出挖掘潜力、克服不利因素的具体措施,以保证计划任务的完成。为了使指标真正落实,各部门应尽可能将指标分解落实下达到各班组及个人,使得目标成本的降低额和降低率得到充分讨论、反馈、再修订,使成本计划既能够切合实际,又称为群众共同奋斗的目标。

各职能部门亦应认真讨论项目管理人员下达的费用控制指标,拟订具体实施的技术经济措施方案,编制各部门的费用预算。

(4)综合平衡,编制正式的成本计划。在各职能部门上报部门成本计划和费用预算后,项目管理人员首先应结合各种技术经济措施,检查各计划和费用预算是否合理可行并进行综合平衡,使各部门计划和费用预算之间互相协调、衔接;其次,要从全局出发,在保证企业下达的成本降低任务或本项目目标成本实现的情况下,以生产计划为中心,分析研究成本计划与生产计划、劳动工时计划、材料成本与物资供应计划、工资成本与工资基金计划、资金计划等互相的协调平衡,经反复讨论多次综合平衡,最后确定的成本计划指标,即可作为编制正式成本计划的依据。正式编制的成本计划,上报企业有关部门后即可正式下达至各职能部门执行。

2.施工项目成本计划的编制方法

在项目经理的主要负责下编制工程项目成本计划,编制工程项目成本计划的核心是确定目标成本,这也是成本管理所要达到的目的。施工项目成本计划的编制方法主要有以下几种。

(1)按施工成本构成编制施工成本计划

按照成本构成要素进行划分,施工成本可以分解为人工费、材料费、施工机具使用费、措施项目费和企业管理费等,编制按施工成本组成分解的施工成本计划。

(2)按施工项目组成编制施工成本计划

大中型工程项目通常是由若干个单项工程构成的,而每个单项工程包括了多个单位工程,每个单位工程又有若干个分部分项工程所构成。因此,首先要把项目总施工成本分解到单项工程和单位工程中,再进一步分解到分部工程和分项工程中。

在完成施工项目成本目标分解后,接下来就要具体地分配成本,编制分项工程的成本支出计划,从而形成详细的成本计划表,见表4-1。

表4-1 分项工程成本计划表

分项工程编码	工程内容	计量单位	工程数量	计划成本	本分项总计
(1)	(2)	(3)	(4)	(5)	(6)

在编制成本支出计划时,要在项目总的方面考虑总的预备费,也要在主要的分项工程中安排适当的不可预见费,避免在具体编制成本计划时,可能发现个别单位工程或工程量表中某项内容的工程量计算有较大出入,让原来的成本预算失实。因而,应在项目实施过程中要对其尽可能地采取一些措施。

(3)按施工进度编制施工成本计划

按照施工进度编制施工成本计划,通常可利用网络图进一步扩充得到。即在建立网络图时,一方面确定完成各项工作所需花费的时间,另一方面同时确定完成这一工作合适的施工成本支出计划。

通过对施工成本按时间进行分解,在网络计划的基础上,可获得项目进度计划的横道图并在此基础上,编制成本计划。

二、施工项目成本控制

所谓成本控制,是指在施工过程中,对生产经营所消耗的人力资源、物质资源和费用开支进行指导、监督、检查和调整,及时纠正将要发生和已经发生的偏差,把各项生产费用控制在计划成本的范围内,以实现降低成本的目标。施工项目成本控制具有三方面含义:一是对目标成本本身的控制;二是对目标成本形成过程的控制和监督;三是在过程控制的基础上,着眼未来,为之后降低成本指明方向。

(一)施工项目成本控制的依据

1. 工程承包合同

施工项目成本控制要以工程承包合同为依据,以降低工程成本为目标,从预算收入和实际成本两方面,研究节约成本、增加效益的有效途径,以获得最大的经济效益。

2. 施工成本计划

施工成本计划是根据施工项目具体情况制定的成本控制方案,包括了预定的具体成本控制目标和实现控制目标的措施和规划,是施工项目成本控制的指导性文件。

3. 进度报告

进度报告提供了对应时间节点的实际工程完成量,工程施工成本实际支付情况等重要信息。通过把实际情况与施工成本计划进行比较,找出二者之间的差别,分析产生偏差的原因,从而采取改进措施以进行施工项目成本的控制。

4. 工程变更

在项目实施的过程中,由于各种原因,施工变更很难避免。一旦变更出现,工程量、工期、成本都有可能变化。因此,需要对变更要求的各类数据进行计算、分析,及时掌握变更情况,判断变更以及变更可能带来的索赔额度等。

除了上述几种施工成本控制工作的主要依据以外,施工组织设计,分包合同等有关文件资料也都是施工项目成本控制的依据。

(二)施工项目成本控制的对象与内容

1. 以施工项目成本形成的过程作为控制对象

(1)在工程投标阶段,应根据工程概况和招标文件,进行项目成本的预测,提出投标决策意见。

(2)施工准备阶段,应结合设计图纸的相关资料,编制施工组织设计,通过多方案的技术经济比较,从中选择经济合理、先进可行的施工方案,编制具体的成本计划,对项目成本进行事前控制。

(3)施工阶段,以施工图预算、施工预算、劳动定额、材料消耗定额和费用开支标准等,对实际发生的成本费用进行控制。

(4)竣工交付使用及保修期阶段,应对竣工验收过程发生的费用和保修费用进行控制。

2.以施工项目的职能部门、施工队和生产班组作为成本控制的对象

成本控制的具体内容是各个部门和生产班组日常发生的各种费用和损失。各职能部门、施工队和班组应对自己承担的责任成本进行自主控制;同时接受项目经理和企业有关部门的指导、监督、检查和考评。

3.以分部、分项工程作为项目成本的控制对象

为把成本控制工作做得扎实、细致,落到实处,还应对分部、分项工程进行项目成本的控制。在正常情况下,应根据分部,分项工程的实物工程量,参照施工预算定额及相关成本计划,编制包括工、料、机消耗数量、单价、金额的施工预算,作为对分部、分项工程成本进行控制的依据。

4.以对外经济合作作为成本控制目标

施工项目的对外经济业务,以经济合同为纽带建立关系,明确双方的权利和义务。在签订经济和同事,除了要根据业务要求规定时间、质量、结算方式和履(违)约奖罚等条款外,还必须强调将合同的数量、单价、金额控制在预算范围内。

(三)施工项目成本控制方法

施工阶段是控制工程项目成本发生的主要阶段,该阶段通过成本目标按计划成本进行施工,资源合理配置,对施工现场发生的各项成本费用进行有效控制,其具体的控制方法如下。

1.人工费的控制

人工费的控制实行"量价分离"的方法,将作业用功及零星用工按定额工日的一定比例综合确定用工数量与单价,通过劳务合同进行控制。

(1)人工费的影响因素

人工费的影响因素有社会平均工资水平,生产消费指数,劳动力市场供需变化,政府推行的社会保障和福利政策,经会审的施工图、施工定额、施工组织设计等决定人工的消耗量其中生产消费指数的提高会导致人工单价的提高,政府推行的社会保障和福利政策也会影响人工单价的变动。

(2)控制人工费的方法

加强劳动定额管理,提高劳动生产率,降低工程耗用人工工日,是控制人工费支

出的主要方法。

1)制定先进合理的企业内部劳动定额,严格执行劳动定额,并将安全生产、文明施工及零星用工下达到作业队进行控制。全面推行全额计件的劳动管理办法和单项工程集体承包的经济管理办法,以不超出施工图预算人工费指标为控制目标,实行工资包干制度。

2)提高生产工人的技术水平和作业队的组织管理水平,根据施工进度技术要求,合理搭配各工种工人的数量,减少和避免无效劳动。不断地改善劳动组织,创造良好的工作环境,改善工人的劳动条件,提高劳动效率。

3)加强职工的技术培训和多种施工作业技能的培训,不断提高职工的业务技术水平和熟练操作程度,培养一专多能的技术工人,提高作业工效。

4)实行弹性需求的劳务管理制度。对施工生产各环节上的业务骨干和基本的施工力量,要保持相对稳定。对短期需要的施工力量,要做好预测、计划管理、通过企业内部的劳务市场及外部协作队伍进行调剂。

2.材料费的控制

材料费的控制同样按照"量价分离"的原则,在保证符合设计要求和质量标准的前提下,有效控制材料用量和材料价格,减少材料物资消耗。

(1)材料用量的控制

1)定额控制。对于消耗定额的材料,以消耗定额为依据,实行限额领料制度,在规定限额内,分期分批领用,超过限额需查明原因,经过审批后方可领料。

2)指标控制。对于没有消耗定额的材料,则实行计划管理和按指标控制的方法,根据以往经验,结合实际情况,制定领用材料指标以控制发料。超过指标的材料需经过审批后方可领用。

3)计量控制。准确做好材料物资的收发计量检查和投料计量检查。

4)包干控制。在材料使用过程中,对部分小型及零星材料,根据工程量计算所需材料量,将其折算成费用,由作业者包干使用。

(2)材料价格的控制

材料价格主要由材料采购部门控制。材料价格由买价、运杂费、运输中的合理损耗等组成,控制材料价格,主要是通过掌控市场信息,应用招标和询价等方式控制材料、设备的采购价格。

3.施工机械使用费的控制

合理选择施工机械设备,合理使用施工机械设备对成本控制有着十分重要的意义。由于不同机械设备有着不同的特点,因此在选择机械设备时,首先应根据工程特点和施工条件确定采取的机械设备类型与组合方式。在确定采用何种组合方式时,首先应该满足施工需要,其次要考虑到费用的高低和综合经济效益。

施工机械使用费主要由台班数量和台班单价两方面决定,因此为有效控制施工机械施工费支出,应主要从这两方面进行控制。

(1)台班数量

1)根据施工方案和现场实际情况,选择适合项目施工特点的施工机械,制定设备需求计划,合理安排施工生产,充分利用现有机械设备加强内部调配,提高机械设备的利用率。

2)保证施工机械设备的作业时间,安排好生产工序的衔接,尽量避免停工、窝工,尽量减少施工中所消耗的机械台班数量。

3)核定设备台班定额产量,实行超产奖励办法,加快施工生产进度,提高机械设备单位时间的生产效率和利用率。

4)加强设备租赁计划管理,减少不必要的设备闲置和浪费,充分利用社会闲置机械资源。

(2)台班单价

1)加强现场设备的维修、保养工作。降低大修、经常性修理等各项费用的开支、提高机械设备的完好率,最大限度地提高机械设备的利用率,避免因使用不当造成机械设备的停置。

2)加强机械操作人员的培训工作。不断提高操作技能,提高施工机械台班的生产效率。

3)加强配件的管理。建立健全配件领发料制度,严格按油料消耗定额控制油料消耗,做到修理有记录,消耗有定额,统计有报表,损耗有分析。通过经常分析总结、提高修理质量,降低配件消耗,减少修理费用的支出。

4)降低材料成本。做好施工机械配件和工程材料采购计划,降低材料成本。

5)成立设备管理领导小组,负责设备调度、检查、维修、评估等具体事宜。对主要部件及其保养情况建立档案,分清责任,便于尽早发现问题,找到解决问题的办法。

第三节 施工项目成本核算、分析与考核

一、施工项目成本核算

施工项目成本核算,是把一定时期内企业施工过程中所发生的费用,按照其性质分类归集、汇总、核算,计算出该时期生产经营费用发生总额并分别计算出各种产品的实际成本和单位成本的管理活动。施工项目成本核算所提供的各种成本信息,是成本预测、成本计划、成本控制、成本分析和成本考核等成本管理的各环节的依据。

施工项目成本核算是施工项目成本管理中最基本的职能,离开了成本核算,就谈

不上成本管理,也就谈不上其他职能的发挥。施工项目成本核算在施工项目成本管理中的这种重要地位体现在两个方面:首先,它是施工项目进行成本预测、制订成本计划和实行成本控制所需信息的重要来源;其次,它是施工项目进行成本分析和成本考核的基本依据。工程项目成本核算包括两个环节:一是按照规定的成本开支范围对施工费用进行归集和分配,计算出施工费用的实际发生额;二是根据成本核算对象,采用适当的方法,计算出该施工项目的总成本和单位成本。

1. 施工项目成本核算对象

工程项目成本核算对象是指在计算工程成本中,确定、归集和分配生产费用的具体对象,即生产费用承担的客体。合理划分施工项目成本核算对象,是设立工程成本明细分类账户归集和分配生产费用以及正确计算工程成本的前提条件。

确定施工成本核算对象的原则,应以每一独立施工图预算所列的单位工程为依据并结合施工现场条件和施工管理要求,因地制宜地确定成本核算对象。实际成本核算中,施工项目成本核算对象的确定,一般有以下几种方法。

(1) 一般应以每一独立编制施工图预算的单位工程为成本核算对象。

(2) 一个单位工程由几个施工单位分包施工时,各施工单位都应以同一单位工程为成本核算对象,各自核算其自行施工的部分。

(3) 对于规模较大、工期较长或者采用新技术、新工艺、新材料、新结构的单位工程,可将工程划分为若干部位,一分项工程作为成本核算对象。

(5) 同一施工项目,同一施工地点,同一结构类型,开、竣工时间接近的若干个单位工程,合并作为一个成本核算对象。

(5) 改建、扩建的零星工程,可以将开、竣工时间接近、属于同一施工项目的几个单位工程合并为一个成本核算对象。

(6) 土石方工程、打桩工程,可以根据实际情况和管理需要,以一个单位工程作为成本核算对象,或将同一施工地点的若干个工程量较小的单位工程合并作为一个成本核算对象。

道路工程的成本核算,原则上是按月进行,由于条件限制,也可按季度进行核算。工程竣工决算后,应结算全部工程成本。其实际成本的核算范围、项目设置和计算口径,应与国家有关财务制度、施工图预算、施工预算或成本计划取得一致,投标承包和投标包干的工程,应与中标价或合同价编制的施工预算取得一致。

成本核算对象确定以后,在成本核算过程中不能随意变更。所有原始记录都必须按照确定的成本核算对象填写清楚,以便于归集和分配施工生产费用。为了集中反映和计算各个成本核算对象本期应负担的施工费用,财会部门应为每一成本核算对象设置工程成本明细账目并按照成本项目分设专栏来组织成本核算。

2. 施工项目成本核算的内容及工作流程

项目经理部在承建工程项目并收到设计图纸以后,一方面要进行现场"三通一平"等施工前期准备工作;另一方面,还要组织力量分头编制施工图预算、施工组织设计,降低成本计划和控制措施,工程施工过程中的各项施工费用,应按照确定的成本核算对象和成本项目进行归集,能直接计入有关核算对象的直接计入;不能直接计入的按照一定的分配方法分配计入各成本核算对象的成本,计算出各施工项目的实际成本,最后将实际成本与预算成本、计划成本进行对比考核。

对比核算的内容,包括项目总成本和各个成本项目的相互对比,用以观察分析成本升降情况,同时作为考核的依据。比较的方法有两种。

(1)通过实际成本与预算成本的对比,考核工程项目成本的降低水平。

(2)通过实际成本与计划成本的对比,考核工程项目成本的管理水平。

3.施工项目成本核算方法

施工项目成本核算方法常用的有3种,见表4-2。

表4-2 施工项目成本核算的方法

项目	内容
会计核算	以会计方法为主要手段,通过设置账户、复试记账、填制和审核凭证、登记账簿、成本计算、财产清查和编制会计报表等一系列有组织有系统的方法,来记录企业的一切生产经营活动,然后据以提用货币来反映的有关各种综合性经济指标的一些数据、资产、负债、所有者权益、营业收入、成本、利润等会计6要素指标,主要是通过会计来核算
业务核算	是各业务部门根据业务工作的需要而建立的核算制度,它包括原始记录和计算登记表。如单位工程及分部分项工程进度登记、质量登记、功效及定额计算登记、物资消耗定额记录、测试记录等
统计核算	是利用会计核算资料和业务核算资料,把企业生产经营活动客观现状的大量数据,按统计方法加以系统整理,表明其规律性

二、施工项目成本分析

施工项目成本分析,是在成本形成过程中,对施工项目成本进行的对比评价和总结工作。施工项目成本分析是施工项目成本管理的重要组成部分。通过施工项目的成本分析,一方面可以确定实际成本达到水平,查明影响成本升降的因素,解释节约浪费原因,寻找进一步降低成本的方法途径;另一方面,可从账簿、报表反映的成本现象看清成本的实质,从而增强项目成本的透明度和可控性,为加强成本控制,实现项目成本创造条件。

第四章 道路工程施工项目成本管理及优化

1.施工项目成本分析的内容

从总体上讲,施工项目成本分析的内容可包括以下3方面,见表4-3。

表4-3 施工项目成本分析内容

分类	内容
按项目施工的进展进行的成本分析	分部分项工程成本分析 月(季)度成本分析 年度成本分析 竣工成本分析
按成本项目进行的成本分析	人工费分析 材料费分析 机械使用费分析 其他工程费分析 间接成本分析
针对特定问题和与成本有关事项的分析	施工索赔分析 成本盈亏异常分析 工期成本分析 资金成本分析 技术组织措施节约效果分析 其他有利因素和不利因素对成本影响的分析

2.施工项目成本分析的方法

施工成本分析的基本方法包括比较法、因素分析法、差额计算法、比率法等。

(1)比较法

比较法又称"指标对比分析法"。是指对比技术经济指标,检查目标的完成情况,分析产生差异的原因,进而挖掘降低成本的方法。这种方法,具有通俗易懂、简单易行、便于掌握的特点,因而得到了广泛的应用,但在应用时必须注意各技术经济指标的可比性。

比较法的应用主要有以下几种。

1)实际指标与目标指标对比。以此检查目标完成情况,分析影响目标完成的积极因素和消极因素,以便及时采取措施,保证成本目标的实现。在进行指标与目标指标对比时,还应注意目标本身有无问题,如果目标本身出现问题,则应调整目标,重新评价工作。

2)本期实际指标与上期实际指标对比。通过本期实际指标与上期实际指标对比,可以看出各项技术经济指标的变动情况,反映施工管理水平的提高程度。

3)与本行业平均水平、先进水平对比。通过这种对比,可以反映出本项目的技术和经济管理水平与行业的平均及先进水平的差距,金额采取措施提高项目管理水平。

(2)因素分析法

因素分析法又称连环置换法,可用来分析各种因素对成本的影响程度。在进行分析时,假定众多因素中的一个因素发生变化,而其他因素不变,然后逐个替换,分析比较器计算结果,确定各个因素变化对成本的影响。

因素分析法的计算顺序如下。

1)用实际指标与计划指标(或上期实际数)进行对比,确定差异总额。

2)科学地确定构成某经济指标的因素;同时确定各个因素与指标的关系(如加减关系、乘除关系等)。

3)根据分析的需要,再用适当的方法测定各组成因素的变动对该项经济指标变动的影响方向和程度。

3.差额计算法

差额计算法是因素分析法的一种简化形式,它利用各个因素的目标值与实际值的差额来计算其对成本的影响程度。

4.比率法

比率法是指用两个以上的指标的比例进行分析的方法。其基本特点是:先把对比分析的数值变成相对数,在观察其相互之间的关系。常用的比率法有以下几种。

(1)相关比率法

由于项目经济活动的各个方面是相互联系、相互依存、相互影响的,因而可以将两个性质不同且相关的指标加以对比,求出比率并以此来考察经营成果的好坏。例如,用工程实际成本与工程预算价值中的工程直接费收入两个相关指标计算工程直接费收入成本率,计算公式如下:

工程直接费收入成本率=工程实际成本/工程直接费收入

上式表示的工程直接费收入成本率越低,工程直接费的净收入就越多;反之,则少,甚至亏损。

(2)构成比率法

构成比率法又称比重分析法或结构对比分析法。通过构成比率,可以考察成本总量的构成情况及各成本项目占总成本的比重,同时也可看出预算成本、实际成本和降低成本的比例关系,从而为寻求降低成本的途径。

(3)动态比率法

动态比率法是将同类指标不同时期的数值进行对比,求出比率,以分析该项指标的发展方向和发展速度。动态比率的计算,通常采用技术指数和环比指数两种方法。

三、施工项目成本考核

施工项目成本考核,是贯彻项目成本责任制的重要手段,也是项目管理激励机制的体现。施工成本考核的目的是通过衡量项目成本降低的实际成果,对成本指标完成情况进行总结和评价。

项目成本考核的内容应包括责任成本完成情况考核和成本管理工作业绩考核。施工成本考核的做法是分层进行,企业对项目经理部进行成本管理考核,项目经理部对项目内部各岗位及各作业层进行成本管理考核。因此,企业和项目经理部都应建立健全项目成本考核的组织,公正、公平、真实、准确地评价项目经理部及管理人员的工作业绩和问题。

项目成本考核应按照下列要求进行:企业对施工项目经理部进行考核时,应以确定的责任目标成本为依据。项目经理部应以控制过程的考核为重点,控制过程的考核应与竣工考核相结合。各级成本考核应与进度、质量、成本等指标完成情况相联系。项目成本考核的结果应形成文件,为奖罚责任人提供依据。

第四节　道路工程项目施工成本管理优化

一、道路工程工程量清单计价的应用

(一)工程量清单的含义

工程量清单,又叫工程数量清单,它是工程招标及实施工程时计量与支付的重要依据,在工程实施期间,对工程费用起控制作用。

工程量清单是招标单位(业主)将要招标的工程按一定的原则;(如按工程部位、性质等)进行分解,以明确工程的内容和范围,并将这些内容数量化而得到的一套工程项目表。每个表中既有工程部位和该部位需实施的各个子项目(工程子目),又有每个子项目的工程量和计价要求(单价或包干价)以及总计金额,"单价"与"总价"两个栏目由投标单位填写。可见,工程量清单反映的是每个相对独立的个体项目的主要内容和预算数量以及完成的价格。

招标工程的工程量清单通常由业主提供,但也有一些国际招标工程,并没有工程量清单,仅有招标图纸,这就要求投标人按照自己的习惯列出工程细目并计算工程量,或按国际通用的工程量编制方法提交工程量清单。我国的道路工程项目招标,一般均由招标单位提供工程量清单。招标单位在编制工程量清单时可参考《道路工程标准施工招标文件(2009年版)》,其中有对工程量清单的专门介绍。另外,需要特别指出的是工程量清单中所列的工程数量(也称为清单工程量),是在实际施工生产前

根据设计施工图纸和说明及工程量计算规则所得到的一种准确性较高的预算数量，并不是中标者在施工时应予完成的实际的工程量。因为在实际施工过程中，可能会因各种原因与设计条件不一致，从而产生工程量的数量变化，业主应按实际工程量支付工程费用。

(二)工程量清单的内容

其内容分为前言(或说明)、工程子目、计日工明细表和工程量清单汇总表四部分。

1. 前言(或说明)

在许多合同文件中前言又被称为清单序言，它主要对工程项目的工作范围和内容、计量方法和方式、费用计算的依据、在工程实施期间如何对工程进行计量和支付进行说明。

当工程发生变更或费用索赔时，监理工程师将根据它来确定单价。概括起来，前言应强调以下几方面内容：

(1)应将工程量清单与投标须知、合同条件、技术规范、图纸和图表、资料等文件结合起来阅读、理解或解释。这一说明的主要目的是要求投标人综合考虑，支付条件、技术要点、质量标准、工程施工条件，以及需综合在某一单项中的众多子目后，适当考虑他自身的费用、风险后再填报单价。

(2)除非合同另有规定，工程量清单中有标价的单价或总额价均已包括了为实施和完成合同工程所需的劳务、材料、机械、质检、安装、缺陷修复、管理、保险、税费、利润等费用，以及合同明示或暗示的所有责任、义务和一切风险。本条说明要求投标人认识自己在合同中的报价所包括的范围，强调风险自担的范围。

(3)工程量清单中的每一个子目，不论工程数量是否标出，都须填入单价或总额价。投标时没有填入单价或总额价的子目，其费用应视为已分配在工程量清单的其他单价或总额价之中。这一说明减少了招投标过程中可能发生的争执，规范和加快了招投标工作过程，对投标人提出了计算中要认真、仔细的要求。

2. 工程子目

工程子目又叫分项清单表，是招标工程中按章的顺序排列的各个子目表。表中有子目号、子目名称、工程数量、单位、单价及金额栏目，其中单价或金额栏的数字一般由承包人投标时填写，而其他部分一般由业主或者招标单位在编制工程量清单时确定。

3. 计日工明细表

计日工也称散工或点工，指在工程实施过程中，业主可能有一些临时性的或新增加的项目，而且这种临时的新增项目的工程量在招投标阶段很难估计，希望通过招投标阶段事先定价，避免开工后可能发生时出现的争端，故需要以计日工明细表的方法在工程量清单中予以明确。计日工明细表由总则、计日工劳务、计日工材料、计日工施工机械等方面的内容组成。

4.工程量清单汇总表

工程量清单汇总表是将各章的工程子目表及计日工明细表进行汇总,再加上一定比例或数量(按招标文件规定)的暂列金额而得出该项目的总报价,该报价与投标书中填写的投标总价是一致的。

(三)编写工程量清单注意事项

1.将开办项目作为独立的工程子目单列出来开办项目往往是一些一开工就要发生或开工前就要发生的项目,如工程保险、担保、监理设施、承包人的驻地建设、测量放样、临时工程等。如果将这些项目包含在其他项目的单价中,到承包人开工时,上述各种款项将得不到及时支付,这不仅影响合同的公平性和承包人的资金周转,而且会增加招标中预付款的数量。

2.合理划分工程子目在工程子目划分时,要注意将不同等级要求的工程区分开。将同一性质但不属于同一部位的工程区分开;将情况不同,可能要进行不同报价的子目区分开。这一做法主要是为了强化工程投标中的竞争性,使投标人报价更加具体,针对不同情况可以采用不同的单价,便于降低造价。

3.工程子目的划分要大小合适。

工程子目的划分可大可小,工程子目大,可减少计算工作量,但太大就难以发挥单价合同的优势,不便于工程变更的处理。另外,工程子目太大也会使支付周期延长,影响承包人的资金周转,最终影响合同的正常履行。例如,在桥梁工程中,若将基础回填工作的计价包含在基础挖方项目中,则承包人必须等到基础回填工作完成以后才能办理该项目的计量支付,支付周期可能要半年或更长的时间,这将直接影响承包人的资金周转,不利于合同的正常履行。但如果将基础开挖和基础回填分成两个工程子目,则可避免上述问题的发生。

(4)工程量的计算整理要细致准确。

计算和整理工程量的依据是设计图纸和技术规范,它是一项严谨的技术工作,绝不是简单地罗列设计文件中的工程量。要认真阅读技术规范中的计量和支付方法,仔细核查设计文件中工程量所对应计量方法与技术规范中的计量方法是否一致,如不一致,则需在整理工程量时进行技术处理。此外,在工程量的计算过程中,要做到不重不漏,更不能发生计算错误,否则,会带来一系列问题。

二、投标阶段合同价的确定

(一)投标报价编制原则

投标报价的编制主要是投标人对承建招标工程所要发生的各种费用的计算。编制报价时,一是要合理,就是要做得来,并留有余地;二是要有竞争力,就是要符合市场的行情,并具有优势,能与强手相匹敌。具体编制时需依据以下原则:

1. 以招标文件中设定的发、承包双方责任划分,作为考虑投标报价费用项目和费用计算的基础;根据工程发、承包模式考虑投标报价的费用内容和计算深度。

2. 以施工方案、技术措施等作为投标报价计算的基本条件。

3. 以反映企业技术和管理水平的企业定额作为计算人工、材料和机械台班消耗量的基本依据。

(4) 充分利用现场考察、调研成果、市场价格信息和行情资料,编制基价,确定调价方法。

(5) 报价计算方法要科学严谨,简明适用。

(二) 投标报价编制依据

投标报价编制的依据主要有下列几个方面:

1. 招标单位提供的招标文件。为保证投标的有效性,必须对招标文件给予全面的响应,因此招标文件是必不可少的编制依据。另外,业主在开标前规定的日期内颁发的有关合同、规范、图纸的书面修改书和书面变更通知具有与招标文件同等的效力,也是报价的依据。

2. 招标文件所规定的各种国家标准、部颁标准、技术规范等。

3. 国家、地方颁发的有关收费标准和定额及施工企业的工料机消耗定额。

4. 工程所在地的政治形势和技术经济条件,如交通运输条件等。

5. 本工程的现场情况,包括地形、地质、气象、雨量、劳动力、生活品供应等。

6. 当地工程机械出租的可能性、品种、数量、单价,发电厂供电正常率及提供本项目用电的功率和单价。

7. 当地劳动力的技术水平和供应数量。

8. 业主供应材料情况及交货地点、单价;当地材料供应盈缺情况,建材部门公布的材料单价,并预测当地材料市场涨落情况。

9. 本企业为本项目提供新添施工设备经费可能性,设备投资在标价中分摊费与成本的比率。

10. 施工组织设计和施工方案。

11. 该项目中标后,当地的工程市场信息、有否后续工程的可能性。

12. 参加投标的竞争对手情况,各有多大实力,竞争对手信誉等。

13. 有关报价的参考资料,如当地近几年来同类性质已完工程的造价分析,以及本企业历年来(至少5年)已完工程的成本分析。

(三) 投标报价计算方式

1. 投标报价的组成

投标报价的组成主要有直接成本费、间接成本费、利润、规费、税金和风险费等。

(1)直接成本费,是指工程施工中直接用于工程上的人工、材料和施工机械使用费用的总和。

(2)间接成本费,是指组织和管理工程施工所需的各项费用,如冬、雨期施工增加费、临时设施费、工地转移费、企业管理费等。

(3)利润,是指投标时根据企业的利润目标和本项目的具体情况确定的利润。

(4)规费和税金,规费是指法律、法规、规章、规程规定施工企业必须缴纳的费用,包括养老保险费、失业保险费、医疗保险费、住房公积金和工伤保险费等;税金是按规定应向国家缴纳的营业税、城市维护建设税及教育费附加等税金。

(5)风险费是对风险分析后确定的用于防范风险的费用。

2.标价的计算

投标报价计算有工料单价计算法和综合单价计算法两种。

(1)工料单价计算法。根据已审定的工程量,按照定额或市场的单价,逐项计算每个项目的价格,分别填入招标人提供的工程量清单内,计算出全部工程量直接成本费,然后按企业自定的各项费率及法定税率,依次计算出间接费、利润及税金。另外,再考虑一项不可预见费,其费用总和即为基础报价。

(2)综合单价计算方法。按综合单价计算报价是所填入工程量清单的单价,应包括人工费、材料费、机械使用费、其他工程费、间接费、利润和税金,以及风险金等全部费用,构成基础单价,即综合单价。此种方法用于单价合同的报价,报价金额等于工程量清单的汇总金额加上暂定金额。

3.标价分析

初步计算出标价之后,应对标价进行多方面的分析和评估,其目的是探讨标价的经济和理性,从而作出最终报价决策。标价分析包括单价分析与总价分析。单价分析就是对工程量清单中所列分项单价进行分析和计算,确定出每一分项的单价和总价,分析标价计算中使用的劳务、材料、施工机械的基础单价以及选用的工程定额是否合理,是否符合拟投标工程的实际情况。同时,应根据以往企业的投标报价资料进行对比分析,合理确定投标单价和总报价。

标价分析评估可从以下几个方面进行:

(1)标价的宏观审核。

标价的宏观审核时依据长期的工程实践中积累的大量经验数据,用类比的方法,从宏观上判断初步计算的合理性。

(2)标价的动态分析。

标价的动态分析是假定某些因素发生变化,测算标价的变化幅度,特别是这些变化对计划利润的影响。如工期延误的影响,物价和工资上涨的影响,其他可变因素的影响等。

(3)标价的盈亏分析。

初步计算标价经过宏观审核与进一步分析检查,可能对某些分项的单价做必要调整,然后形成基础标价,再经盈亏分析,提出可能的低标价和高标价,供投标决策时选择。

(四)报价中的清单复核

由于工程量清单及数量由招标人编制,因此,投标人在购买招标文件后,应根据招标文件的要求,对照图纸,对招标文件提供的工程量清单进行复查或复核。

1.清单项目完整性复核

以合同条款、施工图和技术规范为依据,认真核对所有清单项目,看其是否全面反映了拟建工程的全部内容。

2.清单项目一致性复核

(1)清单工程项目编码与项目名称是否一致。

(2)清单工程项目名称与施工图的项目名称是否一致。

(3)对技术规范规定多个单位的项目,查清单中选用的单位与工程量计算口径是否一致。

(4)清单工程项目与技术规范及定额计量单位是否一致。

3.清单工程量准确性复核

以合同条件、施工图和技术规范和计量规则为依据,对主要分部分项工程数量进行计算,将投标人计算结果与招标文件清单中数量进行比较。

三、道路工程计量管理

(一)计量的概念

计量是按照技术规范所规定的方法对承包人符合要求的已完工程的实际数量所进行的测量、计算、核查和确认的过程。没有准确和合理的计量,就会破坏工程承包合同中的经济关系,影响承包合同的正常履行。

计量的任务是确定实际工程数量的多少。工程量有预估工程量和实际工程量之分,工程量清单的工程量仅是估算工程量,不能作为承包人应予完成的工程之实际和确切的工程量。这是因为工程量清单中的数量是在制定招标文件时,在图纸和规范的基础上估算出来的,与实际工程量相比存在或多或少的误差甚至计算错误。其只能作为投标报价的基础,而不能作为结算的依据。实际工程量的多少只有通过计量才能揭示和确定。按实际完成的工程量付款可以减少工程量的估计误差给双方带来的风险,增强造价结算结果的公平性,这正是单价合同的优点之一。

无论当地的习惯如何(除非合同中另有规定),计量必须以净值为准。

(二)工程计量程序

1. 工程计量的组织类型

(1)监理工程师独立计量。计量工作由监理工程师单独承担,然后将计量的记录送承包人。承包人对计量有异议,可在7d内以书面形式提出,再由监理工程师对承包商提出的质疑进行复核,并将复议后的结果通知承包人。

(2)承包人进行计量。由承包人对已完的工程进行计量,然后将计量的记录及有关资料报送监理工程师核实确认。

(3)监理工程师与承包人共同计量。在进行计量前,由监理工程师通知承包人计量的时间与工程部位,然后由承包人派人同监理工程师共同计量,计量后双方签字认可。

2. 现场计量的程序

工程计量由承包人向监理工程师提出并附有必要的中间交工验收资料或质量合格证明。

监理工程师对工程的任何部分进行计量时,应事先通知承包人或承包人的代表。承包人或承包人的代表应立即委派合格人员前往协助监理工程师进行计量工作,还应提供必要的人员、设备和交通工具。计量工作可以由监理工程师和承包人双方委派合格人员在现场进行,也可以采用记录和图纸在室内按计量规则进行计算,其结果都必须经监理工程师和承包人双方同意,签字认可。如果承包人在收到监理工程师的计量通知后,不参加或未派人参加计量工作,根据通用合同条款规定,由监理工程师派出人员单方面进行的工程计量,经监理工程师批准的应认为是正确的工程计量,可以用作支付的依据,承包人不可以对此种计量提出异议。

3. 驻地监理工程师对计量结果的审查

驻地监理工程师对计量结果的审查包括两个方面:一是计量的工程质量是否达到合同标准;二是计量的过程是否符合合同条件。

4. 总监理工程师代表处对工程计量项目的审定

总监理工程师代表处在审定过程中有权对计量的工程项目的质量进行抽检,抽检不合格的项目不予计量,对计量过程有错误的项目进行修正或不予计量。只有经总监理工程师审查批准的工程项目,才予以支付工程款项。

(三)计量管理

1. 落实计量职责

为使计量的责任分明,监理机构中一般设有专门负责计量的工作班子,并在每个驻地办事机构中设一名专门的计量工程师。驻地计量工程师主要负责的是各细目的工程计量。在组织计量工作时,采用按专业分工,分别进行计量的办法,做到计量职责分明。具体工程内容的计量应落实到人,以免重复计量和漏计。因此,一定要注意计量工作由谁负责,并且为了保证计量的准确性,还必须有负责检查、复核的人员以及最终签认的人员,使计量工作按规定的程序进行。

例如,济青线的计量工作由市(地)监理处负责,省监理处审定。具体做法是由驻地的各合同段工程师对其分管合同段进行计量,并签署托付证书,由计量工程师审查托付证书,核查其工程量是否准确。如有疑问,承包人有权要求项目工程师提供资料和有关情况,经计量工程师审查后再交驻地监理工程师,而中外驻地监理工程师则共同对本合同段的计量工作负全面责任。用这样办法的目的就是明确计量职责,清除计量工作的混乱,保证计量工作的准确性。

通过对计量工作的分工,使工程计量责任到人;并通过对计量的复核、审定等程序及制定计量人员的岗位责任制,对计量工作进行有效管理。

2.做好计量记录

计量记录与档案是计量管理中的一个重要内容。对于道路工程这样大型的复杂项目,要进行多次计量,将形成一系列的计量资料,只有在完善计量记录的基础上加强对计量的档案管理,才能使项目的计量工作顺利完成。

为了便于合同管理以及正确评价工程和查询交流计量工作,必须加强工程计量(中间计量)档案管理。

计量应根据合同的要求做好记录。符合要求的记录应能说明哪些已经计量,哪些尚未计量,哪些已经签发支付证书,哪些尚未签发证书。计量时监理工程师还应完成以下工作:

(1)应有一套图纸,用彩笔将所进行的工程的位置在图纸上标示出来,并在适当的位置作详细补充说明,如工程的开始、结束及几何尺寸等数据,这将有助于做好计量记录。

(2)应有一套档案,包括计量证书的号码及所计量的数量。所有计量证书必须是承包人和监理工程师共同签署的,只有这样才能作为支付的凭证。

(3)记录工程量清单中所列出的分类细目的数量与计量后数量的差异及双方同意的任何进度支付证书应付的款额。

(4)对计日工应记录在有号码的计量证书上,并由承包人代表及监理工程师代表共同签名。计日工应详细记录如下内容:

1)记录已指令进行的这项计日工的估计数量和付款额已获同意,记录计日工已完成的数量及付款金额;

2)如果计日工的时间超过1个月,应在暂时计量单上记账,并在计量证书上另立系列号码,这些记录应与累计账册一同归档;记录已同意的计日工单价、付款的金额、付款报表号码。

(5)工程变更应记录已下达的变更指令依据,已同意的单价和价格调整,增加费用的计量证书应另编系列号码分开存档。

(6)对于现场存放的材料应每月计量记录一次,其计量表中应记录已发到现场的材料的种类和数量及这些材料的发票面值;已计量的数量应记录每一次报表中的预付金额及回收金额,材料计量证应另编系列号码,并应与发票及所有材料的累计账册一同归档。

3.计量分析

为了搞好计量的管理工作,除落实职责和加强记录与档案的管理外,还应加强计量分析,一方面及时发现计量工作中的问题,另一方面及时掌握工程进度,为进度监理和费用支付提供基础。

为了便于计量的分析与管理,对计量的表格应统一,使其标准化和规范化。监理工程师应设计好表格让承包人和具体从事计量的人员按此填写,这便于采用计算机辅助计量和进行计量分析。

计量分析时一方面应对照原工程量清单和设计图纸进行分析,将实际工程量与原设计的工程量进行对比,发现偏差并分析偏差产生的原因;另一方面以计量的工程量为依据,计算出实际进度,将实际进度与批准的进度比较,发现进度偏差,并找出原因从而采取措施改进。计量分析也应对计量的方法是否恰当、计量的结果是否准确以及是否有质量不合格的工程等进行分析,通过分析找出是否有多计、错计的部分。

除以上所述三项内容外,计量管理还包括计量争端的协调与处理。计量是费用支付的直接基础,也是承包人工作的一种基本评价。因此,在计量工作中难免发生争端与分歧,监理工程师必须协调各方,尽快解决争端。

四、道路工程预算单价分析方法

(一)道路工程造价构成

道路工程的造价是指道路工程交通基建、养护项目从筹备到竣工验收交付使用所需的全部费用,由建筑安装工程费,设备、工具(器具)购置费,工程建设其他费用,预备费四部分构成。

1.建筑安装工程费

建筑安装工程费包括直接费、间接费、利润及税金。

(1)直接费由直接工程费和其他工程费组成。直接工程费是指施工过程中耗费的构成工程实体和有助于工程形成的各项费用,包括人工费、材料费、施工机械使用费。其他工程费指直接工程费以外施工过程中发生的直接用于工程的费用,包括冬期施工增加费、雨期施工增加费、夜间施工增加费、特殊地区施工增加费、行车干扰工程施工增加费、施工标准化与安全措施费、临时设施费、施工辅助费、工地转移费九项。

(2)间接费由规费、企业管理费两项组成。规费系指法律、法规、规章、规程规定施工企业必须缴纳的费用。包括养老保险费、失业保险费、医疗保险费、工伤保险费和住房公积金等。企业管理费由基本费用、主副食运费补贴、职工探亲路费、职工取暖补贴和财务费用五项组成。

(3)利润是指施工企业完成所承包工程应取得的盈利。

(4)税金是指按国家税法规定应计入建筑安装工程造价内的营业税,城市维护建设税及教育费附加等。

2.设备、工具(器具)购置费

(1):设备购置费是指为满足道路的营运、管理、养护需要,购置的达到固定资产标准的设备和虽低于固定资产标准但属于设计明确列入设备清单的设备的费用,包括渡口设备,隧道照明、消防、通风的动力设备,高等级道路的收费、监控、通信、供电设备,养护用的机械、设备和工具、器具等的购置费用。

(2)工具(器具)购置费是指建设项目交付使用后为满足初期正常营运必须购置的第一套不构成固定资产的设备、仪器、仪表、工卡模具、器具、工作台(框、架、柜)等的费用。该费用不包括构成固定资产的设备、工器具和备品、备件,及已列入设备购置费中的专用工具和备品、备件。

(3)办公和生活用家具购置费是指为保证新建、改建项目初期正常生产、使用和管理所必须购置的办公和生活用家具、用具的费用。范围包括行政、生产部门的办公室、会议室、资料档案室、阅览室、单身宿舍及生活福利设施等的家具、用具。

3.工程建设其他费用

(1)土地征用及拆迁补偿费是指按照《中华人民共和国土地管理法》及《中华人民共和国土地管理法实施条例》《中华人民共和国基本农田保护条例》等法律法规的规定,为进行道路建设需征用土地所支付的土地征用及拆迁补偿费等费用。

(2)建设项目管理费包括建设单位(业主)管理费、工程质量监督费、工程监理费、工程定额测定费、设计文件审查费和竣(交)工验收试验检测费。

(3)研究试验费是指为本建设项目提供或验证设计数据、资料进行必要的研究试验和按照设计规定在施工过程中必须进行试验、验证所需的费用,以及支付科技成果、先进技术的一次性技术转让费。不包括应由科技三项费用(即新产品试制费、中间试验费和重要科学研究补助费)开支的项目;应由施工辅助费开支的施工企业对建筑材料、构件和建筑物进行一般鉴定、检查所发生的费用及技术革新研究试验费;应由勘察设计费或建筑安装工程费用中开支的项目。

(4)建设项目前期工作费是指委托勘察设计、咨询单位对建设项目进行可行性研究、工程勘察设计,以及设计、监理、施工招标文件及招标标底或造价控制值文件编制时,按规定应支付的费用。该费用包括编制项目建议书(或预可行性研究报告)、可行性研究报告、投资估算,以及相应的勘察、设计、专题研究等所需的费用;初步设计和施工图设计的勘察费(包括测量、水文调查、地质勘探等)、设计费、概(预)算及调整概算编制费等;设计、监理、施工招标文件及招标标底(或造价控制值或清单预算)文件编制费等。

(5)专项评价(估)费是指依据国家法律、法规规定须进行评价(评估)、咨询,按规定应支付的费用。该费用包括环境影响评价费、水土保持评估费、地震安全性评价费、地质灾害危险性评价费、压覆重要矿床评估费、文物勘察费、通航认证费、行洪论证(评估)费、使用林地可行性研究报告编制费、用地预审报告编制费等费用。

(6)施工机构迁移费是指施工机构根据建设任务的需要,经有关部门决定成建制地(指工程处等)由原驻地迁移到另一地区所发生的一次性搬迁费用。该费用不包括应由施工企业自行负担的,在规定距离范围内调动施工力量以及内部平衡施工力量所发生的迁移费用;由于违反基建程序,盲目调迁队伍所发生的迁移费;因中标而引起施工机构迁移所发生的迁移费。

(7)供电贴费

供电贴费是指按照国家规定,建设项目应支付的供电工程贴费、施工临时用电贴费。

(8)联合试运转费是指新建、改(扩)建工程项目,在竣工验收前按照设计规定的工程质量标准,进行动(静)载荷载实验所需的费用,或进行整套设备带负荷联合试运转期间所需的全部费用抵扣试车期间收入的差额。该费用不包括应由设备安装工程项下开支的调试费的费用。费用内容包括:联合试动转期间所需的材料、油燃料和动力的消耗,机械和检测设备使用费,工具用具和低值易耗品费,参加联合试运转人员工资及其他费用等。

(二)道路工程预算单价分析

道路工程建筑安装工程费由直接费、间接费、利润和税金四部分组成,工程量清单综合报价除涉及以上四部分费用外,还需考虑防范风险的费用,工程项目施工成本仅包括直接费和间接费两部分。直接费中其他工程费和间接费需依据不同的工程类别分别确定计算费率进行计算。

1.直接费

直接费由直接工程费和其他工程费组成。

(1)直接工程费

1)人工费

人工费指直接从事建筑安装工程施工的生产工人开支的各项费用,内容包括:

基本工资:指发放给生产工人的基本工资、流动施工津贴和生产工人劳动保护费,以及为职工缴纳的养老、失业、医疗保险费和住房公积金等。生产工人劳动保护费系指按国家有关部门规定标准发放的劳动保护用品的购置费及修理费、徒工服装补贴、防暑降温费、在有碍身体健康环境中施工的保健费用等。

工资性补贴:指按规定标准发放的物价补贴,煤、燃气补贴,交通费补贴,地区津贴等。

生产工人辅助工资:指生产工人年有效施工天数以外非作业天数的工资,包括开会和执行必要的社会义务时间的工资,职工学习、培训期间的工资,调动工作、探亲、休假期间的工资,因气候影响停工期间的工资,女工哺乳期间的工资,病假在6个月以内的工资及产、婚、丧假期的工资。

2)材料费

材料费指施工过程中耗用的构成工程实体的原材料、辅助材料、构(配)件、零件、半成品、成品的用量和周转材料的摊销量,按工程所在地的材料预算价格计算的费用。材料预算价格由材料原价、运杂费、场外运输损耗、采购及保管费组成。

3)施工机械使用费

施工机械使用费指列入概、预算定额的施工机械台班数量,按相应的机械台班费用定额计算的施工机械使用费和小型机具使用费。

施工机械台班预算价格应按现行《道路工程机械台班费用定额》计算,台班单价由不变费用和可变费用组成。

(2)其他工程费

其他工程费指直接工程费以外,施工过程中发生的直接用于工程的费用。

1)冬期施工增加费:指按照道路工程施工及验收规范所规定的冬期施工要求,为保证工程质量和安全生产所需采用的防寒保温设施、工效降低和机械作业率降低以及技术操作过程改变等所增加的有关费用。

2)雨期施工增加费:指雨期施工期间,为保证工程质量和安全生产所需采用的防雨、排水、防潮和防护措施、工效降低和机械作业率降低以及技术作业过程的改变等,所需增加的有关费用。

五、道路工程施工成本核算与分析

(一)施工成本核算的对象

施工成本核算对象是指在工程成本计算中,确定归集和分配生产费用的具体对象,即生产费用承担的客体。成本计算对象的确定,是设立工程成本明细分类账户,归集和分配生产费用,以及正确计算工程成本的前提。施工单位工程项目成本核算的应以具有独立设计文件、造价文件以及能独立组织施工的单位工程为核算对象。但施工合同包含两项以上单位工程时,要分别进行不同单位工程的成本核算,以便掌握不同工程类型产品的成本水平和相关资料。对于达不到单位工程整体范围的施工合同,则按合同造价界定范围进行成本核算;承包多个单位工程中同类性质专业工程的施工合同,仍应按各单位工程进行专业工程成本核算。

在道路工程施工中,工程成本核算对象的划分,一般是根据《道路基本建设项目工程概算预算编制办法》的规定确定的。例如,路线工程成本对象可以分为:路基、路面、小桥、中桥、大桥、涵洞、互通式立体交叉、分离式立体交叉、平面交叉道、通道、隧道、其他沿线工程、临时工程及管理、养护、服务用房屋等;独立大(中)桥工程成本对象可分为:桥头引道(还可分为路基、路面、涵洞等)、桥基础工程、下部结构、上部结构、调治及其他工程、临时工程等。

(二)施工成本核算的内容

施工企业在工程施工过程中发生的各项施工费用,凡是能够直接计入有关工程成本核算对象的,直接计入各工程核算对象的成本项目中;不能直接计入的,应先计入"工程施工—间接费用"账户,然后再采用一定的方法分配计入各工程成本核算对象的成本项目,最后计算出各工程的实际成本。

1. 人工费的核算

人工费计入成本的方法,一般应根据企业实行的具体工资制度而定。

(1)在实行计件工资制度下,所支付的工资一般都能分清受益对象,应根据工程任务单和工资结算汇总表,将归集的工资直接计入各成本核算对象的人工费成本项目中。

(2)在实行计时工资制度下,只有一个成本核算对象或者所发生的工资能分清是在哪个成本核算对象的施工中,可将其直接计入该成本核算对象的"人工费"项目中;如果工人同时在为多个成本核算对象施工,就需将所发生的工资在各个成本核算对象之间进行分配。

(3)职工福利费、工会经费、职工教育经费等工资附加费,应根据各个成本核算对象当期实际发生或分配计入的工资总额,按规定计提并计入"人工费"项目。

(4)工资性质的津贴,按规定应计入成本的奖金、劳动保护费等人工费,比照计件和计时工资的归集和分配方法,直接计入或分配计入有关成本核算对象的"人工费"项目。

(5)对于支付给分包单位的人工费,直接计入该分包工程的"人工费"项目。

2. 材料费的核算

由于工程项目耗用的材料品种繁多、数量大、领用次数频繁,因此,企业必须建立、健全材料的收、发、领、退等管理制度,制定统一的定额领料单、大堆材料耗用计算单、集中配料耗用计算单、周转材料摊销分配表、退料单等自制原始凭证,并按不同的情况进行费用的归集和分配。

3. 机械使用费的核算

工程施工中使用的施工机械,分为自有机械和租用机械。因此,机械使用费的核算也可以分以下两种情况：

(1)租用机械费用的核算。从外单位或本企业内部独立核算单位租入施工机械支付的租赁费，一般可以根据机械租赁费结算单所列金额，直接计入成本核算对象的"机械使用费"成本项目中。如果租入的施工机械是为两个或两个以上的工程服务，应以租人机械所服务的各个工程受益对象提供的作业台班数量为基数进行分配。

(2)自有机械费用的核算。工程项目使用自有施工机械和运输设备进行机械作业所发生的各项费用，首先应通过"机械作业"科目，分别归集，月末根据各个成本核算对象实际使用机械的台班数计算各成本核算对象应分摊的施工机械使用费。

4.其他直接费的核算

项目施工生产过程中实际发生的其他直接费，包括材料二次搬运费、临时设施摊销费、生产工具用具使用费等。凡能分清受益对象的，应直接计入受益对象的成本核算账户"工程施工—其他直接费"，如与若干个成本核算对象有关的，可先归集到项目经理部的"其他直接费"账户科目，再按规定的方法分配计入有关成本核算对象的"工程施工—其他直接费"成本项目内。

5.间接费用的核算

间接费用主要是指现场施工管理费，主要有管理人员的工资、奖金和按比例计提上交企业的职工福利费、工会经费、教育经费、劳保统筹费，以及现场公共生活服务等费用。施工间接费，先在项目"施工间接费"总账归集，再按一定的分配标准计入受益成本核算对象(单位工程)"工程施工—间接成本"。

(三)项目施工成本分析的内容

项目施工成本分析包括对施工成本偏差的数量、来源和原因所进行的分析，以及对施工成本变化趋势的分析。成本分析的目的在于揭示影响成本升降的因素，寻求进一步降低成本的途径、手段和措施。

从成本分析应为施工生产服务的角度出发，项目施工成本分析的内容应与成本核算对象的划分同步。总体上来说，项目施工成本分析的内容应该包括以下三个方面。

1.按项目施工的进展进行的成本分析

(1)分部分项工程成本分析。

(2)月(季)度成本分析。

(3)年度成本分析。

(4)竣工成本分析。

2.按项目成本施工的进行分析

(1)人工费分析。

(2)材料费分析。

(3)机械使用费分析。

(4)其他直接费分析。

(5)间接成本分析。

3.针对特定问题和与成本有关事项的分析

(1)施工索赔分析。

(2)成本盈亏异常分析。

(3)工期成本分析。

(4)资金成本分析。

(5)技术组织措施节约效果分析。

(6)其他有利因素和不利因素对成本影响的分析。

另外,项目施工成本分析还可以分为单位成本分析和总成本分析。单位成本分析是针对单位工程的单位成本进行分析;总成本分析是针对一定时期内项目经理部完成的全部工程项目的总成本进行的成本分析。

第五章　道路工程施工现场管理

施工企业如果想在日趋激烈的市场竞争中获得应得份额,就必须优化现场管理,从某种意义上说,现场管理优化水平代表了企业的管理水平,也是施工企业生产经营建设的综合表现。因此,施工企业应该内抓现场外抓市场,以市场促现场,用现场保市场,并在此基础之上,不断优化现场管理。本章主要对道路工程施工现场管理进行详细的讲解。

第一节　现场管理基本规定

一、现场规定

1.项目经理部应在施工前了解清楚经过施工现场的地下构筑物,标注出其具体位置,并加以保护和妥善处理。施工中如果发现文物、古迹、爆炸物、电缆等,应当立即停止施工,采取措施保护好现场,并及时向有关部门报告,按照有关规定进行处理。

2.在施工过程中需要停水、停电、封路而影响环境时,应经有关部门批准,并事先告示。在行人、车辆通过的地方施工时,应当设置沟、井、坎、洞等覆盖物和标志。

3.项目经理部应对施工现场的环境因素进行分析,对于可能产生的污水、废气、噪声、固体废弃物等污染源应采取措施,进行严格控制。

4.施工产生的垃圾和渣土应堆放在指定地点,并定期进行清理。装载建筑材料、垃圾或渣土的运输机械,应采取防止尘土飞扬、撒落或流溢的有效措施。施工现场应根据需要设置机动车辆冲洗设施,冲洗的污水应进行处理。

5.除经批准符合规定的装置外,不得在施工现场任意熔化沥青、焚烧油毡等,也不得焚烧其他可产生有毒有害和刺激气味气体的废弃物。项目部经理应按规定有效地处理有毒有害物质,禁止将有毒有害废弃物当作回填材料。

6.施工现场的场容场貌管理,应符合工程施工平面图设计的安排和物料器具定位管理标准的要求,使施工现场达到整洁美观。

7.项目经理部应依据施工条件,按照施工总平面图、施工方案和施工进度计划的要求,认真进行所负责区域的施工平面图的规划、设计、布置、使用和管理。

8.施工现场的主要机械设备、脚手架、密闭式安全网与围挡、施工临时道路、施工模具、各种管线、施工材料制品堆场及仓库、土方及建筑垃圾堆放区、变电配电间、消火栓、警卫室以及现场的办公、生产和生活临时设施等的布置,均应符合施工平面图的要求。

9.在施工现场入口处的醒目位置,应设立公示牌。公示牌上应注明下列内容:工程概况;职业健康安全纪律;防火须知;职业健康安全文明施工规定;施工平面图;项目经理部组织机构及主要管理人员名单。

10.施工现场周边应按当地有关要求,设置围挡和相关的职业健康安全预防设施。危险品(如炸药、雷管等)仓库附近应有明显标志及围挡设施。

11.施工现场应设置畅通的排水沟(渠)系统,保持场地道路的干燥、平坦、坚实。施工现场的泥浆和污水未经处理不得直接排放。施工现场的有些地面应做硬化处理,有条件时可对项目经理部驻地进行绿化和美化。

二、项目部驻地建设

(一)驻地选址

1.根据施工项目的施工环境,合理选择项目经理部设置地点,确定设备停放场地、仓库、办公室和宿舍等的平面布置,项目部设置地点应因地制宜,方便施工,尽量减少对环境的影响。

2.住址选址由项目经理负责在进场前组织相关人员按照施工、安全和管理的要求进行调查,确定选址方案。

3.驻地选址宜靠近工程项目现场的中间位置,应远离地质自然灾害区域,用地合法,周围无塌方、滑坡、落石、泥石流、洪涝等自然灾害隐患,无高频、高压电源及油、气、化工等其他污染源。满足安全、环保、水保的要求,交通、通信便利,水电设施齐全。

4.离集中爆破区500 m以外,不得占用独立大桥下部空间、河道、互通匝道区及规划的取、弃土场。

(二)场地建设

1.可自建或租用沿线合适的单位或民用房屋,但应坚固、安全、实用、美观,并满足工作和生活需求,自建房还应安装拆卸方便且满足环保要求。

2.自建房屋最低标准为活动板房,建设宜选用阻燃材料,搭建不宜超过两层,每组最多不超过10栋,组与组之间的距离不小于8 m,栋与栋之间的距离不小于4 m,房间净高不低于2.6 m。驻地办公区、生活区应采用集中供暖设施,严禁电力取暖。

3.宜为独立式庭院,四周设有围墙,有固定出入口。有条件的,可在出入口设置保卫人员。

4.办公、生活用房筑面积和场地面积应满足办公和生活需要。

5.办公区、生活区及车辆、机具停放区等布局应科学合理,分区管理,合理规划人车路线,尽可能减少不同区域间的互相干扰。区内场地及主要道路应做硬化处理,排水设施完善,庭院适当绿化,环境优美整洁,生活、生产污水和垃圾集中收集处理。

(三)硬件实施

1.项目部一般设项目经理室、项目总工程师办公室、项目副经理室办公室、各职能部门办公室、档案室、试验室、会议室等。

2.项目部驻地办公用房面积应满足办公需要,一般不低于表5-1的规定。

表5-1 项目部驻地办公用房面积最小标准

各室名称	配备标准/m²	备注
办公室	6	人均面积
会议室	60	具备多媒体功能
档案资料室	20	
试验室	180	各操作室合计面积

3.驻地办公用房应实用、美观、隔热、通风、防潮,各室功能应满足以下要求:

(1)办公室。

1)通风、照明良好,并设有防暑、降温、取暖设备。

2)满足项目信息化管理要求,配备必要的信息化硬件设施,满足施工信息收集、整理、传送以及工程进度、质量、安全、计量、变更等信息化管理的要求。

(2)会议室。

1)通风、照明良好,并设有防暑、降温、取暖设备。

2)配备必要的会议桌、椅子、写字板、多媒体等常用会议设施。

(3)档案室。

1)通风、照明良好,并设有防潮、防火、防盗等设施。

2)所有档案资料由专人负责曾理,宜保存在专用档案柜或档案架,应分门别类,做好标志,归档的档案盒样式统一。

(4)驻地生活用房建设应体现以人为本的理念,应实用、美观、隔热、通风、防潮,施工工区生活用房建设的最低标准(见表5-2)。生活用房应设宿舍、食堂、浴室、厕所等,具备条件的应设文体活动室、活动场地、医疗室等。

表5-2 项目部驻地生活用房面积标准

各室名称	配备标准/m³	备注
宿舍	3.5	人均面积

续表

各室名称	配备标准/m³	备注
食堂(含餐厅)	0.8	人均面积
浴室	0.3	人均面积,总面积不小于20 m²
厕所	0.2	人均面积,总面积不小于20 m²

(四)其他要求

1.驻地内消防设施应满足《建设工程施工现场消防安全技术规范》的有关规定,在适当位置设置临时室外消防水池和消防砂池,配置相应的消防安全标志和消防安全器材,并经常检查、维护、保养。

2.驻地内应设置消防通道,并保证消防车道的畅通,禁止在车道上堆物、堆料或挤占消防通道。

3.驻地内使用的电气设备和临时用电应符合《施工现场临时用电安全技术规范》的规定。

4.生活污水排放应进行规划设计,设置多级沉淀池,通过沉淀过滤达到排放标准。厕所污水应通过集中独立管道进入化粪池,封闭处理。

5.驻地内应设置一个大型垃圾堆积池,容积不小于3m×2m×1.5m,将各种垃圾集中存放,定期按环保要求处置。

6.驻地内应设有必要的防雷设施,在条件允许情况下驻地应设置报警装置和监控设施。

三、预制场地布设

(一)预制梁场地布设

1.场地选址

(1)以方便、合理、安全、经济及满足工期为原则,结合施工合同段所属预制梁板的尺寸、数量、架设要求以及运输条件等情况进行综合选址。

(2)应满足用地合法,周围无塌方、滑坡、落石、泥石流、洪涝等地质灾害。无高频、高压电源及其他污染源;离集中爆破区500 m以外;不得占用规划的取、弃土场。

(3)原则上不宜设在主线征地范围内。若确实存在用地困难等特殊情况需要将预制场设于主线征地范围内时,应报项目建设单位审批。

2.场地布置形式

预制场的布置取决于现场的面积、地形、工程规模、安装方法、工期及机械设备情况等,条件不同,布置方法差异较大。

(1)路基外预制场。

该类型预制场比较普遍,制梁区使用大型龙门吊,在路基一侧设置预制场;如一般工程量不大,则不采用龙门吊,但要有足够存放全部梁片的场地,必要时可在路基两侧制梁。

(2)路基上预制场。

在其他地方设置预制场困难时可将预制场设在路基上。要求桥头引道上有较长的平坡,并且路基比较宽(一般应大于24m)。但此类预制场严重影响引道路基的施工。布置时首先要留足桥头架桥机的拼装场地,并偏向一侧设置梁区,以便留出道路。

(3)桥下预制场。

在很多跨河桥下都有高出河面的场地,但这些场地都比较窄长,不可能像河滩上那样大面积布置预制场。可根据场地情况,沿一孔垂直线路方向顺桥平行布置。

(4)桥上预制场。

桥梁施工在市内时,现场没有预制场地,若在城外预制梁片,运梁十分困难,可考虑在桥墩之间拼装支架,制作安装2~3孔主梁,然后把施工完成的跨径部分作为预制场,并依次使预制场扩展出去。要求预制台座可活动,大梁安装采用跨墩龙门吊较方便。

(5)远距离预制场。

远距离预制场可在与施工现场完全无关的条件下预制梁,有利于集中管理,场地面积不受限制,梁片数量大时尤为有利;但梁运输距离远,运输费用大。这种预制场一般适用于城市立交桥,其布置可因地制宜,充分利用现有机械,场地尽可能扩大,提前预制多片梁。

3.场地建设

(1)场地建设前施工单位应将梁场布置方案报监理工程师审批,方案内容应包含各类型梁板的台座数量、模板数量、生产能力、存梁区布置及最大存梁能力等。

(2)宜采用封闭式管理,场地内应按办公区、生活区、构件加工区、制梁区和存梁区、废料处理区等科学合理设置,功能明确,标志清晰。生活区应与其他区隔开,生活用房按照驻地建设相关标准建设。

(3)各项目预制场应统筹设置,建设规模和设备配备应结合预制梁板的数量和预制工期相适应。

(4)场内路面宜做硬化处理,主要运输道路应采用不小于20cm厚的C20混凝土硬化,基础不好的道路应增设碎石掺石屑垫层。场内不允许积水,四周设置砖砌排水沟,并采用M7.5砂浆抹面。

(5)预制梁场应尽量按照"工厂化、集约化、专业化"的要求规划、建设,每个预制梁场预制的梁板数量不宜少于300片。若个别受地形、运输条件限制的桥梁梁板需单独预制,规模可适当减小,但钢筋骨架定位胎膜、自动喷淋养护等设施仍应满足施工生产要求。

(6)预制梁场钢筋加工、混凝土拌和应尽量使用合同段既有的钢筋加工厂、拌和站。

(7)预制梁板钢筋骨架应统一采用定位胎模进行加工,并设置高强度砂浆垫块确保钢筋保护层。

(8)设置自动喷淋养护设备,预制梁板采用土工布包裹喷淋养护(北方地区应根据气候情况采用蒸汽保湿养护),养护水应循环使用。

4.预制梁板台座布设

(1)预制梁板的台座强度应满足张拉要求,台座尽量设置于地质较好的地基上,在不良地基路段,应先进行地基处理。为防止发生张拉台座不均匀沉降、开裂事故,影响预制梁板的质量,先张法施工的张拉台座不得采用重力式台座,应采用钢筋混凝土框架式台座。

(2)底模宜采用通长钢板,不得采用混凝土底模。推荐使用不锈钢底模板,钢板厚度不小于6 mm。并确保钢板平整、光滑,防止黏结造成底模"蜂窝""麻面",底模钢板应采取防止变形措施。

(3)存梁区台座混凝土强度等级不低于C20,台座尺寸应满足使用要求。用于存梁的枕梁应设在离梁两端面各50~80 m处,且不影响梁片吊装,支垫材质应采用承载力足够的非刚性材料,且不污染梁底。

(4)梁板预制完成后,移梁前应对梁板喷涂统一标志和编号,标志内容包括预制时间、张拉时间、施工单位、梁体编号、部位名称等。

(5)空心板、箱梁最多存放层数应符合设计文件和相关技术规范要求。设计文件无规定时,空心板叠层不得超过3层,小箱梁堆叠存放不超过2层。预制梁存放时(特别是叠层存放)应采取支撑等措施确保安全稳定。

5.其他要求

(1)场站临时用电应符合《施工现场临时用电安全技术规范》的有关规定。

(2)场站消防设施应满足《建设工程施工现场消防安全技术规范》的有关规定,配置相应的消防安全标志和消防安全器材,并经常检查、维护、保养。

(3)施工机械设备产生的废水、废油及污水应经过处理后排放,不得直接排入河流、湖泊或其他水域中,不得排入饮用水源附近的土地中。

(4)预制梁场内标志、标牌设置明确,标志清晰。

(二)小型构件预制场布设

1.场地选址

(1)小型构件预制场选址应以方便、合理、安全、经济及满足工期为原则,结合合同段工程量及运输条件综合选址。

(2)应满足用地合法,周围无塌方、滑坡、落石、泥石流、洪涝等地质灾害。无高频、高压电源及其他污染源;离集中爆破区500 m以外;不得占用规划的取、弃土场。

2.场地建设

(1)宜采用封闭式管理,场地内应按构件生产区、存放区、养护区、废料处理区等科学合理设置,功能明确,标志清晰。

(2)预制场的建设规模应结合小型构件预制数量和预制工期等参数来规划,场地面积一般不小于2000 m²。

(3)场内路面宜做硬化处理,主要运输道路应采用不小于20cm厚的C20混凝土硬化,基础不好的道路应增设碎石掺石屑垫层,场内不允许积水,四周宜设置砖砌排水沟,并采用M7.5砂浆抹面。

(4)生产区根据合同段设计图纸确定的预制构件的种类设置生产线,同时配备小型拌和站1座(尽可能利用既有拌和站)。

(5)养护区采用自动喷淋养护系统结合土工布覆盖对构件进行养护,确保构件处于湿润状态。

(6)成品按不同规格分层堆码,堆码高度应保证安全,预制件养护期不得堆码存放,以防损伤。运输过程中应采取措施防止缺边掉角。

3.其他要求

(1)小型构件预制应选用振动台振捣,振动台电机功率应经过现场试验,对振动台的性能进行分析与比选,确定振动台的电动机功率,一般为1.2~1.5kW,振动台数量根据预制构件生产数量确定。

(2)模板应使用钢模或高强度塑料模具,入模前应进行拼缝检查,对拼缝达不到要求的,辅以双面胶或泡沫剂,应选用优质脱模剂,保证混凝土外观。在周转间隙应有覆盖措施,防止雨淋、生锈、被污染。

四、拌和站设置

(一)拌和站选址

1.应满足用地合法,周围无塌方、滑坡、落石、泥石流、洪涝等地质灾害。无高频、高压电源及其他污染源;离集中爆破区500 m以外;不得占用规划的取、弃土场。

2.拌和站选址应根据本合同段的主要构造物分布、运输、通电和通水条件等特点综合选址,尽量靠近主体工程施工部位,做到运输便利,经济合理;并远离生活区、居民区,尽量设在生活区、居民区的下风向。

(二)场地建设

1.拌和站应根据工程实际情况集中布置,宜采用封闭式管理,四周设置围墙,人口设置大门和值班室。

2.拌和站建设应综合考虑施工生产情况,合理划分拌和作业区、材料计量区、材料库、运输车辆停放区、试验区、集料堆放区及生活区,内设洗车池(洗车台)、污水沉淀地和排水系统。生活区应与其他区隔离,生活用房按照"驻地建设"相关标准建设。

3.拌和站场地面积、搅拌机组配置及产能应满足生产、施工需求和工程进度要求,一般不低表5-3的规定。

表5-3 拌和站建设标准

拌和站类型	场地面积/m²	每个拌和站搅拌机组最低配置
水泥混凝土拌和站	5000	2台拌和机(每台至少有3个水泥罐、4个集料仓)
沥青混凝土拌和站	3500	1台拌和机(每台至少有3个沥青罐、冷热集料仓各5个)
水稳拌和站	15000	1台拌和机(每台至少有3个水泥罐、4个集料仓)

4.场地(含堆料区、加工区)应做硬化处理,主要运输道路应采用不小于20cm厚的C20混凝土硬化,基础不好的道路应增设碎石掺石屑垫层,场内排水宜按照中间高四周低的原则预设不小于1.5%的排水坡度,四同宜设置砖砌排水沟,并采用M7.5砂浆抹面。

5.拌和站各罐体宜连接成整体,安装缆风绳和防雷设施,每一个罐体应喷涂成统一的颜色,并绘制项目名称及施工单位间称,两者竖向平行绘制。

(三)原材料堆放要求

1.凡用于工程的砂石料应按级配要求,不同粒径、不同品种分场存放,每区醒目位置设置材料标志牌,并采用不小于30 cm厚的混凝土或厚度不小于60 cm的浆砌片石隔墙等构造物分隔,隔墙高度应确保不串料(一般不小于2.5m),储料仓预留一定空间方便装载机上料。

2.水泥混凝土、路面面层储料场应用混凝土进行硬化处理,路面基层储料场可用水稳材料进行硬化处理。料场底应高于外部地面,修筑成向外顺坡(不小于3%),并在料场口设置排水沟,防止料场积水。

3.水泥混凝土、路面面层储料场应搭设顶棚,防止太阳直接照晒或雨淋,顶棚宜采用轻型钢结构,高度应满足机械设备操作空间(一般不宜小于7 m),并满足受力、防风、防雨、防雪等要求,路面基层、底基层储料场地中细集料堆放区宜搭设防雨大棚,防止石料雨淋。

4.所有拌和机的集料仓应搭设防雨棚,并设置隔板,隔板高度不宜小于100 cm,确保不串料。

(四)拌和设备要求

1.混凝土拌和应采用强制式拌和机,单机生产能力不宜低于90 m²/h。拌和设备应采用质量法自动计量,水、外加剂计量应采用全自动电子称量法计量,禁止采用流量或人工计量方式,保证工作的连续性、自动性,且具备电脑控制及打印功能。减水剂罐体应加设循环搅拌水泵。

2. 水稳拌和应采用强制式拌和机,设备具备自动计量功能,一般设自动计量补水器加水。

3. 沥青混合料采用间歇式拌和机,配备计算机及打印设备。

4. 拌和站计量设备应通过当地有关部门标定后方可投入生产,使用过程中应不定期进行复检,确保计量准确。

5. 拌和站应根据拌和机的功率配备相应的备用发电机,确保拌和站有可靠的电源使用。

（五）其他要求

1. 作业平台、储料仓、集料仓、水泥罐等涉及人身安全的部位均应设置安全防护装置,传动系统裸露的部位应有防护装置和安全检修保护装置。

2. 每次拌和作业完成后,及时清洗机具,清理现场,做到场地整洁。

3. 临近居民区施工产生的噪声应符合现行的《建筑施工场界环境噪声排放标准》的规定。

4. 应根据需要设置机动车辆、设备冲洗设施、排水沟及沉淀池,施工污水处理达标后方可排入市政污水管网或河流。

5. 砂石料场底部、上料台、上料输送带下部废料应经常性清理并保持清洁,严禁装载机铲料时铲底。地面应定期洒水,对粉尘源进行覆盖遮挡。

6. 水泥、粉煤灰等材料进料时,应保证材料罐顶的密封性能,预留通气孔应设有降尘措施;当粉尘较大时,应暂时停止上料,待处理完后方可继续。

7. 沥青混合料拌和站推荐设置碎石加工除尘与石灰水循环水洗,确保细集料洁净无杂质。

8. 纤维材料、抗车辙剂、抗剥落剂等外加剂必须采用仓库存放,地面设置架空垫层,高度为离地面30 cm,以免受潮。

9. 拌和站标志、标牌设置可参考表5-4的规定。

表5-4 拌和站标识、标牌标准

标识名称	（长×宽）/cm	颜色、字体要求	标志内容及要求	设置位置
拌和站简介牌	200×150	蓝底白字	拌和的数量、供应主要构造物情况及质量、安全保障体系等	场地入口处
混凝土配合比牌	150×120	蓝底白字	—	拌和楼旁
材料标志牌	60×50	蓝底白字	—	材料堆放处

续表

标识名称	(长×宽)/cm	颜色、字体要求	标志内容及要求	设置位置
操作规程	80×60	蓝底白字	各机械设备操作要求	机械设备旁
消防保卫牌	200×150	蓝底白字	底部应表有火警电话119	场内
安全警告警示牌	按国标制作	—	—	各作业地点

第二节　施工现场的环境保护

一、施工现场环境保护基本规定

1.项目经理部应当遵守国家有关环境保护的法律规定,采取措施控制施工现场的各种粉尘、废气、废水、固体废弃物以及噪声、振动对环境的污染和危害。

2.施工现场在施工中所用的泥浆水,应按有关规定进行妥善处理,未经处理不得直接排入河流中。

3.除经批准符合规定的装置外,不得在施工现场任意熔化沥青、焚烧油毡等,也不得焚烧其他可产生有毒有害和刺激气味气体的废弃物。

4.在工程施工的过程中,尤其采用石灰稳定土路基时,应采用有效控制措施,防止石灰和尘土的飞扬。

5.对于施工产生噪声、振动和排废气的施工机械,应采取有效控制措施,减轻对周围环境的影响。

6.工程施工由于受技术、经济、设备等方面的各种限制,对环境的污染不能控制在规定范围内的,项目经理部应会同业主事先报请当地建设行政主管部门和环境保护行政主管部门批准。

二、施工现场环境保护主要措施

1.生态环境保护措施。具体如下：

(1)对于开挖土方、回填土方过大的路段,施工应当避开雨期,并在雨期来临之前,将开挖回填弃土方的边坡处理完毕。

(2)对于施工取土,要做到边开采、边平整边绿化。同时还要做到计划取土、及时还耕。对于需要在道路两侧取土的,要根据实际情况做好规划,要有利于保护耕地。在南方地区道路工程的取土,要与修建养鱼、养虾池有机地结合起来,并与路基保持一定的距离,杜绝随意取土。

(3)对于雨水较多的地区,在道路工程施工中,很容易出现边坡的崩塌、滑坡现象,因此凡是大面积护坡处需增设截水沟,有组织地排除雨水。

(4)施工过程中,在可能产生雨水地面径流处开挖路基时,应设置临时性的土沉淀池以拦截泥沙,必要时在沉淀池的出水侧面设置土工布围栏,待道路建成后,将土沉淀池推平,并绿化或还耕。

(5)对修筑好的路堤边坡应及时植草绿化,在修筑较高的挡土墙时,每隔一定距离栽植容易生存的灌木。

(6)对于施工中的临时占地,应将原有土地表层耕作的熟土堆积一旁,待施工完毕再将这些熟土推平,恢复原土地表层。

2.大气污染防治措施。具体如下:

(1)道路工程施工的堆料场、灰土料拌和站等应设于空旷的地方,周围相距200m的范围内不应有集中居民区、学校等。

(2)在采用沥青路面的路段,沥青混凝土搅拌站的位置应选择适当,既要施工方便,又要符合卫生要求,卫生防护距离分级中规定的保护距离不少于300 m。同时沥青混凝土搅拌站应设在离开居民区、学校等环境敏感点以外的下风向处,有条件的工程宜采用封闭式沥青熬化作业工艺。

(3)在进行施工材料运输时,运输道路在干燥气候下应采取定时洒水降尘措施,对于一些粉状材料(如石灰粉散水泥等),运输时应加以遮盖卸料时应低位轻卸"。

3.水体污染防治措施。具体如下:

(1)某些施工所用材料,如沥青、油料、化学品等不宜堆放在民用水井及河流湖泊的附近,防止雨水冲刷而进入水体。

(2)施工单位的生活污水、生活垃圾、粪便等应集中处理,不能直接排入水体;施工管理区的生活污水等无法接入市政排水管网时,要建化粪池进行处理。

(3)桥梁施工中的施工机械、船只要经过严格检查,防止出现油料泄漏。严禁将废油、施工垃圾等随意抛入水体中。

4.施工噪声防治措施。具体如下:

(1)当道路工程施工路段或工地距居民驻地距离小于150 m时,为保证居民夜间休息,应在规定的时间内停止施工,并提前张贴安民告示。

(2)对于道路工程施工处附近的学校和单位,施工项目部应预先与他们商议,调整施工时间或采取其他措施,尽量减小施工噪声对教学和工作的干扰。

(3)施工项目部要注意保养施工机械,使机械维持最低声级水平,安排工人轮流操作施工机械,减少工人接触高噪声的时间,对在高噪声声源附近工作时间较长的工人,可采取发放防声耳塞、头盔等保护措施,使工人进行自身保护。

(4)对于施工机械产生的噪声,可采用吸声、隔声、隔振和阻尼等声学处理方法来降低噪声,使其符合规定的标准。

第三节　道路工程施工现场生产要素管理

一、劳动力组合

(一)劳动力配的依据

1.依据施工过程的组织实施需要进行劳动力配置。

(1)保证施工过程的连续性对劳动力的需要：施工过程是由各阶段、各工序组成的，在时间上是连续的。保持和提高施工过程的连续性，可以缩短施工周期，节省流动资金，可以避免已完工程在等待时可能引起的损失，对提高劳动生产率，具有很大的意义。因此，在配置劳动力时，必须从劳动力的素质和数量上保证满足施工过程连续性的需要。

(2)保证施工过程的协调性对劳动力的需要：施工过程的协调性是指在工程施工各阶段、各工序之间，在施工能力上保持一定的比例。协调性是保证施工顺利进行的前提，可以使施工过程中的人力和设备得到充分的利用，避免工程在各个施工阶段和工序之间由于劳动力不足、失调而产生停顿和等待，从而缩短施工周期。因此，劳动力配置时，必须从劳动力的素质和数量上保证满足施工过程协调性的需要。

(3)保证施工过程的均衡性对劳动力的需要：施工过程的均衡性也称施工过程的节奏性，是指各个施工环节工作负荷保持相对稳定，工作量比较均衡，不出现时紧时松或者前松后紧等现象。均衡施工能充分利用设备和工时，保证正常的施工秩序、施工质量、除低成本。因此，劳动力配置时，必须从劳动力的素质和数量上保证满足施工过程均衡性的需要。

(4)保证施工过程经济性的要求：施工过程的连续性、协调性、均衡性的实施效果如何，最终通过施工项目的经济效益反映出来。因此，劳动力配置时，必须从劳动力的素质和数量上合理搭配，整个项目综合平衡，保证满足整个施工项目的经济性。

2.依据施工进度计划要求进行劳动力配置。施工进度计划对将要实施的工程项目的各个工序进行了时间规定。施工进度图一般以横道图、直方图、网络图表示，劳动力配置数量、类别根据施工进度计划确定，当劳动力队伍配置不合理时应对施工进度计划作适当的优化，最终根据优化的施工进度计划确定劳动力配置。

(二)劳动力的组织

1.劳动力的组织形式。劳动力的组织形式根据施工工程的性质、特点、规模、技术难度、工期要求及施工条件等确定。道路工程劳动力组织形式一般表现为工程施工队、专业班组、混合班组。根据施工项目性质不同，可以设置土方施工队、路面施工队、桥梁施工队、隧道施工队、小型结构物施工队等；施工队根据施工工程内容配置不同数量的班组如钢筋班、模具班、机务班等;各专业班组根据施工量大小配置不同数量不同类型的劳动力。

2.劳动力数量的计算。

(1)工程数量计算:工程数量Q根据施工图纸及有关工程数量的计算规则,按照施工顺序的排列,分别计算各个施工过程的工程数量。计算单位,应与相应的施工定额的计算单位一致。

(2)劳动量计算:根据工程数量Q及相应的现行定额(施工定额或预算定额)即可计算劳动量D:

$$D = \frac{Q}{C}$$

式中:D——劳动量(工日);

Q——工程数量;

C——产量定额。

(3)工程施工队(班组)人数配置:

$$R = \frac{D}{tn}$$

式中:R——施工队(班组)配置人数;

D——劳动量(工日);

t——施工周期;

N——施工队(班组)数量。

(三)道路工程主要施工过程的劳动力组合

1.材料的装卸与运输。运输车辆司机、装卸工、机械操作工起重工。

2.路基工程。

(1)土石方开挖:机械操作人员、运输车辆司机、工长、爆破工和普工。

(2)路基填筑:机械操作人员运输车辆司机、工长和普工。

(3)道路路面施工:拌和设备操作人员、装载机操作人员、

运输车辆司机、摊铺机操作人员、压路机操作人员、普工、交通管理人员、指挥人员和工长。

(4)结构工程施工:

1)钻孔灌注桩施工:钻孔机械操作人员、普工和工长。

2)混凝土施工:木工、混凝土工、普工和工长。

3)钢筋施工:钢筋工和电焊工、工长。

二、现场材料管理

(一)材料管理的作用

1. 道路工程施工用材料数量大、品种多、规格复杂,材料消耗不具有连续性,是施工管理的难点,同时工程施工消耗的材料费用多数占工程造价的一半以上。

2. 材料管理的最终目的是控制材料成本,对施工过程中涉及材料的各个环节进行管理。由于材料费多数占工程成本一半以上,因此,对材料费成本的控制是道路施工企业成本控制的重点,加强现场材料成本控制是降低工程施工成本、提高经济效益的重要环节。

(二)材料管理的过程控制

1. 购入原价(材料原价)的控制。材料购入原价是材料费的重要组成部分,特别是钢材、木材、水泥、沥青四大材的比重很大,物资人员熟悉各类物资产品标准和市场行情是避免购入质次价高材料的基本要求。

2. 运杂费的控制。运杂费是材料自供应地至工地仓库料场的费用,其不包括材料工地后场内运输、二次倒运、超定额操作的费用。运杂费对于某些材料占供料成本的比重也很大,控制运杂费的发生环节、减少支出也是降低供料成本的重要途径。在保证质量的前提下,如何挑选运价低、运距短的供料方以及减少运输中的存囤、包装等都是降低材料运杂费的重要措施。

3. 场外运输损耗的控制。道路概预算编制办法规定了某些材料的场外运输损耗率,为了减少这部分的成本,物资人员要加强收料计量,完善工地计量手段,控制收料损耗。

4. 采购及保管费的控制。采购及保管费是指材料部门在组织采购供应和保管过程中所发生的费用,主要包括工地和各级材料管理人员的开支以及采购保管费、仓库材料储存损耗等,预算中原材料的采购保管费率为2.5%,外购设备构件的采购保管费率为1%。

三、机械设备的配置与组合

(一)合理配施工机械

1. 目的。道路施工机械化与管理研究机械的施工配置及合理运用施工机械,是为了达到提高机械作业的生产率、降低机械运转费用和延长机械使用寿命的目的。在组织机械化施工时,要注意分成几个系列的机械组合,同时并列施工,这样可以减少当组合中某一台机械发生故障而造成全面停工的现象。

2.选择施工机械的原则

(1)施工机械选择的一般原则:

1)适应性:指施工机械要适应用于工程的施工条件和作业内容。如工地的气候、地形、土质、场地大小、运输距离、工程规模等。

2)先进性:新型的施工机械具有高效低耗、性能稳定、安全可靠、质量好等优点,更能保质保量地完成道路施工任务。

3)通用性和专用性:选用施工机械时要全面考虑通用性和专用性。尽可能用一种机械代替一系列机械,减少作业环境,扩大机械使用范围,提高机械利用率,方便管理和维修。

(2)使用机械应有较好的经济性:机械产品的性能价格比,是用户首先考虑的具体问题之一,机械类型选定后,必须细致调研具体产品的运转可靠性维修方便程度和售后服务质量。

(3)合理的机械组合:合理的机械组合包括机械技术性能的合理组合和机械类型及其台数的合理组合。机群的合理规模由工程量、工期要求和机群的作业能力几方面的因素决定,机械组合要注意牵引车与配置机具的组合、主要机械和配套机械的组合。在组合机械时,力求选用统的机型,以便维修和管理,从而提高道路施工的水平。

(4)利用与更新:在选施工机械时,应根据工地的实际情况,既要充分利用现有机械,又要注意机械的更新换代,加强技术改造,以求达到技术上合理、经济上有利,不断提高机械的利用率。

(5)安全而不破坏环境:选择的机械在施工作业过程中必须保证工程施工质量要求,保证作业质量,同时,不应破坏环境,不会对环境产生明显的不利影响。

3.施工机械需要量的确定。施工机械需要数量是根据工程量、计划时段内的台班数、机械的利用率和生产率来确定的,可用下式计算:

$$N = \frac{P}{W_1 Q K_B}$$

式中:N——需要机械的台数;

P——计划时段内应完成的工程量(m^2);

W_1——计划时段内的制度台班数;

Q——机械的台班生产率(m^2/台班);

K_B——机械的利用率。

对于施工期长的大型工程,常以年为计划时段。对于小型和工期短的工程或特定在某一时段内完成的工程,可根据实际需要选取计划时段。

(二)路基工程主要机械设备的配置

1.设备种类。路基工程施工设备主要包括推土机、装载机、挖掘机、铲运机、平地机、压路机、凿岩机以及石料破碎和筛分设备,根据工程的作业要求,选择不同的机械设备。

2.根据作业内容选择施工机械。

(1)对于清基和料场准备等路基施工前的准备工作,选择的机械与设备主要有:推土机挖掘机、装载机和平地机等;遇有沼泽地段的土方挖运任务,应选用湿地推土机。

(2)对于土方开挖工程,选择的机械与设备主要有:推土机、铲运机、挖掘机、装载机和自卸汽车等。

(3)对于石方开挖工程,选择的机械与设备主要有:挖掘机推土机、移动式空气压缩机、凿岩机、爆破设备等。

(4)对于土石填筑工程,选择的机械与设备主要有:推土机、铲运机、羊足碾、压路机、洒水车、平地机和自卸汽车等。

(5)对于路基整型工程,选择的机械与设备主要有:平地机推土机和挖掘机等。

(三)路面基层施工主要机械设备的配置

1.选型及组合原则。具体为:

(1)达到计划生产量确保工期。

(2)充分利用主机的生产能力。

(3)主体机械与辅助机械及运输工具之间的工作能力要保持平衡,使机群得到合理的配合利用。

(4)进行比较和核算,使机械设备经营费用达到最低。

2.机械配置。具体为:

(1)基层材料的拌和设备:集中拌和(厂拌)采用成套的稳定土拌和设备,现场拌和(路拌)采用稳定土拌和机。

(2)摊铺平整机械:包括拌和料摊铺机、平地机、石屑或场料撒布车。

(3)装运机械:装载机和运输车辆。

(4)压实设备:压路机。

(5)清除设备和养生设备:清除车、洒水车。

(四)沥青路面施工的机械配置和组合

1.沥青混凝土搅拌设备的配置。

(1)沥青混合料拌和厂:一般包括原材料存放场地、沥青贮存及加热设备搅拌设备、试验室及办公用房。选择厂址不仅要确定场地面积,还要满足拌和对供电和给排水的要求。所用矿料符合质量要求,贮存量应为平均日用量的5倍,堆场应加遮盖,以防雨水;矿料和沥青贮量应为平均日用量的2倍。

(2)高等级道路:一般选用生产量高的强制间歇式沥青混凝土搅拌设备。高等级道路路面的施工机械应优先选择自动化程度较高和生产能力较强的机械,以摊铺拌和为主导机械并与自卸汽车、碾压设备配套作业,进行优化组合,使沥青路面施工全部实现机械化。

(3)沥青路面:大面积施工前,确定生产配合比,采用计划使用的机械设备和混合料配合比铺筑试验段。拌和设备启动前要拉动信号,使各岗位人员相互联系,确认准备就绪时才能合上电闸。

(4)待各部门空运转片刻,确认工作良好时,才可开始上料,进行负荷运转:沥青混合料应按设计沥青用量进行试拌,试拌后取样进行马歇尔试验,并将其试验值与室内配合比试验结果进行比较,验证设计沥青用量的合理性,必要时可作适当调整。

(5)间歇式拌和设备每盘拌和时间宜为30~60 s,以沥青混合料拌和均匀为准;沥青的加热温度宜为130~160℃,加热不宜超过6 h,不宜多次加热;砂石加热温度为140~170℃;矿粉不加热;沥青混合料出厂温度宜控制在130~160℃。

(6)沥青混合料用自卸汽车运至工地,车厢底板及周壁应涂一薄层油水混合液;运输车辆上应覆盖,运至摊铺地点的沥青混合料温度不宜低于130℃。

2.沥青混凝土摊铺机的配置。通常每台摊铺机的摊铺宽度不宜超过7.5 m,可以按照摊铺宽度确定、选用摊铺机的台数,调整与选择摊铺机的参数,摊铺机参数包括结构参数和运行参数两大部分。

3.沥青路面压实机械配置。沥青路面的压实机械配置有光轮压路机、轮胎压路机和双轮双振动压路机。

(五)水泥混凝土路面施工主要机械设备的配置

1.设备种类。水泥混凝土路面施工设备主要有混凝土搅拌楼、装载机、运输车、布料机挖掘机、吊车、滑模摊铺机、整平机、拉毛养生机切缝机、洒水车等。

2.根据施工方法配置施工机械。

(1)滑模式摊铺施工:水泥混凝土搅拌楼容量应满足滑模摊铺机施工速度1 m/min的要求;高等级道路施工宜选配宽度为7.5~12.5m的大型滑模摊铺机;远距离运输宜选混凝土罐送车;可配备一台轮式挖掘机辅助布料。

(2)轨道式摊铺施工:除水泥混凝土生产和运输设备外,还要配备卸料机、摊铺机、振捣机整平机、拉毛养生机等。

(六)桥梁工程施工主要机械设备的配置

1.通用施工机械。包括:常用的有各类吊车各类运输车辆和自卸车等;桥梁混凝土生产与运输机械,主要有混凝土搅拌站、混凝土运输车混凝土泵和混凝土泵车。

2.下部施工机械。

(1)预制桩施工机械:常用的有蒸汽打桩机、液压打桩机、振动沉拔桩机、静压沉桩机等。

(2)灌注桩施工机械:根据施工方法的不同配置不同的施工机械。分类:
1)全套管施工法:相应配置全套管钻机。
2)旋转钻施工法:相应配置有钻杆旋转机和无钻杆旋转机(潜水钻机)。
3)旋挖钻孔法:相应配置旋挖钻桩机。
4)冲击钻孔法:相应配置冲击钻机。
5)螺旋钻孔法:相应配置螺旋钻孔机。

3.上部施工机械。上部施工机械分类:
(1)顶推法:主要施工设备有油泵车、大吨位千斤顶穿心式千斤顶、导向装置等。
(2)滑模施工方法:主要施工设备有滑移模架、卷扬机油泵、油缸、钢模板等。
(3)悬臂施工方法:主要施工设备有吊车、悬挂用专门设计的挂篮设备。
(4)预制吊装施工方法:主要施工设备有各类吊车或卷扬机、万能杆件、贝雷架等。
(5)满堂支架现浇法:主要施工设备有各类万能杆件、贝雷架和各类轻型钢管支架等。

(七)隧道工程施工主要机械设备的配置

1.不同施工方法的机械配置。由于隧道的类型不同,使用的施工机械也不相同,有的隧道用一般的土石方机械即可施工,有的隧道需专用施工机械,如使用全断面掘进机(TPM)臂式掘进机(EPB)、液压冲击锤等。盾构法施工盾构的形式多样,按开挖方式的不同,可分为手工挖掘式、半机械挖掘式、机械化挖掘三种;机械化盾构有多种形式,主要有刀盘式、行星轮式、铲斗式、钳爪式、铣削臂式和网格切割式,所以根据施工方法的不同需配置不同的设备,这里主要介绍暗挖施工法的机械配置。

2.暗挖施工法机械配置。如下:钻孔机械,风动凿岩机、液压凿岩机、凿岩台车、装药台车;找顶及清底机械;初次支护机械,锚杆台车、混凝土喷射机、混凝土喷射机械手;注浆机械(包括钻孔机、注浆泵);装渣机械(包括轮胎式、履带式装载机、扒爪装岩机、耙斗式装岩机、铲斗式装岩机);运输机械(包括自卸汽车、矿车);二次支护衬砌机械:模板衬砌台车(混凝土搅拌站、搅拌运输车、混凝土输送泵)。

四、施工场地要求

(一)总体规划

根据施工项目的施工环境,合理选择项目经理部的临建场地,做好项目经理部施工现场管理的总体策划和部署,确定设备停放场地、料场、仓库办公室和预制场地等的平面布置。

认真做到文明施工,安全有序,整洁卫生。各分包人严格执行并接受监督、管理与协调。按照施工方案和施工进度计划的要求,结合施工条件,项目经理部必须认真进行施工平面图的规划设计,根据施工阶段的需要,分别设计阶段性施工平面图。项目经理部应严格按照审批的施工平面图布置主要施工机械设备,施工临时道路,供水、供电管道,施工材料制品堆场及仓库,现场的办公、生产和生活临时设施等。施工现场的排水沟渠系统应畅通,工地临时地面做硬化处理。

(二)规范场容

1.注重环境保护。项目经理部应根据《环境管理体系标准》建立项目环境监控体系,采取环境保护措施,施工现场泥浆和污水未经处理不得直接排入河流、湖泊和城市排水设施。除去符合规定的装置外,不得在施工现场熔化沥青和焚烧油毡、油漆等可产生有毒有害烟尘和臭气的物品。禁止将有害物作土方回填,建筑垃圾、渣土应在指定地点堆放。在居民和单位密集区域进行爆破、打桩等施工作业前,施工中需要停水、停电时,项目经理部应按规定申请批准,并向受影响范围的居民和单位通报说明。封路而影响环境时,必须经有关部门批准,事先告示。在行人、车辆通行的地方施工,应当设置沟、井、穴覆盖物和标志。

2.防火保安。严格按照《中华人民共和国消防法》的规定,建立和执行防火管理制度,设置符合要求的防火报警器和固定式灭火系统,现场必须有满足消防车出入和行驶的道路。根据需要,施工现场设置警卫,施工现场的工作人员应当佩戴证明其身份的证卡。施工现场的通道、消防出入口,均应有明显标志。

3.卫生防疫及其他事项。施工作业区与办公区应明确分区,施工现场不宜设置宿舍。现场应准备必要的医务设施,在办公室的显著位置应张贴急救车和有关医院的电话号码,根据需要采取防暑降温和消毒措施。项目经理部应进行现场节能管理;现场的食堂、厕所应符合卫生要求;现场应设置饮水设施。

4.公示标志。包括:工程概况牌:工程规模、性质、用途、发包人、设计人、承包人和监理单位的名称及施工起止年月等;安全纪律牌;防火须知牌;安全无重大事故计时牌;安全生产、文明施工牌;施工总平面图;项目经理部组织架构的主要管理人员名单图。

第四节 施工现场的管理优化

一、优化道路工程现场管理的基本原则

优化道路工程现场的管理,主要应遵循经济效益的原则、科学合理的原则和标准化规范化原则。

1.经济效益原则。施工现场管理一定不能只抓进度和质量而不计成本和市场,从而形成单纯的生产观和进度观。项目部应在精品奉献、降低成本、拓展市场等方面下

功夫,并同时在生产经营诸要素中,时时处处精打细算,力争少投入多产出,坚决杜绝浪费和不合理开支。

2. 科学合理原则。施工现场的各项工作都应当按照既科学又合理的原则办事,以期做到现场管理的科学化,真正符合现代化大生产的客观要求。还要做到操作方法和作业流程合理,现场资源利用有效,现场定置安全科学,促使员工的聪明才智能够充分发挥出来。

3. 标准化规范化原则。这是对施工现场的最基本的管理要求。事实上,为了有效而协调地进行施工生产活动,施工现场的诸要素都必须坚决服从一个统一的意志,克服主观随意性。只有这样,才能从根本上提高施工现场的生产、工作效率和管理效益,从而建立起一个科学而规范的现场作业秩序。

二、道路工程现场管理优化的主要内容

优化施工现场管理的主要内容有施工作业管理、物资流通管理、施工质量管理以及现场整体管理的诊断和岗位责任制的职责落实等。通过对上述施工现场的主要管理内容的优化,来实现施工现场管理的优化目标。

1. 以市场为导向,为用户提供最满意的工程精品,全面完成各项生产任务。

2. 彻底消除施工生产中的浪费现象,科学合理地组织作业,真正实现生产经营的高效率和高效益。

3. 优化人力资源,不断提高全员的思想素质和技术素质。

4. 加强定额管理,降低物耗及能耗,减少物料压库占用资金现象,不断降低成本。

5. 优化现场协调作业,发挥其综合管理效益,有效地控制现场的投入,尽可能地用最小的投入换取最大的产出。

6. 均衡地组织施工作业,实现标准化作业管理。

7. 加强基础工作,使施工现场始终处于正常有序的可控状态。

8. 文明施工,确保安全生产和文明作业。

三、道路工程现场优化管理的主要途径

1. 以人为本,优化施工现场全员的素质。现场管理的复杂性和艰巨性突显了规章制度的局限性。庞杂的施工现场,众多的工种和岗位,越来越短的工期以及不断压缩的管理层,使得管理者不可能做到时时监督,处处检查。因此,优化施工现场的根本就在于坚持以人为本的科学管理,千方百计调动、激发全员的积极性、主动性和责任感。充分发挥其加强现场管理的主体作用,重视现场员工的思想素质和技术能力的提高。

2. 以班组为重点,优化企业现场管理组织。班组是企业现场管理的保证,班组也

是施工企业现场管理的承担者。班组的活动范围在现场,工作对象也在现场,所以,加强现场管理的各项工作都要无一例外地通过班组来实施,抓好班组建设就是抓住了现场管理的核心内容。因此,优化施工现场管理组织必须以班组为重点。

3.以技术经济指标为突破口,优化施工现场管理效益。质量与成本是企业的生命,也是企业的效益。任何时候市场都会只钟情于质优价廉的产品,而质优价廉的产品需要严格的现场管理来保证。否则,企业将因为产品质量与成本问题而难以再开拓新的市场,从而影响企业的市场占有率和经济效益。

第六章 施工项目进度控制

工程项目的进度控制是指为了实现项目最优的进度目标,对工程建设进度所进行的计划、执行、检查和调整等系列活动。本章主要对施工项目进度控制进行详细的讲解。

第一节 进度控制概述

一、进度控制原理

在道路工程项目建设过程中,能否使其在预定的时间内交付使用,直接关系到业主和施工企业投资效益的发挥。进行道路工程项目的进度控制是进行项目管理的中心任务和重要环节,它包括计划、执行、检查和调整等基本控制要素。

在进度控制过程中,首先针对道路工程项目各阶段的工作内容、工作程序、持续时间和衔接关系编制进度计划;在计划执行过程中检查实际进度是否按计划要求进行;当实际进度与计划进度出现偏差时要进行原因分析,对计划进行及时调整(包括采取补救措施、修改原计划等),使后续计划在下一循环中达到预定的目标。如此循环往复,直至工程竣工,交付使用。

1. 项目进度计划

道路建设项目进度计划是项目进度控制的依据。它是指道路建设项目各阶段开始前,根据各项活动的先后关系、技术经济特点、组织措施、资源消耗、约束条件等,对其各建设活动在开始与完成时间上进行的规划活动。道路项目进度计划根据使用考、编制范围、对象等的不同,分为以下几种:

(1)业主进度计划。是宏观进度计划,实现项目进度目标。包括:道路工程项目前期工作计划、道路工程项目建设总进度计划、道路工程项目年度计划。

(2)监理咨询单位进度计划。是根据业主要求,实现项目的总进度计划、总进度分解计划、各子项目进度计划。

(3)设计单位进度计划。是根据业主要求,实现设计准备工作计划、设计总进度计划和设计工作分专业进度计划。

(4)施工单位进度计划。是根据业主要求,从编制的范围与对象看,实现施工准备工作计划、施工总进度计划、单位工程进度计划、分包工程进度计划、分部和分项工程进度计划;从编制计划时间的长短看,实现施工项目年、季、月、旬进度计划。

2.编制道路工程进度计划应遵循的基本原则

保证目标工期的实现;投资效果的尽早实现;尽量使基本建设活动均衡与连续。

项目进度控制在项目进度计划阶段的实质体现在:一是制订分级控制进度计划,即将上级计划细化为项目总进度计划(总控制)、项目分阶段进度计划(中间控制)和项目分阶段的各子项进度计划(详细控制);二是需对这些计划进行优化,以提高项目进度计划的有效控制程度。

二、进度控制程序

一般来说,进度控制随着工程项目的进程而展开,因此进度控制的总程序与建设程序的阶段划分相一致。在具体操作上,每一建设阶段的进度控制又按计划、实施、监测及反复调整的科学程序进行。

进度控制的重点是项目施工准备和施工阶段的进度控制。因为这两个阶段时间最长、影响因素最多、分工协作关系最复杂、变化也最大。但前期工作阶段所进行的进度决策又是实施阶段进度控制的前提和依据,其预见性和科学性对整个进度控制的成败具有决定性的影响。进度控制总程序如下:

1.项目建议书阶段,通过机会研究和初步可行性研究,在项目建议书报批文件中提出项目总安排的建议。它体现了业主对项目建设时间方面的预期目标。

2.可行性研究阶段,对项目的实施进度进行较详细的研究。通过对项目投入使用时间要求和建设条件可能的相关分析,对不同进度安排的经济效果的比较,在可行性研究报告中提出最优的两个或三个及以上备选方案。该报告经评估、审批后确定的建设总进度和分期、分阶段控制进度,就成为实施阶段控制进度的决策目标。

3.设计阶段,除进行设计进度控制外,还要对施工进度做进一步预测。设计进度本身也必须与施工进度相协调。

4.施工准备阶段,要控制征地、拆迁、场地清障和平整的进度,抓紧水、电、道路等建设条件的准备,组织材料、设备的订货,组织施工招标,办理各种协议签订和有关主管部门的审批手续,这一阶段工作头绪繁多,上下左右间关系复杂。每一项疏漏或拖延都将留下建设条件的缺口,造成工程顺利开展的障碍或打乱进度的正常程序。因此这一阶段工作及其进度控制极为重要,绝不能掉以轻心。在这一阶段里还应通过编制与审批施工组织设计,确定施工总进度计划、首期或第一年工程的进度计划。

5.施工阶段进度控制的重点是组织综合施工和进行偏差管理。项目管理者要全面做好进度的事前控制、事中控制和事后控制。除对进度的计划审批、施工条件提供等预控环节和进度实施过程的跟踪管理外,还要重视协调好总包不能解决的内外界关系问题。当没有总包单位,建筑安装的各项专业任务直接由业主分别发包时,计划的综合平衡和单位间协调配合的责任就更为重要。对进度的事后控制,就是要及早发现并尽快排除相互脱节、冲突和外界干扰等影响工程进度的不利情况,使进度始终处于受控状态,确保进度目标的逐步实现。与此同时,还要抓好项目投入使用准备工作,为按期或提早竣工创造必要而充分的条件。施工单位的具体进度控制程序如下:确定施工进度目标。根据施工合同确定的开工日期、总工期和竣工日期确定施工进度目标,明确计划开工日期和计划竣工日期,并确定项目分期、分批的开工、竣工日期;编制施工进度计划。施工进度计划应根据工艺关系、组织关系、搭接关系、起止时间、劳动力计划、材料计划、机械计划和其他保证性计划等因素综合确定;报送开工申请报告。向监理工程师提出开工申请报告,并按照监理工程师下达的开工令指定的日期开工;实施施工进度计划和统计报告。当出现进度偏差(不必要的提前或延误)时,应及时进行调整,并应不断预测未来进度状况;实施施工进度计划和统计报告。当出现进度偏差(不必要的提前或延误)时,应及时进行调整,并应不断预测未来进度状况;进行进度控制总结。全部任务完成后进行进度控制总结并编写进度控制报告。

6.在竣工验收阶段,施工单位要做好项目的自验和预验收;协助建设单位进行初验;在具备条件后协助业主组织正式验收。在本阶段中,有关甲、乙方之间的竣工结算和技术资料核查归档移交、施工遗留问题的返修、处理等,都会有大量涉及双方利益的问题需要协调解决。此外还有各验收过程的大量准备工作,必须抓全、抓细、抓紧,才能加快验收的进度。

三、道路工程进度计划的编制特点

(一)道路工程进度计划的主要形式

1.横道图

道路工程的进度横道图是以时间为横坐标,以各分部(项)工程或工作内容为纵坐标,按一定的先后施工顺序,用带时间比例的水平横线表示对应工作内容持续时间的进度计划图表。道路工程中常常在横道图的对应分项的横线下方表示当月计划应完成的累计工程量或工作量百分数,横线上方表示当月实际完成的累计工程量或工作量百分数。

2.S曲线

S曲线是以时间为横轴,以累计完成的工程费用的百分数为纵轴的图表化曲线。一般在图上标注有一条计划曲线和实际支付曲线,实际线高于计划线则实际进度快于计划,否则就慢;曲线本身的斜率也反映进度推进的快慢。有时,为反映实际进度另增加一条实际完成线(支付滞后于完成)。在道路工程中,常常将S曲线和横道图合并于同一张图表中,称为"道路工程进度表",既能反映各分部(项)工程的进度,又能反映工程总体的进度。

3.垂直图(也称斜条图、时间里程图)

垂直图是以道路里程或工程位置为横轴,以时间为纵轴,而各分部(项)工程的施工进度则相应地以不同的斜线表示。在图中可以辅助表示平面布置图和工程量的分布。垂直图很适合表示道路、隧道等线形工程的总体施工进度。斜线越陡进度越慢,斜线越平进度越快

4.斜率图

斜率图是以时间(月份)为横轴,以累计完成的工程量的百分数为纵轴,将分项工程的施工进度相应地用不同斜率表示的图表化曲(折)线。事实上就是分项工程的S曲(折)线,主要是作为道路工程投标文件中施工组织设计的附表,以反映道路工程的施工进度。

(二)道路施工过程组织方法和特点

道路施工过程基本组织方法有顺序作业法、平行作业法、流水作业法。

1.顺序作业法(也称为依次作业法)的主要特点

(1)没有充分利用工作面进行施工,(总)工期较长。

(2)每天投入施工的劳动力、材料和机具的种类比较少,有利于资源供应的组织工作。

(3)施工现场的组织、管理比较简单。

(4)不强调分工协作,若由一个作业队完成全部施工任务,不能实现专业化生产,不利于提高劳动生产率;若按工艺专业化原则成立专业作业队(班组),各专业队是间歇作业,不能连续作业,材料供应也是间歇供应,劳动力和材料的使用可能不均衡。

2.平行作业法的主要特点

(1)充分利用了工作面进行施工,(总)工期较短。

(2)每天同时投入施工的劳动力、材料和机具数量较大,材料供应特别集中,所需作业班组很多,影响资源供应的组织工作。

(3)如果各工作面之间需共用某种资源时,施工现场的组织管理比较复杂,协调工作量大。

(4)不强调分工协作,各作业单位都是间歇作业,此点与顺序作业法相同。

这种方法的实质是用增加资源的方法来达到缩短(总)工期的目的,一般适用于需要突击性施工时施工作业的组织。

3.流水作业法的主要特点

必须按工艺专业化原则成立专业作业队(班组),实现了专业化生产,有利于提高

劳动生产率,保证工程质量;专业化作业队能够连续作业,相邻作业队的施工时间能最大限度地搭接;尽可能地利用了工作面进行施工,工期比较短;每天投入的资源量较为均衡,有利于资源供应的组织工作;需要较强的组织管理能力。

这种方法可以充分利用工作面,有效地缩短工期,一般适用于工序繁多、工程量大而又集中的大型构筑物的施工,如大型桥梁工程、立交桥、隧道工程、路面等施工的组织。

(三)道路工程常用的流水施工组织

1.道路工程常用的流水参数

(1)工艺参数:施工过程数n(工序个数),流水强度V。

(2)空间参数:工作面A、施工段m、施工层。

(3)时间参数:流水节拍t、流水步距K、技术间歇Z、组织间歇、搭接时间。

2.道路工程流水施工分类

(1)按节拍的流水施工分类。

1)有节拍(有节奏)流水。

等节拍(等节奏)流水,所有的流水节拍相同且流水步距=流水节拍,是理想的流水施工;

异节拍(异节奏)流水,可进一步分为成倍流水(等步距异节拍)和分别流水(异步距异节拍)。

2)无节拍(无节奏)流水:流水节拍一般不相同,用累加数列错位相减取大差的方法求流水步距。

(2)按施工段在空间分布形式的流水施工分类:流水段法流水施工;流水线法流水施工。

3.路面工程的线性流水施工组织

一般路面各结构层施工的速度不同,从而持续时间往往不相同。组织路面流水施工时应注意的要点:

(1)各结构层的施工速度和持续时间。要考虑影响每个施工段的因素,水泥稳定碎石的延迟时间、沥青拌和能力、温度要求、摊铺速度、养护时间、最小工作面的要求等。

(2)相邻结构层之间的速度决定了相邻结构层之间的搭接类型,前道工序的速度快于后道工序时选用开始到开始搭接类型;否则选用完成到完成搭接类型。

(3)相邻结构层工序之间的搭接时距的计算。时距=最小工作面长度/两工序中快的速度。

4.通道和涵洞的流水段施工组织

在实际的道路通道和涵洞施工中,全等节拍流水较少见,更多的是异节拍流水和无节拍流水。对于通道和涵洞的流水组织主要是以流水段方式组织流水施工,而流水段方式的流水施工往往会存在窝工(资源的闲置)或间歇(工作面的闲置)。根据流水施工的组织原理,异步距异节拍流水实质上是按无节拍流水组织,引入流水步距概念目的就是为了消除流水施工中存在的窝工现象。

消除窝工和消除间歇的方法都采用累加数列错位相减取大差的方法,构成累加数列的方法,当不窝工的流水组织时,其流水步距计算是同工序各节拍值累加构成数列;当不间歇(即无多余间歇)的流水组织时,其施工段的段间间隔计算是同段各节拍值累加构成数列;错位相减取大差的计算方法,两种计算方法相同。

(1)不窝工的无节拍流水工期=流水步距和+最后一道工序流水节拍的和+技术间歇和。

(2)无多余间歇的无节拍流水工期=施工段间间隔和+最后一个施工段流水节拍的和+技术间歇和。

(3)有窝工并且有多余间歇的无节拍流水工期,一般通过绘制横道图来确定。如果是异节拍流水时往往是不窝工或者无多余间歇流水施工中的最小值,此时一般是无多余间歇流水工期最小。

5.桥梁工程流水施工组织

多跨桥梁的桥梁基础或桥梁下部结构施工由于受到专业设备数量的限制,不宜配备多台,因此只能采取流水施工。桥梁的流水施工也是属于流水段法流水施工,应注意尽可能组织成有节拍的形式。工期计算与通道涵洞相同。

四、进度计划的编制

1.进度计划的类型

工程项目进度计划通常有下列几类:

(1)整个项目的总进度计划。

(2)分阶段进度计划。

(3)子项目进度计划和单体进度计划。

(4)年(季)度计划。

各类进度计划应包括下列内容:编制说明;进度计划表;资源需要量及供应平衡表。

2.进度计划的编制程序

一般来讲,工程项目进度计划的编制应遵循以下程序:

(1)确定进度计划的目标、性质和使用者。

(2)进行工作分解。

(3)收集编制依据。

(4)确定工作的起止时间及节点时间。

(5)处理各工作之间的搭接关系。

(6)编制进度表并确定关键线路图。

(7)编制进度说明书。

(8)编制资源需要量及供应平衡表。

(9)报有关部门批准。

3.进度计划的表示方法

(1)横道图表示法

横道图也称为甘特图,是美国人甘特提出的。由于其形象、直观,且易于编制和理解,因而长期以来被广泛应用于建设工程进度管理中。

横道图计划的优点是较易编制、简单、明了、直观、易懂。因为有时间坐标,各项工作的施工起止时间、作业时间、工作进度、总工期,以及流水作业的情况等都表示得清楚明确,一目了然。对人力和其他资源的计算也便于据图叠加。

横道图计划的缺点主要是不能全面地反映出各工作相互之间的关系和影响,不便进行各种时间计算,不能客观地突出工作的重点(影响工期的关键工作),也不能从图中看出计划中的潜力所在,这些缺点的存在,对改进和加强工程管理工作是不利的。

(2)网络图表示法

网络计划则是以箭线和节点组成的网状图形来表示工程实施的进度。

网络计划的优点是把实施过程中的各有关工作组成了一个有机的整体,因而能全面而明确地反映出各工作之间的相互制约和相互依赖的关系。它可以进行各种时间计算,能在工作繁多、错综复杂的计划中找出影响工程进度的关键工作,便于管理人员集中精力抓施工中的主要矛盾,确保按期竣工,避免盲目抢工。通过利用网络计划中反映出来的各工作的机动时间,可以更好地运用和调配人力与设备,节约人力、物力,达到降低成本的目的;在计划的执行过程中,当某一工作因故提前或拖后时,能从计划中预见到它对其他工作及总工期的影响程度,便于及早采取措施以充分利用有利的条件或有效地消除不利的因素。

此外,它还可以利用现代化的工具—计算机,对复杂的计划进行绘图、计算、检查、调整与优化。

网络计划的缺点是从图上很难清晰地看出流水作业的情况,也难以根据一般网络图算出人力及其他资源需要量的变化情况。

网络计划技术的最大特点就在于它能够提供工程管理所需的多种信息,有利于加强工程管理。所以,网络计划技术已不仅仅是一种编制计划的方法,而且还是一种科学的工程管理方法。它有助于管理人员合理地组织生产,使他们做到心中有数,知道管理的重点应放在何处,怎样缩短工期,在哪里挖掘潜力,如何降低成本。

4. 进度计划的实施

进度计划的实施就是工程建设活动的开展,就是用工程进度计划指导项目各项建设活动的落实和完成。为了保证进度计划的实施,并且尽量按照编制的计划时间逐步进行,保证各进度目标的实现,在进度计划实施的过程中应进行如下工作:

(1)跟踪计划的实施,当发现进度计划执行受到干扰时,应采取调度措施。

(2)在计划图上进行实际进度记录,并跟踪记载每个实施过程的开始日期、完成日期,记录每个建设环节发生的实际情况,干扰因素的排除情况等。

(3)执行工程项目合同中对进度、开工及延期开工、暂停施工、工期延误、工程竣工的承诺。

(4)跟踪工程量、总产值、耗用的人工、材料和机械台班等数量的形象进度,进行统计与分析,编制统计报表。

(5)落实进度控制措施应具体到执行人、目标、任务、检查方法和考核办法。

(6)处理进度索赔。同时为了顺利实施进度计划,还应具体做好如下几项工作:

1)编制月(旬)作业计划:工程项目管理规划中编制的进度计划,是按整个项目(或单位工程)编制的,带有一定的控制性,但还不能满足施工作业的要求。实际作业时是按月(旬)作业计划和施工任务书执行的,故应进行认真编制。

月(旬)作业计划除依据施工进度计划编制外,还应依据现场情况及月(旬)的具体要求编制。月(旬)作业计划以贯彻施工进度计划、明确当期任务及满足作业要求为前提。在月(旬)计划中要明确:本月(旬)应完成的任务,所需要的各种资源量,提高劳动生产效率和节约措施。

2)签发任务书:任务书既是一份计划文件,也是一份核算文件,又是原始记录。它把实施计划下达到具体部门进行责任承包,并将计划执行与技术管理、质量管理、成本核算、原始记录、资源管理等融为一体,是计划与作业的连接纽带。

3)做好进度记录:在市政工程项目实施过程中,如实记载每一项工作的开始日期、工作进程和结束日期,可为计划实施的检查、分析、调整、总结提供原始资料。要求跟踪记录,如实记录,并借助图表形成记录文件。

4)做好调度工作:调度工作主要对进度控制起协调作用。协调实施中出现的各种矛盾,克服薄弱环节,实现动态平衡。调度工作的内容包括:检查作业计划执行中的问题,找出原因,并采取措施;督促供应单位按进度要求供应资源;控制施工现场临时设施的使用;按计划进行作业条件准备;传达决策人员的决策意图;发布调度令等。要求调度工作做得及时、灵活、准确、果断。

五、道路工程进度控制管理

道路工程项目进度管理是以现代科学管理原理作为其理论基础的,主要有动态控制原理、系统控制原理、信息反馈原理、弹性原理、封闭循环原理、网络计划技术原理。

1. 进度计划的提交

(1)总体性进度计划

在中标通知书发出后合同规定的时间内,承包人应向监理工程师书面提交以下文件:一份详细和格式符合要求的工程总体进度计划及必要的各项关键工程的进度计划;一份有关全部支付的现金流动估算;一份有关施工方案和施工方法的总说明(即通过施工组织设计提出)。

(2)阶段性进度计划

在将要开工以前或在开工以后合理的时间内,承包人应向监理工程师提交以下文件:年、月(季)度进度计划及现金流动估算和分项(或分部)工程的进度计划。

2. 进度计划的审查要点

施工单位编制完进度计划后,应重点从以下几方面对进度计划进行审查:

(1)工期和时间安排的合理性

1)施工总工期的安排应符合合同工期。

2)各施工阶段或单位工程(包括分部、分项工程)的施工顺序和时间安排与材料和设备的进场计划相协调。

3)易受冰冻、低温、炎热、雨季等气候影响的工程应安排在适宜的时间,并应采取有效的预防和保护措施。

4)对动员、清场、假日及天气影响的时间,应充分考虑并留有余地。

(2)施工准备的可靠性

1)所需主要材料和设备的运送日期已有保证。

2)主要骨干人员及施工队伍的进场日期已经落实。

3)施工测量、材料检查及标准试验的工作已经安排。

4)驻地建设、进场道路及供电、供水等已经解决或已有可靠的解决方案。

(2)施工准备的可靠性

1)所需主要材料和设备的运送日期已有保证。

2)主要骨干人员及施工队伍的进场日期已经落实。

3)施工测量、材料检查及标准试验的工作已经安排。

4)驻地建设、进场道路及供电、供水等已经解决或已有可靠的解决方案。

(3)计划目标与施工能力的适应性

1)各阶段或单位工程计划完成的工程量及投资额应与设备和人力实际状况相

适应。

2)各项施工方案和施工方法应与施工经验和技术水平相适应。

3)关键线路上的施工力量安排应与非关键线路上的施工力量安排相适应。

六、进度计划的检查与调整

1.进度计划的检查

(1)道路工程项目进度检查应包括下列内容:工作量的完成情况;工作时间的执行情况;资源使用及进度的互配情况;上次检查提出问题的处理情况。

(2)进度计划检查的方式:项目部定期收集由承包单位提交的有关进度报表资料;由驻地监理人员现场跟踪检查道路工程的实际进展情况;由监理工程师定期组织现场施工负责人召开现场会议;上次检查提出问题的处理情况。

(3)进度计划检查的方法。

1)横道图比较法。横道图比较法是指将在项目实施中检查实际进度收集的信息,经整理后直接用横道线并列标于原计划的横道线处,进行直观比较的方法。

2)S曲线比较法。S曲线比较法与横道图比较法不同,它不是在编制的横道图进度计划上进行实际进度与计划进度比较。它是以横坐标表示进度时间,纵坐标表示累计完成任务量,而绘制出一条按计划时间累计完成任务量的S曲线,将施工项目的各检查时间实际完成的任务量与S曲线进行实际进度与计划进度相比较的一种方法。

3)香蕉曲线比较法。香蕉曲线是由两条以同一开始时间、同一结束时间的S曲线组合而成的,而且时间最好采用工期的百分数表示。其中,一条S曲线是工程按最早完成时间安排进度所绘制的S曲线,简称ES曲线;另一条S曲线是工作按最迟完成安排进度所绘制的S曲线,简称LS曲线。除了项目的开始和结束点外,ES曲线在LS曲线的上方,同一时刻两条曲线所对应完成的工作量是不同的。在项目实施过程中,理想的状况是任一时刻的实际进度在这两条曲线所包区域内的曲线R上。

4)前锋线比较法。前锋线比较法是通过绘制某检查时刻工程项目实际进度前锋线,进行工程实际进度与计划进度比较的方法,它主要适用于时标网络计划。所谓前锋线,是指在原时标网络计划上,从检查时刻的时标点出发,用点划线依此将各项工作实际进展位置点连接而成的折线。前锋线比较法,是通过实际进度前锋线与原进度计划中各工作箭线交点的位置来判断工作实际进度与计划进度的偏差,进而判定该偏差对后续工作及总工期影响程度的一种方法。

通过检查,能反映出目前工作的进展情况,工作是否正常(按时)、延误或提前,是否对整个工期有影响。如果有工作延误或可能会造成延期,则需关注或采取措施进行处理。

2.进度计划的调整

当道路工程项目施工实际进度影响到后续工作时,总工期需要对进度计划进行调整时,通常采用以下两种方法。

(1)改变某些工作间的逻辑关系。

当工程项目实施中产生的进度偏差影响到总工期,且有关工作的逻辑关系允许改变时,可以改变关键工作或超过计划工期的原非关键工作(即新关键工作)之间的逻辑关系,达到缩短工期的目的。例如,将顺序进行的工作改为平行作业、搭接作业以及分段组织流水作业等,都可以有效地缩短工期。

但要注意压缩过程中关键线路会随着压缩关键工作而改变或增加条数。

(2)缩短某些工作的持续时间。

这种方法是不改变工程项目中各项工作之间的逻辑关系,而通过采取增加资源投入、提高劳动效率等措施来缩短某些工作的持续时间,使工程进度加快,以保证按计划工期完成该工程项目。这些被压缩持续时间的工作是位于关键线路上的(即关键工作,还包括原来是非关键工作但是现在已经超过计划工期的新关键工作)。同时,这些工作又是其持续时间可被压缩的工作。这种调整方法通常可以在网络图上直接进行。

七、进度监理及施工组织概述

(一)进度监理的作用任务和目标

1.进度监理的作用

实施道路工程项目的施工活动,是根据工程承包合同所规定的工期要求来安排的,且整个施工过程中,必须在限定的工期内,按照技术规范、图纸等有关要求完成。因此,在道路工程施工过程中,工程进度监理不仅仅是时间计划的管理和控制问题,同时还需要考虑劳动力、材料和机械设备等所需要的资源能否最有效、合理、经济地配置与使用,使工程在预定的工期内完成,并争取早日使工程投入使用而获得最佳投资效益。可见,对工程项目的施工进度进行监理是十分必要的。它的作用主要表现在:

(1)合理控制工期、质量和费用,使项目管理达到综合优化;

(2)通过审查施工进度计划及控制实际进度与计划进度差异情况,从而完善施工进度计划管理;

(3)除充分考虑时间控制问题外,同时还考虑劳动力、材料、施工机具设备等所必需的施工资源问题,使其最有效、合理、经济地配置与利用;

(4)通过计划、组织、协调、检查与调整等手段,调动施工活动中的一切积极因素努力实现施工过程中各个阶段的进度目标,以确保工程施工全过程的总工期目标的实现。

2.进度监理的任务

监理工程师在工程进度监理方面的主要任务是:要求承包人在工程开工前或施工中根据招标合同文件和施工进展实况,编制出清楚明了、真实可靠,能表达施工中全部活动及它们之间的相关联系,反映施工组织及施工方法,符合实际且便于管理的施工组织计划;审批承包人编制的施工组织计划;督促承包人执行已审批的施工组织计划,并在执行过程中通过计划进度与实际进度的比较,定期地、经常地检查和调整进度计划;协调业主和承包人、承包人与分包人、材料设备供货、交通通信、电力供应、消防治安、地方政府、当地群众等各方面、各部门之间的关系,使方方面面不致产生矛盾,确保工程进度的合理控制,以便工程能按预期进度进行,保证总工期目标的实现。

3.进度监理的目标

施工过程中进度监理一般包括三个阶段,即编审计划、实施计划、调整计划;各个阶段进度控制的目标分别为:计划工期、检查偏差、调整内容。

(1)编审施工进度计划阶段

进度控制的目标是确定一个合理的计划工期。在承包人编制及监理工程师审批施工进度计划时,计划工期的确定应依据以下资料:

1)本工程项目的工程承包合同中有关工期的规定,是确定计划工期的基本依据:合同规定的工程开工、竣工日期,必须通过进度计划落到实处。

2)材料和设备的供应计划,如果已经编制了材料和设备的供应计划,那么施工进度计划必须与其相协调。

3)已建成的同类工程或相似项目的实际工程进度情况是编制本项目施工进度计划的重要参考资料。

4)投标书中确定的项目施工方案及工程进度计划。

5)承包人的施工人员技术素质及其机具设备能力。

6)施工现场的特殊环境及其气候条件等。

具体制定施工进度计划时,应根据上述资料编制并对其进行优化后,方可予以实施。

(2)实施施工进度计划阶段

在实施施工进度计划的过程中,进度控制的目标是实际进度按计划执行,直到工程项目按计划工期完成。但工程实际中,计划的不变是相对的,实际进度的改变是绝对的。因为在拟订施工进度计划时,不可能把施工中所有可能出现的情况考虑进去,而且施工过程中由于自然条件等因素的影响,打破原有施工进度计划是司空见惯的事情,尤其是道路工程项目施工在露天进行,受气候影响严重。因此,道路工程施工过程中,进度计划不可能完全按照原计划执行,其实际进度与计划进度经常出现差距。监理工程师在实施进度监理时,就是控制实际值与计划值的偏差情况,以便做出合理的施工进度计划调整。

(3)调整施工进度计划阶段

在施工进度计划开始实施以后,监理工程师必须经常评估和监督进度计划的实际执行情况;如果出现工期延误及实际进度的其他变化,则应将执行中的进度计划予以部分或全部地修改与调整,调整的工作内容及其调整期限,应依据工程项目实际情况确定。调整进度计划的目的是使其符合变化了的实际情况,以保证施工进度按计划顺利实现。

(二)进度监理的工作程序

在道路工程施工进度计划的实施过程中。监理工程师的工作程序如下:

1. 施工进度计划的编制。督促和指导承包人按要求编写和提交道路工程施工进度计划,包括总体计划和阶段性计划。

2. 施工进度计划的审批。按规定的审批步骤和审查内容进行各种施工进度计划的审批。

3. 施工进度计划的执行检查。监理工程师对承包人施工进度计划的执行情况进行跟踪检查,并对工程的实际进度做出评价,确认计划进度计划与实际进度是否相符。

4. 施工进度计划的调整。当工程施工的实际进度滞后时,可根据具体情况对原定进度计划做合理调整。

以上施工进度计划监理的工作程序是一个从开始到结束循环进行的过程。

(三)道路工程施工组织

道路工程的施工组织需在研究的基础上,从保证完成计划目标、保证工程质量、节约设备费用、降低劳务成本等多方面进行比较,拟定最适用,最经济的施工方案和施工方法。道路工程施工方案及方法则可通过施工组织设计来反映。

1. 施工组织设计的内容

施工组织设计的内容应满足招标文件合同条款、技术规范、计划工期的要求,并作为详细评审投标文件的重要依据。在合同中,施工组织设计即工程施工进度计划,通常应包含如下内容:施工方案和施工方法;分项工程施工进度计划(可用规定的横道图、斜道图、网络图等表示);与施工进度计划相适应的工、料、机配备数量及进场计划;与施工进度计划相适应的用款计划;施工总体布置图及当地材料供应点;冬天和雨季施工计划和措施;项目现场施工组织机构图;土方工程调配图;临时工程及临时设施的(初步)设计图;质量、安全,环保措施和方法;其他。

2. 施工组织的基本原则

影响施工过程组织的因素很多,如施工性质、施工类型、机械设备条件。施工规模大小、自然条件等等,因而施工过程组织变化因素多,困难较大。尽管如此,还是应

当尽力合理组织施工过程,其原则归纳如下:

(1)连续性原则

施工过程的连续性是指施工过程各阶段、各工序的进行,在时间上是紧密衔接的,不会发生各种不合理的中断。保持和提高施工过程的连续性,具有很大的经济意义,它可以缩短建设周期,节约流动资金,避免不必要的等待和窝工,从而提高劳动生产率。

(2)协调性原则

施工过程的协调性,是指施工各阶段、各工序之间在施工能力上要保持一定的比例关系。各施工环节的劳动力、生产效率、设备数量等都必须相互协调,不发生脱节和比例失调的现象。具有协调的施工组织,可以充分地利用整个施工过程中的人力和设备,避免在各施工阶段和工序之间出现停顿和等待,所以可以缩短施工周期。

(3)均衡性原则

施工过程的均衡性是指施工中的各个环节都按照施工计划的要求,在一定的时间内完成相等或相等递增的工作量,使各工段的负荷保持相对稳定,不发生时松时紧、前松后紧等现象。均衡施工能充分利用机械设备和工时,避免由于突击赶工所造成的损失,因而有利于保证施工质量和劳动力、机械设备的调配。

(4)经济性原则

施工过程的经济性是指施工过程组织除应满足技术要求外,还必须讲求经济效益,要用尽可能小的劳动消耗取得尽可能大的施工生产效果。施工组织的根本在于尽可能降低工程造价,而又不影响工程的进度和质量,所以连续性、协调性和均衡性这三项原则要以是否经济可靠来作为衡量的标准。

3.施工组织的研究对象及其任务

道路工程施工组织的研究对象是工程施工过程中的时间问题,即施工进度计划编制;空间问题,即组织管理机构及场地布置;资源问题。即劳动力、材料、机具设备等的供应;经济问题,即工程造价、成本控制及资金利用等。

道路工程施工组织的基本任务是,密切结合我国现行经济政策,充分考虑道路工程施工特点,运用科学的方法和手段组织施工,合理地安排施工过程中劳动力、材料、机具设备、资金、进度、工期等要素,以提高承包人的经济效益为中心。使施工工期短、古用资金少、生产效率高、工程质量好,保证按合同工期完成项目施工。实现有计划、有组织、有秩序地进行项目施工管理,达到项目施工的整体效益最佳。

4.施工组织的基本方法

道路工程施工过程中的组织方法很多,其基本方法可归纳为顺序作业法、平行作业法和流水作业法三种。

(1)顺序作业法

顺序作业法就是按固定的程序组织施工。有客观要求的工艺流程和施工顺序必须按先后次序进行顺序作业。

（2）平行作业法

当有若干个工程项目，或者将工程项目划分为几个施工段或几个作业点时，建立若干个施工班组，分别同时按工艺顺序施工的作业方法。

（3）流水作业法

当有若干个工程项目或将工程项目划分为几个施工段时，再将它们按不同的工作内容划分为若干道工序或施工过程，依据工序或施工过程数建立专业班组，由各专业班组依照施工顺序完成各个施工段上的施工过程，即相同的工序顺序进行，不同的工序平行进行的一种作业方法称为流水作业法。

在施工过程中，顺序作业法、平行作业法，流水作业法可以单独运用，也可以根据具体条件，将三种作业方法综合运用，从而形成平行顺序作业法、平行流水作业法以及立体交叉平行流水作业法等其他施工组织法。

道路工程施工中，主要的施工组织方法是流水作业法。

5. 施工组织的原理

（1）流水作业参数的确定与计算

流水作业参数有空间参数、工艺参数、时间参数、以此表达空间和时间展开的情况。

1）空间参数的确定

空间参数有施工段和工作面两种。施工段的划分一种是自然形成的，如几座桥、几个构件等；另一种是人为划分的，如路面工程分为若干施工段。施工段的数目过多会引起资源集中，数目划分过少会拖延工期。一般要求施工段数目大于或等于工序数（或专业队数），以利于同一时间能进入工作面流水作业。工作面的大小要求紧前工序结束后能为紧后工序提供工作面，且应满足施工技术规范和安全操作规程的要求。

2）工艺参数的确定

工艺参数包括工序数和流水能力。工序数的划分应与工程项目及施工组织分工相适应，对简单的施工过程工序可划分得少些，对技术复杂的施工过程工序可划分得多些。工序划分应使各道工序的持续时间相差不致太大，以使专业队分工比较合理。单位时间完成的工程数量称为流水能力。流水能力等于专业队的工人数或机械台数与产量定额的乘积。

3）时间参数的计算

时间参数分为流水节拍和流水步距。流水节拍是指某道工序在施工段上完成工序操作的持续时间。流水步距是指相邻专业队相继投入同一施工段开始操作的时间间隔。

4)流水步距的计算

流水步距是指相邻专业队相继投入同一施工段开始操作的时间间隔。为了保证专业队连续施工,必须保持相邻两工序施工时间最大的搭接,据此确定出最小的流水步距,其计算方法可按"累计数列错位相减取大差法"进行。具体计算步骤为:首先将相邻两道工序的流水节拍分别累计得到两个数列;然后将后一工序的累计数列向后错一位与前一工序累计数列对齐相减得到第三个数列;最后从第三个数列中取最大的正值即为流水步距。流水步距的个数为(n-1)。

(2)流水作业分类及工期计算

流水作业按其参数的特性可分为有节拍流水作业和无节拍流水作业两大类。前者指相同的工序在各个施工段的流水节拍相等,但是不同工序的流水节拍相互之间不完全相等;后者不仅不同工序的流水节拍不完全相等,而且相同工序的流水节拍也不完全相等。

工程项目的进度控制是指为了实现项目最优的进度目标,对工程建设进度所进行的计划、执行、检查和调整等系列活动。

在道路工程项目建设过程中,能否使其在预定的时间内交付使用,直接关系到业主和施工企业投资效益的发挥。进行道路工程项目的进度控制是进行项目管理的中心任务和重要环节,它包括计划、执行、检查和调整等基本控制要素。

在进度控制过程中,首先针对道路工程项目各阶段的工作内容、工作程序、持续时间和衔接关系编制进度计划;在计划执行过程中检查实际进度是否按计划要求进行;当实际进度与计划进度出现偏差时要进行原因分析,对计划进行及时调整(包括采取补救措施、修改原计划等),使后续计划在下一循环中达到预定的目标。如此循环往复,直至工程竣工,交付使用。

1.项目进度计划

道路建设项目进度计划是项目进度控制的依据。它是指道路建设项目各阶段开始前,根据各项活动的先后关系、技术经济特点、组织措施、资源消耗、约束条件等,对其各建设活动在开始与完成时间上进行的规划活动。道路项目进度计划根据使用者、编制范围、对象等的不同,分为以下几种:

(1)业主进度计划。是宏观进度计划,实现项目进度目标。包括:道路工程项目前期工作计划、道路工程项目建设总进度计划、道路工程项目年度计划。

(2)监理咨询单位进度计划。是根据业主要求,实现项目的总进度计划、总进度分解计划、各子项目进度计划。

(3)设计单位进度计划。是根据业主要求,实现设计准备工作计划、设计总进度计划和设计工作分专业进度计划。

(4)施工单位进度计划。是根据业主要求,从编制的范围与对象看,实现施工准备工作计划、施工总进度计划、单位工程进度计划、分包工程进度计划、分部和分项工程进度计划;从编制计划时间的长短看,实现施工项目年、季、月、旬进度计划。

2.编制道路工程进度计划应遵循的基本原则

(1)保证目标工期的实现;

(2)投资效果的尽早实现;

(3)尽量使基本建设活动均衡与连续。

项目进度控制在项目进度计划阶段的实质体现在:一是制订分级控制进度计划,即将上级计划细化为项目总进度计划(总控制)、项目分阶段进度计划(中间控制)和项目分阶段的各子项进度计划(详细控制);二是需对这些计划进行优化,以提高项目进度计划的有效控制程度。

一般来说,进度控制随着工程项目的进程而展开,因此进度控制的总程序与建设程序的阶段划分相一致。在具体操作上,每一建设阶段的进度控制又按计划、实施、监测及反复调整的科学程序进行。

进度控制的重点是项目施工准备和施工阶段的进度控制。因为这两个阶段时间最长、影响因素最多、分工协作关系最复杂、变化也最大。但前期工作阶段所进行的进度决策又是实施阶段进度控制的前提和依据,其预见性和科学性对整个进度控制的成败具有决定性的影响。进度控制总程序如下:

1.项目建议书阶段,通过机会研究和初步可行性研究,在项目建议书报批文件中提出项目总安排的建议。它体现了业主对项目建设时间方面的预期目标。

2.可行性研究阶段,对项目的实施进度进行较详细的研究。通过对项目投入使用时间要求和建设条件可能的相关分析,对不同进度安排的经济效果的比较,在可行性研究报告中提出最优的两个或三个及以上备选方案。该报告经评估、审批后确定的建设总进度和分期、分阶段控制进度,就成为实施阶段控制进度的决策目标。

3.设计阶段,除进行设计进度控制外,还要对施工进度做进一步预测。设计进度本身也必须与施工进度相协调。

4.施工准备阶段,要控制征地、拆迁、场地清障和平整的进度,抓紧水、电、道路等建设条件的准备,组织材料、设备的订货,组织施工招标,办理各种协议签订和有关主管部门的审批手续,这一阶段工作头绪繁多,上下左右间关系复杂。每一项疏漏或拖延都将留下建设条件的缺口,造成工程顺利开展的障碍或打乱进度的正常程序。因此这一阶段工作及其进度控制极为重要,绝不能掉以轻心。在这一阶段里还应通过编制与审批施工组织设计,确定施工总进度计划、首期或第一年工程的进度计划。

5.施工阶段进度控制的重点是组织综合施工和进行偏差管理。项目管理者要全面做好进度的事前控制、事中控制和事后控制。除对进度的计划审批、施工条件提供等预控环节和进度实施过程的跟踪管理外,还要重视协调好总包不能解决的内外界关系问题。当没有总包单位,建筑安装的各项专业任务直接由业主分别发包时,计划的综合平衡和单位间协调配合的责任就更为重要。对进度的事后控制,就是要及早发现并尽快排除相互脱节、冲突和外界干扰等影响工程进度的不利情况,使进度始终处于受控状态,确保进度目标的逐步实现。与此同时,还要抓好项目投入使用准备工作,为按期或提早竣工创造必要而充分的条件。施工单位的具体进度控制程序如下:

(1)确定施工进度目标。根据施工合同确定的开工日期、总工期和竣工日期确定施工进度目标,明确计划开工日期和计划竣工日期,并确定项目分期、分批的开工、竣工日期;

(2)编制施工进度计划。施工进度计划应根据工艺关系、组织关系、搭接关系、起止时间、劳动力计划、材料计划、机械计划和其他保证性计划等因素综合确定;

(3)报送开工申请报告。向监理工程师提出开工申请报告,并按照监理工程师下达的开工令指定的日期开工;

(4)实施施工进度计划和统计报告。当出现进度偏差(不必要的提前或延误)时,应及时进行调整,并应不断预测未来进度状况;

(5)实施施工进度计划和统计报告。当出现进度偏差(不必要的提前或延误)时,应及时进行调整,并应不断预测未来进度状况;

(6)进行进度控制总结。全部任务完成后进行进度控制总结并编写进度控制报告。

6.在竣工验收阶段,施工单位要做好项目的自验和预验收;协助建设单位进行初验;在具备条件后协助业主组织正式验收。在本阶段中,有关甲、乙方之间的竣工结算和技术资料核查归档移交、施工遗留问题的返修、处理等,都会有大量涉及双方利益的问题需要协调解决。此外还有各验收过程的大量准备工作,必须抓全、抓细、抓紧,才能加快验收的进度。

第二节 进度计划的审核与实施

一、进度计划的审核

对进度计划进行认真审核的目的是检查制定的工程进度计划是否合理,是否适合工程项目的实际条件和施工现场情况,避免以不切实际的工程施工进度计划来指导施工。

施工进度计划的审核内容主要有:

1.进度安排是否符合建设项目总进度计划中总目标和分解目标的要求,是否符合施工合同中开、竣工日期的规定。

2.施工总进度计划中的项目是否有遗漏,分期是否满足分批完工,投入使用的需要和配套投入使用。

3.施工顺序是否符合施工程序。

4.劳动力、材料、构配件、机具和设备的供应计划是否能保证进度计划的需要,供应是否均衡,高峰期是否具有足够能力实现计划供应。

5.建设单位资金供应能力是否能满足进度需要。

6.与设计单位图纸提供进度是否一致。

7.建设单位应提供的场地条件、甲方供应物资、否衔接。

8.总分包分别编制的各项单位工程施工进度计划之间是否协调是否明确合理。

9.是否有造成甲方违约而导致索赔的可能存在。

二、进度计划的实施

(一)进度监测的系统过程

1.进度计划执行中的跟踪检查

对进度计划的执行情况进行跟踪检查是计划执行信息的主要来源,是进度分析和调整的依据,也是进度控制的关键步骤。

跟踪检查的主要工作是定期收集反映工程实际进度的有关数据,收集的数据应当全面、真实、可靠,不完整或不正确的进度数据将导致判断不准确或决策失误。为了全面、准确地掌握进度计划的执行情况,监理工程师应该认真做好以下三方面的工作。

(1)定期收集进度报表资料。进度报表是反映工程实际进度的主要方式之一。进度计划执行单位应按照进度监理制度规定的时间和报表内容,定期填写进度报表。监理工程师通过收集进度报表资料掌握工程实际进展情况。

(2)现场实地检查工程进展情况。派监理人员常驻现场,随时检查进度计划的实际执行情况,这样可以加强进度监测工作,掌握工程实际进度的第一手资料,以便使获取的数据更加及时、准确。

(3)定期召开现场会议。定期召开现场会议,既可以了解工程实际进度状况,又可以协调有关方面的进度关系。

一般情况下,进度控制的效果与收集数据资料的时间间隔有关。如果不经常地、定期地收集实际进度数据,就难以有效地控制实际进度。

进度检查的时间间隔与工程项目的类型、规模、监理对象及有关条件等多方面因素相关,可视工程的具体情况,每月、每半月或每周进行一次检查。在特殊情况下,甚至需要每日进行一次进度检查。

2.实际进度数据的加工处理

为了进行实际进度与计划进度的比较,必须对收集到的实际进度数据进行加工处理,形成与计划进度具有可比性的数据。

3.实际进度与计划进度的对比分析

将实际进度数据与计划进度数据进行比较,可以确定建设工程实际执行状况与计划目标之间的差距。为了直观反映实际进度偏差,通常采用表格或图形进行实际进度与计划进度的对比分析,从而得出实际进度比计划进度超前、滞后还是一致的结论。

(二)进度调整的系统过程

1.分析进度偏差产生的原因

通过实际进度与计划进度的比较,发现进度偏差时,为了采取有效措施调整进度计划,必须深入现场进行调查,分析产生进度偏差的原因。

2.分析进度偏差对后续工作和总工期的影响

当查明进度偏差产生的原因之后,要分析进度偏差对后续工作和总工期的影响程度,以确定是否应采取措施调整进度计划。

3.确定后续工作和总工期的限制条件

当出现的进度偏差影响到后续工作或总工期而需要采取进度调整措施时,应当首先确定可调整进度的范围,主要包括关键节点、后续工作的限制条件以及总工期允许变化的范围。这些限制条件往往与合同条件有关,需要认真分析后确定。

4.采取措施调整进度计划

采取进度调整措施,应该以后续工作和总工期的限制条件为依据,确保要求的进度目标得到实现。

5.实施调整后的进度计划

进度计划调整之后,应该采取相应的组织、经济、技术措施执行它,并继续监测其执行情况。

(三)横道图比较法

横道图比较法是指将项目实施过程中检查实际进度收集到的数据,经加工整理后直接用横道线平行绘于原计划的横道线处,进行实际进度与计划进度的比较方法。

采用横道图比较法,可以形象、直观地反映实际进度与计划进度的比较情况。根据工程项目中各项工作的进展是否匀速,可分别采用匀速进展和非匀速进展比较法进行实际进度与计划进度的比较。

1.匀速进展横道图比较法

在工程项目中,每项工作在单位时间内完成的任务量都是相等的,即工作的进展速度是均匀的,这称为匀速进展。此时,每项工作累计完成的任务量与时间呈线性关系。完成的任务量可以用实物工程量、劳动消耗量或费用支出表示。为了便于比较,通常用上述物理量的百分比表示。

采用匀速进展横道图比较法的步骤如下。

(1)编制横道图进度计划。

(2)在进度计划上标出检查日期。

(3)将检查收集到的实际进度数据经加工整理后按比例用涂黑的粗线标于计划进度的下方。

(4)对比分析实际进度与计划进度:

1)如果涂黑的粗线右端落在检查日期左侧,表明实际进度拖后。

2)如果涂黑的粗线右端落在检查日期右侧,表明实际进度超前。

3)如果涂黑的粗线右端与检查日期重合,表明实际进度与计划进度一致。

该方法仅适用于工作从开始到结束的整个过程中,其进展速度均为固定不变的情况。如果工作的进展速度是变化的,则不能采用这种方法进行实际进度与计划进度的比较,否则,会得出错误的结论。

2.非匀速进展横道图比较法

当工作在不同单位时间里的进展速度不相等时,累计完成的任务量与时间的关系就不可能是线性关系。此时,应采用非匀速进展横道图比较法进行工作实际进度与计划进度的比较。非匀速进展横道图比较法在用涂黑粗线表示工作实际进度的同时,还要标出其对应时刻完成任务量的累计百分比,并将该百分比与其同时刻计划完成任务量的累计百分比相比较,判断工作实际进度与计划进度之间的关系。

采用非匀速进展横道图比较法的步骤如下。

(1)编制横道图进度计划。

(2)在横道线上方标出各主要时间工作的计划完成任务量累计百分比。

(3)在横道线下方标出相应时间工作的实际完成任务量累计百分比。

(4)用涂黑粗线标出工作的实际进度,从开始之目标起,同时反映出该工作在实施过程中的连续与间断情况。

(5)通过比较同一时刻实际完成任务量累计百分比和计划完成任务量累计百分比,判断工作实际进度与计划进度之间的关系:

1)如果同一时刻横道线上方累计百分比大于横道线下方累计百分比,表明实际进度拖后,拖欠的任务量为二者之差。

2)如果同一时刻横道线上方累计百分比小于横道线下方累计百分比,表明实际进度超前,超额完成的任务量为二者之差。

3)如果同一时刻横道线上、下方两个累计百分比相等,则表明实际进度与计划进度一致。

由于工作进展速度是变化的,因此,在图中的横道线,无论是计划的还是实际的,只能表示工作的开始时间、完成时间和持续时间,并不能表示计划完成的任务量和实际完成的任务量。此外,采用非匀速进展横道图比较法,不仅可以进行某一时刻(如检查日期)实际进度与计划进度的比较,而且还能进行某一时间段实际进度与计划进度的比较。当然,这需要实施部门按规定的时间记录当时的任务完成情况。

横道图比较法虽然有记录和比较简单、形象直观、易于掌握、使用方便等优点,但是由于其以横道计划为基础,因而带有不可克服的局限性。在横道计划中,各项工作之间的逻辑关系表达不明确,关键工作和关键线路无法确定。一旦某些工作实际进度出现偏差时,难以预测其对后续工作和工程总工期的影响,也就难以确定相应的进度计划调整方法。因此,横道图比较法主要用于工程项目中某些工作实际进度与计划进度的局部比较。

(四)香蕉曲线比较法

香蕉曲线是由两条S曲线组合而成的闭合曲线。由S曲线比较法可知,工程项目累计完成的任务量与计划时间的关系,可以用一条S曲线表示。

对于一个工程项目的网络计划来说,如果以其中各项工作的最早开始时间安排进度绘制S曲线,称为ES曲线;如果以其中各项工作的最迟开始时间安排进度绘制S曲线,称为LS曲线。两条S曲线具有相同的起点和终点,因此,两条曲线是闭合的。一般情况下,ES曲线上的其余各点均落在LS曲线的相应点的左侧。由于该闭合曲线形似"香蕉",因此称为香蕉曲线。

1. 香蕉曲线比较法的作用

(1)合理安排工程项目进度计划。

如果工程项目中的各项工作均按其最早开始时间安排进度,将导致项目的投资加大;而如果各项工作都按其最迟开始时间安排进度,则一旦受到进度影响因素的干扰,又将导致工期拖延,使工程进度风险加大。因此,一个科学合理的进度计划优化曲线应处于香蕉曲线所包括的区域之内。

(2)定期比较工程项目的实际进度与计划进度

在工程项目的实施过程中,根据每次检查收集到的实际完成任务量,绘制出实际进度S曲线,便可以与计划进度进行比较。工程项目实施进度的理想状态是任一时刻工程实际进展点应落在香蕉曲线图的范围之内。如果工程实际进展点落在ES曲线的左侧,表明此刻实际进度比各项工作按其最早开始时间安排的计划进度超前;如果工程实际进展点落在LS曲线的右侧,则表明此刻实际进度比各项工作按其最迟开始时间安排的计划进度拖后。可以利用香蕉曲线可以对后期工程的进展情况进行预测。

2. 香蕉曲线的绘制方法

香蕉曲线的绘制方法与S曲线的绘制方法基本相同,不同之处在于香蕉曲线是以工作按最早开始时间安排进度和按最迟开始时间安排进度分别绘制的两条 S 曲线组合而成。其绘制步骤如下。

(1)以工程项目的网络计划为基础,计算各项工作的最早开始时间和最迟开始时间。

(2)确定各项工作在各单位时间的计划完成任务量。分别按以下两种情况考虑。

1)根据各项工作按最早开始时间安排的进度计划,确定各项工作在各单位时间的计划完成任务量。

2)根据各项工作按最迟开始时间安排的进度计划,确定各项工作在各单位时间的计划完成任务量。

(3)计算工程项目总任务量,即对所有工作在各单位时间计划完成的任务量累加求和。

(4)分别根据各项工作按最早开始时间、最迟开始时间安排的进度计划,确定工程项目在各单位时间计划完成的任务量,即将各项工作在某一单位时间内计划完成的任务量求和。

(4)分别根据各项工作按最早开始时间、最迟开始时间安排的进度计划,确定工程项目在各单位时间计划完成的任务量,即将各项工作在某一单位时间内计划完成的任务量求和。

(5)分别根据各项工作按最早开始时间、最迟开始时间安排的进度计划,确定不同时间累计完成的任务量或任务量的百分比。

(6)绘制香蕉曲线。分别根据各项工作按最早开始时间、最迟开始时间安排的进度计划确定的累计完成任务量或任务量的百分比描绘各点,并连接各点得到 ES 曲线和 LS 曲线,由 ES 曲线和 LS 曲线组成香蕉曲线。

在工程项目实施过程中,根据实际累计完成任务量,按同样的方法在原计划香蕉曲线图上绘出实际进度曲线,便可以进行实际进度与计划进度的比较。

(五)前锋线比较法

前锋线比较法是通过绘制某检查时刻工程项目实际进度前锋线,进行工程实际进度与计划进度比较的方法,它主要适用于时标网络计划。

前锋线是指在原时标网络计划上,从检查时刻的时标点出发,用点画线依次将各项工作实际进展位置点连接而成的折线。

前锋线比较法就是通过实际进度前锋线与原进度计划中各工作箭线交点的位置来判断工作实际进度与计划进度的偏差,进而判定该偏差对后续工作及总工期影响程度的一种方法。

采用前锋线比较法进行实际进度与计划进度的比较,其步骤如下。

1.绘制时标网络计划图。工程项目实际进度前锋线是在时标网络计划图上标示,为清楚起见,可在时标网络计划图的上方和下方各设一时间坐标。

2.绘制实际进度前锋线。一般从时标网络计划图上方时间坐标的检查日期开始绘制,依次连接相邻工作的实际进展位置点,最后与时标网络计划图下方坐标的检查日期相连接。

工作实际进展位置点的标定方法有两种。

(1)按该工作已完成任务量比例进行标定。假设工程项目中各项工作均为匀速进展,根据实际进度,到检查时刻为止该工作已完成任务量占其计划完成总任务量的比例,在工作箭线上从左至右按相同的比例标定其实际进展位置点。

(2)按尚需作业时间进行标定。当某些工作的持续时间难以按实物工程量来计算而只能凭经验估算时,可以先估算出从检查时刻到该工作全部完成尚需作业的时间,然后在该工作箭线上从右向左逆向标定其实际进展位置点。

3.进行实际进度与计划进度的比较。前锋线可以直观地反映出检查日期有关工作实际进度与计划进度之间的关系。对某项工作来说,其实际进度与计划进度之间的关系可能存在以下三种情况:

(1)工作实际进展位置点落在检查日期的左侧,表明该工作实际进度拖后,拖后的时间为二者之差;

(2)工作实际进展位置点落在检查日期的右侧,表明该工作实际进度超前,超前的时间为二者之差;

(3)工作实际进展位置点与检查日期重合,表明该工作实际进度与计划进度一致。

4.预测进度偏差对后续工作及总工期的影响。通过实际进度与计划进度的比较确定进度偏差后,还可根据工作的自由时差和总时差预测该进度偏差对后续工作及项目总工期的影响。由此可见,前锋线比较法既适用于工作实际进度与计划进度之间的局部比较,又可用来分析和预测工程项目整体进度状况。

(七)列表比较法

当工程进度计划用非时标网络图表示时,可以采用列表比较法进行实际进度与计划进度的比较。这种方法是记录检查日期应该进行的工作名称及其已经作业的时间,然后列表计算有关时间参数,并根据工作总时差进行实际进度与计划进度比较的方法。

采用列表比较法进行实际进度与计划进度的比较,其步骤如下。

1.对于实际进度检查日期应该进行的工作,根据已经作业的时间确定其尚需作业时间。

2.根据原进度计划计算检查日期应该进行的工作,其值等于从检查日期到原计划最迟完成时的尚余时间。

3. 计算工作尚有总时差,其值等于工作从检查日期到原计划最迟完成时间的尚余时间与该工作尚需作业时间之差。

4. 比较实际进度与计划进度时可能会遇到的情况:

(1)如果工作尚有总时差与原有总时差相等,说明该工作实际进度与计划进度一致。

(2)如果工作尚有总时差大于原有总时差,说明该工作实际进度超前,超前的时间为二者之差。

(3)如果工作尚有总时差小于原有总时差,且仍为非负值,说明该工作实际进度拖后,拖后的时间为二者之差,但不影响总工期。

(4)如果工作尚有总时差小于原有总时差,且为负值,说明该工作实际进度拖后,拖后的时间为二者之差,此时工作实际进度偏差将影响总工期。

(八)分析进度偏差对后续工作及总工期的影响

在工程项目实施过程中,通过实际进度与计划进度的比较发现有进度偏差时,需要分析该偏差对后续工作及总工期的影响,从而采取相应的调整措施对原进度计划进行调整,以确保工期目标的顺利实现。

进度偏差的大小及其所处的位置不同,对后续工作和总工期的影响程度是不同的,分析时需要利用网络计划中工作总时差和自由时差的概念进行判断。分析步骤如下。

1. 分析出现进度偏差的工作是否为关键工作。如果出现进度偏差的工作位于关键线路上,即该工作为关键工作,则无论其偏差有多大,都将对后续工作和总工期产生影响,必须采取相应的调整措施。如果出现偏差的工作是非关键工作,则需要根据进度偏差值与总时差和自由时差的关系做进一步分析。

2. 分析进度偏差是否超过总时差。如果工作的进度偏差超过该工作的总时差,则此进度偏差必将影响其后续工作和总工期,必须采取相应的调整措施。如果工作的进度偏差未超过该工作的总时差,则此进度偏差不影响总工期。至于对后续工作的影响程度,还需要根据偏差值与其自由时差的关系做进一步分析。

分析进度偏差是否超过自由时差。如果工作的进度偏差大于该工作的自由时差,则此进度偏差将对其后续工作产生影响,此时应根据后续工作的限制条件确定调整方法。如果工作的进度偏差未超过该工作的自由时差,则此进度偏差不影响后续工作,因此,原进度计划可以不进行调整。

进度偏差的分析过程。通过分析,进度控制人员可以根据进度偏差的影响程度,制定相应的纠偏措施进行调整,以获得符合实际进度情况和计划目标的新进度计划。

(九)进度计划的调整方法

1. 改变某些工作间的逻辑关系

当工程项目实施中产生的进度偏差影响到总工期,且有关工作的逻辑关系允许改变时,可以改变关键线路和超过计划工期的非关键线路上的有关工作之间的逻辑关系,达到缩短工期的目的。

2.缩短某些工作的持续时间

这种方法是不改变工程项目中各项工作之间的逻辑关系,而通过采取增加资源投入、提高劳动效率等措施来缩短某些工作的持续时间,使工程进度加快,以保证按计划工期完成该工程项目。这些被压缩持续时间的工作是位于关键线路和超过计划工期的非关键线路上的工作。同时,这些工作又是其持续时间可被压缩的工作。

这种调整方法通常可以在网络图上直接进行。其调整方法根据限制条件及对其后续工作的影响程度不同而有所不同,一般有以下三种情况。

(1)网络计划中某项工作进度拖延的时间已超过其自由时差但未超过其总时差。此时该工作的实际进度不会影响总工期,而只对其后续工作产生影响。因此,在进行调整前,需要确定其后续工作允许拖延的时间限制,并以此作为进度调整的限制条件。该限制条件的确定常常较复杂,尤其是当后续工作由多个平行的承包单位负责实施时更是如此。后续工作如果不能按原计划进行,在时间上产生的任何变化都可能使合同不能正常履行,从而导致蒙受损失的一方提出索赔。因此,寻求合理的调整方案,把进度拖延对后续工作的影响减少到最低程度是监理工程师的一项重要工作。

(2)网络计划中某项工作进度拖延的时间超过其总时差。如果网络计划中某项工作进度拖延的时间超过其总时差,则无论该工作是否为关键工作,其实际进度都将对后续工作和总工期产生影响。此时,进度计划的调整方法又可分为以下三种情况。

1)项目总工期不允许拖延。如果工程项目必须按照原计划工期完成,则只能采取缩短关键线路上后续工作持续时间的方法来达到调整计划的目的。

2)项目总工期允许拖延。如果项目总工期允许拖延,则只需要以实际数据代替原计划数据,并重新编制实际进度检查日期之后的简化网络计划即可。

3)项目总工期允许拖延的时间有限。如果项目总工期允许拖延,但允许拖延的时间有限。则当实际进度拖延的时间超过此限制时,也需要对网络计划进行调整,以便满足要求。具体的调整方法是以总工期的限制时间作为规定工期,对检查日期之后尚未实施的网络计划进行工期优化,即通过缩短关键线路上后续工作持续时间的方法来使总工期满足规定工期的要求。

以上三种情况都是以总工期为限制条件调整进度计划的。

需要注意的是,当某项工作实际进度拖延的时间超过其总时差而需要对进度计划进行调整时,除需考虑总工期的限制条件外,还应考虑网络计划中后续工作的限制条件,特别是对总进度计划的控制更应注意这一点。因为在这类网络计划中,后续工作也许就是一些独立的合同段。时间上的任何变化,都会带来协调上的麻烦或者引起索赔。因此,当网络计划中某些后续工作对时间的拖延有限制时,同样需要以此为条件,按前述方法进行调整。

(3)网络计划中某项工作进度超前。监理工程师对建设工程实施进度控制的任务就是在工程进度计划的执行过程中,采取必要的组织协调和控制措施,以保证建设工程按期完成。

在建设工程计划阶段所确定的工期目标,往往是综合考虑了各方面因素而确定的合理工期。因此,时间上的任何变化,无论是进度拖延还是超前,都可能造成其他目标的失控。

三、进度监理实施

(一)工程进度控制的内容

1. 下达开工令

施工合同条款中授权监理工程师负责下达工程开工令,意味着合同履约由准备阶段进入实施阶段,工期开始计时。这对业主和承包人都十分重要。因此,监理工程师应召开有业主与承包人参加的第一次工地会议,讨论业主与承包人双方关于开工的准备情况。业主应按照合同条款,做好征地、拆迁工作,及时提供施工用地,同时还应当完成法律及财务方面手续,以保证承包人能够正当履行义务。承包人应当为开工所需要的人力、材料及设备做好准备,包括为监理工程师开展工作提供各种条件的准备。监理工程师根据双方准备的情况,选择合适时机发出开工通知。

2. 批准计划

按合同规定,承包人应该在接到中标通知书之后28天内,向监理工程师递交一份工程总体计划。该计划包括工程进度安排,网络计划及关键路线,原材料供应保障计划,机械配置及调配计划,劳动力组织及调配计划,施工工艺方法、质量保障措施,现场安全措施及资金流动计划等。这份计划是承包人履约的"申明",是全部合同期内所有工作的蓝本。所以,监理工程师必须充分注意对该计划的审查。按合同条款编制和实施计划,确保工期按时完工是承包人的责任,因为别人无权调配现场资源,也无权改变承包人的组织。监理工程师只是对计划本身的科学性、合理性、履约的合法性发表评论,而且可以不断地和承包人讨论、提建议,但不意味着改变和干预承包人对计划的实施。

3. 督促承包人修改计划

在履约合同工期内承包人可能遇到种种意想不到的问题,如来自承包人内部的不协调或外部条件的不具备等因素,以致无法按计划工期完工(当然不排除实际进度超出计划工期)。另外,工程变更也可能影响计划。因此,调整和修改计划往往是不可避免的。

按合同条款要求承包人每3个月修改一次计划,并报监理工程师。实际上,在工程紧张时或现场遇到重大变更时,也往往要及时修改计划。总之,修改计划应从满足施工管理和监理控制的需要出发,监理工程师核准后签批意见。

4.批准工程延期和确定最终竣工时间

工程被延误,有属承包人自身的责任,也有非承包人所为。例如,承包人没有按时得到现场用地,从而无法进驻工程现场造成工期延误;再如工程出现重大设计变更,增大工作量和提供图纸时间过晚;又如遇到无法抗拒的自然灾害等等,都可能造成工期的延误。按合同条款授权监理工程师负责评价对因非承包人原因造成的工期延误给予合理的延长(合同中称之为延期),并根据合同条款推算出新的竣工期限和顺延养护工期的截止日期的权力。

5.对拖后工期的处置

属承包人的责任造成的工期延误。监理工程师有权依据合同的授权予以处置。譬如发出书面通知,陈述工程授予承包人的责任被延误,指出延误带来的危险和承担的责任。这类文件可发给承包人现场负责人,也可以抄送承包人高一层的管理机构,目的是希望引起承包人的重视,采取措施加快进度,不致使工程延误。如果承包人在合同工期已到而工程未能完成,监理工程师可采用"违约罚金"条款,对超工期未完部分罚款,用以弥补业主的损失;也可以动用承包人的履约保证金,对未完工程分包,加快工程进度。如果监理工程师的忠告、罚金对承包人无济于事,监理工程师可以依据合同提出对承包人发出驱逐出工地令的建议,经业主批准后下发,这将意味着承包人的履约保证金被业主没收,现场的材料、设备被扣留,这个承包人的名单不可能再被这个业主所接受。

6.发放竣工证书和养护证书

承包人已确实全部完成合同规定的工程范围,并符合规范中最终试验要求,而且承诺在养护期内的责任,监理工程师就可以依据合同条款向承包人签发竣工证书。这表明工程移交给业主,承包人不再负责对工程的看管,而且可以收回合同的保留金。

养护期的长短由合同规定。在承包人担负的养护期内,他应该自费对由于使用的材料或工艺不符合规范,以及属承包人未履行合同义务所引起的工程缺陷和损坏进行维修和返工。养护期的结束,表示了承包人履约责任的全部解除,监理工程师也可以签发最后支付证明,如没有遗留仲裁和争议,监理工程师的责任和权限也到此结束。

(二)工程进度控制的方法

1.审批承包人递交的工期进度计划

按照合同条款规定,承包人在获得中标通知书之后28天内向监理工程师递交工期进度计划。这个时间监理办监理工程师尚未发出开工令,承包人的主要施工力量也未进驻现场,因此这份计划实质上是给监理工程师提供了一次全面了解承包人意图的机会,也是承包人承诺履约的一次表白。

(1)递交工期计划的时间、内容、数据、图表、文字说明等是否符合合同要求,能否满足监理工程师审查要求。这份工期计划的内容是否符合承包人在投标书中的承诺。

(2)工期计划的安排与业主对现场提供的时间表是否有矛盾,是否预留了足够的动员时间和清场时间,是否为监理工程师审批计划、履行职责留有充分时间。

(3)工期计划的安排是否注意到某些工艺在技术规范中与进度相关的联系。例如,桩基工程的试验桩、沥青路面的试验路是否在工期计划安排中做了考虑。

(4)工期计划的安排是否统筹考虑和平衡了临时道路、用水、用电、汽车运输路线、临时用地及现场环境保护等诸多因素。

(5)财政现金流动图是否能适应工期计划的要求。

(6)监理工程师在批准工期计划时必须申明,按合同规定对工期计划的批准,并不意味着承包人可能解脱承担合同的任何责任。

2.考核承包人月进度计划的执行情况

承包人的月进度计划是依据监理工程师批准的总体进度计划而制定的内部作业计划。这个计划对现场的动态、了解承包人意图、掌握工期进度等都很有参考价值。所以,在高等级高速道路项目实施期间,监理要求承包人的月作业计划须呈报监理部备案。在关键线路施工作业的项目,监理工程师一定要审查。首先要注意承包人的月作业计划是否按监理工程师批准的总进度计划安排编制;其次,从资源供应、现场条件、气象等影响进度的各种因素中分析完成作业计划的可能性。对不切实际或拖后进度的月计划,监理部一定要及时指出或发出书面指示。每到月末,监理办要从收集到的资料中分析月进度计划的执行情况,为以后处理延期、索赔和下发工程变更等诸多合同管理事宜提供有关资料。

3.加强现场监督,做好进度记录

监理工程师对工期计划管理和进度控制的主要手段是加强现场巡视和采集相关资料。巡视的目的在于了解现场动态,掌握工地形象进度。收集相关资料的目的在于分析、考核实际进度,为评价月作业计划完成情况提供依据。巡视可以邀请承包人、工地负责人一同前往,以便随时交换意见;也可单独巡视,但一定要及时把发现的问题通报给承包人,不要等影响工期成了问题、危及了月计划的完成时才和承包人交换意见。

采集相关资料,掌握现场动态包括:承包人每天工程施工活动进展描写;主要工程项目工序开工和转下道工序施工时间;现场设备数量、品种和机械情况;主要原材料消耗、供应及库存情况;劳动力调配和技术力量的投入情况;当天的气象资料;现场遇到影响进度的各种障碍、时间等;承包人反映的情况;各级监理工程师巡视现场时的指示;业主方面的信息等等。资料可由专人负责采集,也可以来源于每一个监理人员的监理日志,经筛选汇总后可以利用挂图、图表等形象方式把动态表示出来,也可以利用内部动态、简报、快报等宣传手段,把现场动态发给履约各方,督促和推进工程向有利合同工期方向发展。监理工程师在现场采用巡视方式时,主要凭借自己对现场的判断,应用合同条款对涉及影响工期进度的各方面要素提出评价,并妥善地和承包人讨论。总之,通过对现场情况的掌握和对承包人的了解,运用对合同条款的宣传解释,督促承包人随时纠正工期进度中的问题,加快施工速度。

4. 审查和批准承包人递交的工期修改计划

工期修改计划和制定工期计划不同。制定工期计划在履约合同期只有1份,而修改工期计划可以发生多次,且每一次修改又是原工期计划的延续。因为承包人修改计划实际是服从监理办监理工程师对工期进度的管理,也正是监理工程师日常控制进度的一种手段。所以,监理工程师对修改工期计划的提出和审批反应要快、要准。监理部在审批修改工期计划除了要考虑对原工期计划审查时应注意的事项外,还要特别注意以下两点:首先,修改工期计划的数据、分析的原因、采取措施的方案是否与监理工程师掌握的信息一致;其次,新提供的工期计划是否对网络计划的关键线路做了调整,其他相关图表是否做了调整,工程的最后完工是否控制在监理工程师批准的时间内。

5. 对单项工程进行计划指导和控制

位于网络计划关键线路上的一些控制性工程或拖后于工期计划中的某些单项工程,监理部可以要求承包人编制单项工程工期计划。

6. 编写工期进度月报告、提供工期进度信息

监理工程师月工期进度报告应包括:当月工期实际进度与计划进度比较;累计工期进度和周期计划工期进度比较;预计下一阶段工期进度情况;从监理的角度评价拖后(或超前)计划的原因;监理工程师对改善工期计划的意见;承包人当月投入劳力、材料、设备的数量及应用的效率;当月的气象数据;工程质量的评价;监理工程师验收中间计量的数量;现场质量事故及处理意见;支付索赔、延期等合同事宜。

7. 工程延期阶段的工期进度管理和控制

工程被监理工程师批准延期后,监理办监理工程师对工期进度的管理和控制权限也随之延长。因此,承包人必须向监理工程师申报延期内的工期进度计划,甚至可以在审批工程延期时,要求承包人编制延期内工期进度计划并一次统一批准。延期内的工期进度计划关键是修改网络计划和财务支付图。

8.对工程或部分工程暂停施工的处置

监理工程师在决定对工程或部分工程暂停施工时,必须经监理部批准。承包人无权使工程或部分工程处于暂停状态。在暂停期内,承包人有责任妥善地保护和保卫现场。凡监理工程师下达暂停施工的项目,非业主原因引起的,业主不承担额外费用和延长工期。

9.对各阶段工期证书的发放管理

各阶段工期证书的发放管理(竣工证书、养护期证书)是合同工期管理的最后阶段,监理办负责签发各阶段的工期证书。

(三)工程进度控制的要点

工期考核是实施项目管理的重要指标,只有按期完成工程项目才能达到预期的经济效益,才能体现合同的法律作用,有效工期内完工是最经济的。满足技术规范标准,在合同规定的工期内完成工程才能被监理工程师批准完工。因此工期管理要用FIDIC条款中所有有关条款来制约和监督,进度控制的主要监理内容和要点有计划控制、进度检查、调整计划等。

1.一份完整的进度计划,从承包人角度来讲是履约合同的保证、指导工程的依据,从监理工程师的职责看是控制进度、管理工期的凭证。因此双方在施工准备阶段即要对编制计划保持不断的信息交流。监理工程师将对计划编制提出要求,制定必要的规定,明确方法,确定内容,要求编制出切实可行的,能符合合同,又能指导施工的进度计划。

关于计划制定的深度,根据经验,应形成几个层次,即总体计划,年度计划、月计划、旬或周计划。总体计划只有一个目标,即在合同工期内完成工程。其制定的项目可以是粗线条的,主要是做好工程组织资金的调配,编制网络计划图,分析关键线路。年度计划应制定年度目标,包括预计产值和主体工程形象进度,该计划要较为详细地列出各分项工程的开工、完工时间,调整工作组合,确定资源的保证。而月度计划应详尽至每个分项的各道工序,制定出目标和各分项工程形象进度,并与年度计划基本适应,突出分析关键工程的进展情况。旬或周计划侧重于施工安排,详细程序根据现场情况确定。事实上,有些工程将计划甚至要分解到天,对此,我们认为每日工作计划不利于突出关键线路,如经常完不成会影响到完成计划的信心,这种日计划的形式通常适用于各个工班和工点,而不宜普遍应用于一个建设项目。编制各级计划时要始终注意关键工程的进展,并相互统一,才能利于考核计划。

2.监理工程师对工期计划管理体系和进度控制的主要手段是加强现场巡视和采集相关资料,巡视的目的在于了解现场动态,掌握工地形象进度,收集相关资料的目的在于分析,考核实际进度,为评价月计划完成情况提供凭证。巡视可以邀请承包人、工地负责人一同前往,以便随时交换意见,也可以单独巡视,但一定要及时把发现的问题通报给承包人,不要等影响工期问题成灾、危及月计划的完成才和承包人交换意见。

采集相关资料,掌握现场动态包括承包生产活动、工程进展,主要工程项目开工、完工时间,工、料、机投入情况,现场进度障碍等。监理工程师有责任对拖后进度的承包人施加压力或通过对现场情况的掌握和对承包人的了解,督促承包人随时纠正工程进展中的问题,加快施工进度。同时将进度计划的完成情况以书面形式及时上报总监理工程师及其办事机构。

3.进度控制的另一个手段是督促承包人及时统计剩余工程,修改并完善计划。一个大的建设项目分项工程很多,影响工程完成的因素也很多,在月度计划执行一段时间后,受各种因素影响势必会造成原计划与完成情况不符,这时,就有必要对原计划做修改。修改时应根据实际完成情况和原年度(或总体)计划的目标,统计出剩余工程对照修改,并在此基础上进行资源的调配。经验证明,完整的计划执行过程中,修改计划是必不可少的一个步骤,它能为业主、监理、承包人提供正确的施工意见,增强完成任务的信心和决心。

第三节 进度计划的检查与调整

一、进度计划的检查

要了解和掌握项目进度计划在实施过程中的变化趋势和偏差程度,必须进行项目进度检查。项目进度控制是项目进度检查阶段的实质性体现:一是跟踪检查;二是数据采集;三是偏差分析(实际结果与进度计划的比较)。这些偏差识别工作的快速、准确进行,可提高项目进度控制的敏感度和精度。

进度计划的检查是计划执行信息的主要来源,是施工进度调整和分析的依据,也是进度控制的关键步骤。对进度计划的检查应做好以下工作:

1.在工程项目的施工中,每日按单位工程、分项工程或工艺对实际进度进行记录,并予以检查,以作为掌握工程进度和进行决策的依据。每日进度检查记录应包括以下基本内容:当日实际完成及累计完成的工程量;实际参加施工的人力、机械数量及生产效率;施工停滞的人力、机械数量及其原因;承包人的主要技术人员到达现场的情况;当日发生的影响工程进度的特殊事件或原因;当日的天气情况等。

2.根据现场提供的每日施工进度记录,及时进行统计和标记,并通过分析和整理,每月总结一份工程进度报告。该报告应包括以下主要内容:工程进度概况或总说明,应以记事方式对计划进度执行情况提出分析;编制出工程进度累计曲线和完成投资额的进度累计曲线;显示关键线路(或主要工程项目上)一些施工活动及进展情况的工程图片;反映施工现金流动、工程变更、价格调整、索赔、工程支付及其他财务文化情况的财务状况;影响工程进度或造成延误的其他特殊事项、因素及解决措施。

3.编制和建立各种用于记录、统计、标记,反映实际工程进度与计划进度差距的进度控制图及进度统计表,以便随时对工程进度进行分析和评价,并作为要求承包人加快工程进度、调整进度计划或采取其他合同措施的依据。进度计划检查的方法主要是对比法,即用实际进度与计划进度进行对比,从而发现偏差,以便调整或修改计划。一般常用进度控制图形比较方法直观进行进度比较、控制,常用的进度控制图形比较方法有:横道图比较法、S形曲线比较法、"香蕉"曲线比较法和网络计划比较法。

(1)横道图比较法

实际进度与计划进度的比较最常用的方法是横道图比较法。即将项目实施中检查实际进度收集的信息,经整理后直接用横道线标于原计划的横道线下,进行直观比较。

(2)S形曲线比较法

S形曲线亦能直观反映工程的实际进展情况。项目实施过程中,每隔一段时间将实际进展情况绘制在原计划的S形曲线上进行直观比较。通过比较可以获得如下信息:实际工程进展速度;进度超前或拖延的时间;工程量的完成情况;后续工程进度预测。

(3)"香蕉"曲线比较法

"香蕉"形曲线是两种S形曲线合成的闭合曲线。ES曲线为各项活动均按最早开始时间而绘制的S形曲线;LS曲线为各项活动均按最迟开始时间开始而绘制的S形曲线。

"香蕉"曲线能直观反映工程的实际进展情况,比S形曲线能获得更多的信息。利用"香蕉"曲线可进行:进度计划的合理安排;实际进度与计划进度的比较;对后续工程进度进行预测。

二、进度计划的调整

计划实际执行指标与计划指标发生偏差而需要调整时,承包人应对原工程进度计划及现合流动计划予以调整,以符合实际。保证满足合同工期的要求,并报经监理工程师批准。工程项目进度控制是周期性进行的,项目经理是进度控制的核心部分,业主、承包商和监理工程师的共同控制是进度控制的有力保证。

进度计划的调整是个非常复杂的过程。项目进度控制在项目进度调整阶段的实质性体现:一是偏差分析,分析产生进度偏差的前因后果;二是动态调整,寻求进度调整的约束条件和可行方案;三是优化控制、决策使进度、费用变化最小,能达到或逼近进度计划的优化控制目标。偏差分析、动态调整和优化控制是项目进度控制中最困难、最关键的控制要素。进度计划的调整可以从关键线路、非关键线路、工作项目、逻辑关系、作业持续时间和资源等方面入手,同时要科学分析、综合考虑,确保合同工期。

1. 对关键线路的调整

调整工程进度计划,主要是调整关键线路上的施工安排。对于非关键线路,如果实际进度与计划进度的差距并不对关键线路上的实际进度造成不利影响时,可不必对整个工程进度计划进行调整,只需对机动和富裕时间予以局部调整安排。如果工程进度比原计划的进度提前时,确定是否需要对原计划工期予以缩短,如果不需要缩短,可利用这个机会降低资源强度,降低费用;如果要利用提的完成的关键线路效果,促使整个计划工期提前完成,则可将计划中未完成的部分重新计算与调整,按新的进度计划执行,保证新的关键工作按新计算的时间完成。如果工程进度比原计划的进度拖延时差较大,并影响到合同工期的关键线路时,必须及时对工程进度计划作整体修订与调整,在未完成的关键线路中选择资源强度小的工作予以缩短,将延迟的时间抢回来。

2. 对非关键线路的调整

当关键线路上某项工程的施工时间比计划增加,意味着整个工期将延长。在这种情况下,承包人先把注意力集中在非关键线路上,看非关键线路上的工程是否有机动时间(时差),能否把非关键线路上的机械、人员调整到关键线路上的关键工序上去,以改变关键线路的时间;如果不能,为了满足关键线路的工程按计划完成,承包人则可能延长工作时间,或者重新增加新的机械和人员来完成进度计划的调整;当非关键线路的实际进度比计划进度拖延时差较大,并影响到合同工期的关键线路时,必须充分利用资源,降低成本,满足施工需要,及时修订与调整工作时差,满足进度计划。进度计划调整方法有两种:

(1) 在总时差范围内移动工作,改变时差位置,降低资源强度;

(2) 延长非关键工作的持续时间或缩短工作的持续时间,降低资源强度。

3. 增减工作项目

增减工作项目均不应打乱原网络计划的总体逻辑关系,只能改变局部的逻辑关系使原进度计划得以实施。增加工作项目,仅是对有遗漏或不具体逻辑关系进行补充;减少工作项目,仅是对已提前完成的工作项目或原不应设置的工作项目予以删除。

增减工作项目之后,应重新计算时间参数,分析调整是否对原计划工期有影响,如不符合要求,应采取措施,以使计划保持不变。

4. 调整逻辑关系

当施工组织或施工方法改变后,可以调整逻辑关系。调整逻辑关系是以不影响原定计划工期和其他工作顺序为前提,不能否定原进度计划。

5.调整作业的持续时间

如果作业的持续时间计划有误、在计划检查中被发现或实现确有困难时,可进行调整。调整是按施工的劳动定额重新计算作业的持续时间,然后计算各作业的时间参数。

在没有取得合理延期的情况下,实际工程进度过慢,将不能按照进度计划预定的竣工期完成工程时,可采取加快工程进度的措施,以赶上工程进度计划中的阶段目标或总体目标。

6.调整资源

当资源供应发生异常时,即资源中断或强度降低,不能满足施工需要,影响计划工期的实现时,可进行工期规定、资源有限或资源强度降低、工期适当优化,以保证计划工期。

施工进度计划调整后,应编制调整后的施工进度计划。

三、施工进度控制总结

1.目标完成情况

(1)时间目标完成情况。可以通过计算以下指标进行分析:

合同工期节约值=合同工期−实际工期

指令工期节约值=指令工期−实际工期

定额工期节约值=定额工期−实际工期

定额工期节约值=社会先进水平工期−实际工期

缩短工期的经济效益=缩短一天产生的经济效益×缩短工期天数

缩短工期的原因大致有以下几种:计划编制得积极可靠;执行认真,控制得力;协调及时有效;劳动效率高等。

(2)资源利用情况。所使用的指标有:

单方用工=总用工数/建筑面积

劳动力不均衡系数=最高日用工数/平均日用工数

节约工日数=计划用工工日−实际用工工日

主要材料节约量=计划材料用量−实际材料用量

主要机械台班节约量=计划主要机械台班数−实际主要机械台班数

资源节约大致原因有以下几种:计划积极可靠;资源优化效果好;按计划保证供应;认真制定并实施了节约措施;协调及时得力。

(3)成本情况。主要指标有:

降低成本额=计划成本−实际成本

节约成本的主要原因大致如下:计划积极可靠;成本优化效果好;认真制定并执行了节约成本措施;工期缩短;成本核算及成本分析工作效果好。

2.进度控制中问题的总结

这里所指的问题是:某些进度控制目标没有实现,或在计划执行中存在缺陷。在总结时,可以定量地计算,指标与前项相同;也可以定性地分析。对产生问题的原因也要从编制和执行计划中去找。问题要找够,原因要摆透,不能文过饰非。遗留的问题应反馈到下一控制循环解决。

进度控制中出现问题的种类大致有以下几种:工期拖后,资源浪费,成本浪费,计划变化太大等。控制中出现上述问题的原因大致是:计划本身的原因、资源供应和使用中的原因、协调方面的原因、环境方面的原因等。

3.进度控制中经验的总结

经验是指对成绩及其取得的原因进行分析以后,归纳出来的可以为以后进度控制借鉴的本质的、规律性的东西。总结进度控制的经验可以从以下几方面进行:

(1)怎样编制计划,编制什么样的计划才能取得更大效益,包括准备、绘图、计算等。

(2)怎样优化计划才更有实际意义,包括优化目标的确定、优化方法的选择、优化计算、优化结果的评审、电子计算机应用等。

(3)怎样实施、调整与控制计划,包括组织保证、宣传、培训、建立责任制、信息反馈、调度、统计、记录、检查、调整、修改、成本控制方法、资源节约措施等。

(4)进度控制工作的新创造。总结出来的经验应有应用价值,通过企业有关领导部门审查批准,形成规程、标准或制度,作为以后工作必须遵守或参照执行的文件。

4.提高进度控制工作水平的措施

措施即办法,是在总结进度控制中问题及其产生的原因的基础上,有针对性地提出解决遗留问题的办法,其中应包括对已总结的经验的推行,应包括以下一些措施:

(1)编制更好的计划的措施;

(2)更好的执行计划的措施;

(3)有效的控制措施。

5.总结的方法

(1)在计划编制执行中,应积累资料,作为总结的基础;

(2)在总结这前应进行实际调查,取得原始中没有的情况或信息;

(3)召开总结分析会议;

(4)提倡采用定量的对比分析法;

(5)尽量采用计算机,以提高总结分析的速度和准确性;

(6)总结分析资料要分类归档。

第六章　施工项目进度控制

第七章 道路工程质量管理

质量是一个工程中最为重要的,会直接影响道路后期的维修保养费用以及使用寿命,因此,对道路工程的质量管理是非常有必要的。本章主要对道路工程质量管理进行详细的讲解。

第一节 道路工程质量控制的常用方法

一、进行工程质量管理策划

在对设计文件审核与分析后,项目经理应负总责,协调相关部门进行项目质量管理策划,包括:

1. 质量目标和要求;
2. 质量管理组织和职责;
3. 施工管理依据的文件;
4. 人员、技术、施工机具等资源的需求和配置;
5. 场地、道路、水电、消防、临时设施规划;
6. 质量控制关键点分析及设置;
7. 进度控制措施;
8. 施工质量检查、验收及相关标准;
9. 突发事件的应急措施;
10. 对违规事件的报告和处理;
11. 应收集的信息及其传递要求;
12. 与工程建设有关方的沟通方式;
13. 施工管理应形成的记录;
14. 质量管理和技术措施;
15. 施工企业质量管理的其他要求。

二、现场质量检查控制

现场工程质量检查分开工前检查、施工过程中检查和分项工程完成后的检查。现场质量检查控制的方法主要有：测量、试验、观察、分析、记录、监督、总结改进。

1. 开工前检查：目的是检查是否具备开工条件，施工工艺与施工组织设计对照是否正确无误，开工后能否连续正常施工，能否保证工程质量。

2. 工序交接检查与工序检查：工序交接检查应建立制度化控制，坚持实施。对于关键工序或对工程质量有重大影响的工序，在自检、互检的基础上，还要组织专职人员进行工序交接检查，以确保工序合格，使下道工序能顺利展开。

3. 隐蔽工程检查：凡是隐蔽工程均应经检查认证后方可覆盖。

4. 停工后复工前的检查：因处理质量问题或某种原因停工后再复工时，均应检查认可后方可复工。

5. 分项、分部工程完工后的检查：应按规定的程序和要求，经检查认可并签署验收记录后，才允许进行下一工程项目施工。

6. 成品、材料、机械设备等的检查：主要检查成品、材料等有无可靠的保护措施及其落实而且有效，以控制不发生损坏、变质等问题；检查机械设备的技术状态，以确保其处于完好的可控制状态。

7. 巡视检查：对施工操作质量应进行巡视检查，必要时还应进行跟踪检查。

三、工程质量控制关键点

1. 质量控制关键点的设置

应根据不同管理层次和职能，按以下原则分级设置。

(1) 施工过程中的重要项目、薄弱环节和关键部位。
(2) 影响工期、质量、成本、安全、材料消耗等重要因素的环节。
(3) 新材料、新技术、新工艺的施工环节。
(4) 质量信息反馈中缺陷频数较多的项目。

关键点应随着施工进度和影响因素的变化而调整。

2. 质量控制关键点的控制

(1) 制定质量控制关键点的管理办法。
(2) 落实质量控制关键点的质量责任。
(3) 开展质量控制关键点QC小组活动。
(4) 在质量控制关键点上开展一次抽检合格的活动。
(5) 认真填写质量控制关键点的质量记录。
(6) 落实与经济责任相结合的检查考核制度。

3.质量控制关键点的文件

(1)质量控制关键点作业流程图。

(2)质量控制关键点明细表。

(3)质量控制关键点(岗位)质量因素分析表。

(4)质量控制关键点作业指导书。

(5)自检、交接检、专业检查记录以及控制图表。

(6)工序质量统计与分析。

(7)质量保证与质量改进的措施与实施记录。

(8)工序质量信息。

4.质量控制关键点实际效果的考查

质量控制关键点的实际效果表现在施工质量管理水平和各项指标的实现情况上。要运用数理统计方法绘制工程项目总体质量情况分析图表,该图表要反映动态控制过程与施工项目实际质量情况。各阶段质量分析要纳入施工项目方针目标管理。

5.道路工程质量控制关键点

(1)土方路基工程施工中常见质量控制关键点。

1)施工放样与断面测量。

2)路基原地面处理,按施工技术合同或规范规定要求处理,并认真整平压实。

3)使用适宜材料,必须采用设计和规范规定的适用材料,保证原材料合格,正确确定土的最大干密度和最佳含水量。

4)压实设备及压实方案。

5)路基纵、横向排水系统设置。

6)每层的松铺厚度,横坡及填筑速率。

7)分层压实,控制填土的含水量,确保压实度达到设计要求。

土的最佳含水量是土基施工的一个重要控制参数,是土基达到最大干密度所对应的含水量。根据不同的土的性质,测定最佳含水量的试验方法通常有:轻型、重型击实试验;振动台法;表面振动击实仪法。

压实度是路基质量控制的重要指标之一,是现场干密度和室内最大干密度的比值。压实度越高、路基密实度越大,材料整体性能越好。其现场密度的测定方法有:灌砂法;环刀法;核子密度湿度仪法。

(2)路面基层(底基层)施工中常见的质量控制关键点。

1)基层施工所采用设备组合及拌和设备计量装置校验。

2)路面基层(底基层)所用结合料(如水泥、石灰)剂量。

3)路面基层(底基层)材料的含水量、拌和均匀性、配合比。

4)路面基层(底基层)的压实度、弯沉值、平整度及横坡等。

5)如采用级配碎(砾)石还需要注意集料的级配和石料的压碎值。

6)及时有效的养护。

(3)水泥混凝土路面施工中常见质量控制关键点。

1)基层强度、平整度、高程的检查与控制。

2)混凝土材料的检查与试验,水泥品种及用量确定。

3)混凝土拌和、摊铺设备及计量装置校验。

4)混凝土配合比设计和试件的试验。混凝土的水灰比、外加剂掺加量、坍落度应控制。

5)混凝土的摊铺、振捣、成型及避免离析。

6)切缝时间和养护技术的采用。

水泥混凝土抗折强度与抗压强度的测定是混凝土材料质量检验的两个重要试验。

水泥混凝土抗折(抗弯拉)强度试验是以150mm×150mm×550mm的梁形试件在标准养护条件下达到规定龄期后,在净跨径450mm的双支点荷载作用下进行弯拉破坏,并按规定的计算方法得到强度值。水泥混凝土抗折强度是混凝土主要力学指标之一,通过试验取得的检测结果是路面混凝土组成设计的重要参数。

水泥混凝土抗压强度试验是以边长为150mm的正立方体标准试件,标准养护到28d,再在万能试验机上按规定方法进行破坏试验测得抗压强度。当混凝土抗压强度采用非标准试件应进行换算得到抗压强度值。通过水泥混凝土抗压强度试验,可以确定混凝土强度等级,作为评定混凝土品质的重要指标。

(4)沥青混凝土路面施工中常见质量控制关键点。

1)基层强度、平整度、高程的检查与控制。

2)沥青材料的检查与试验。沥青混凝土配合比设计和试验。

3)沥青混凝土拌和设备及计量装置校验。

4)路面施工机械设备配置与压实方案。

5)沥青混凝土的拌和、运输及摊铺温度控制。

6)沥青混凝土摊铺厚度的控制和摊铺中离析控制。

7)沥青混凝土的碾压与接缝施工。

沥青混凝土配合比设计采用马歇尔试验配合比设计法。该法是首先按配合比设计拌制沥青混合料,然后制成规定尺寸试件,12h之后测定其物理指标(包括表观密度、空隙率、沥青饱和度、矿料间隙率等),然后测定稳定度和流值。热拌沥青混合料配合比设计应通过目标配合比设计、生产配合比设计及生产配合比验证三个阶段,确定沥青混合料的材料品种及配合比、矿料级配、最佳沥青用量。

马歇尔稳定度试验是对标准击实的试件在规定的温度和速度等条件下受压,测定沥青混合料的稳定度和流值等指示所进行的试验。马歇尔稳定度试验主要用于沥青混合料的配合比设计及沥青路面施工质量检验。浸水马歇尔稳定度试验主要是检验沥青混合料受水损害时抵抗剥落的能力,通过测试其水稳定性检验配合比设计的可行性。

(5)桥梁基础工程施工中常见质量控制关键点。

1)扩大基础:基底地基承载力的检测确认,满足设计要求;基底表面松散层的清理;及时浇筑垫层混凝土,减少基底暴露时间;大体积混凝土施工裂缝控制。

2)钻孔桩:桩位坐标与垂直度控制;护筒埋深;泥浆指标控制;护筒内水头高度;孔径的控制,防止缩径;桩顶、桩底标高的控制;清孔质量(嵌岩桩与摩擦桩要求不同);钢筋笼接头质量;导管接头质量检查与水下混凝土的灌注质量。

3)沉井:初始平面位置的控制;刃脚质量;下沉过程中沉井倾斜度与偏位的动态控制;封底混凝土的浇筑工艺确保封底混凝土的质量。

(6)水中承台施工常见质量控制关键点

水中承台施工一般可采用筑岛围堰、钢板桩围堰、钢吊箱围堰、钢套箱围堰等。

1)钢围堰施工常见质量控制关键点:钢围堰的设计与加工制造质量控制;钢围堰入水、落床及入土下沉过程中平面位置、高程等的控制;钢围堰下沉到位后的清底及整平;封底混凝土浇筑时的导管布设与封底混凝土厚度控制;承台混凝土配合比设计;抽水后封底混凝土基底的调平;承台混凝土浇筑导管布设及混凝土振捣;大体积混凝土温控设施的设计、施工及大体积混凝土养护;各类预埋件的施工质量控制。

2)钢套箱施工质量控制关键点:钢套箱的设计与加工制造质量控制;钢套箱水平及竖向限位装置的施工质量控制;封底混凝土浇筑时的导管布设与封底混凝土厚度控制;承台混凝土的配合比设计;抽水后封底混凝土的调平;承台混凝土浇筑导管布设及混凝土振捣;大体积混凝土温控设施的设计、施工及大体积混凝土;各类预埋件的施工质量控制。

第二节 道路工程质量缺陷处理方法

一、质量缺陷性质的确定

质量缺陷性质的确定,是最终确定缺陷问题处理办法的首要工作和根本依据。一般通过下列方法来确定缺陷的性质:

1.观察现场情况和查阅记录资料。指对有缺陷的工程进行现场情况、施工过程、施工设备和施工操作情况等进行现场观察和检查。主要包括查阅试验检测报告、施工技术资料、施工过程记录、施工日志、施工工艺流程、施工方案、施工机械运转记录等相关记录,同时在特殊季节关注天气情况等。

2.检验与试验。通过检查和了解可以发现一些表面的问题,得出初步结论,但往往需要进一步的检验与试验来加以验证。

检验与试验,主要是通过检查、测量与该缺陷工程的有关技术指标,以便准确找出产生缺陷的原因。例如,若发现石灰土的强度不足,则在检验强度指标的同时,还应检验石灰剂量,石灰与土的物理化学性质,以便发现石灰土强度不足是因为材料不合格、配比不合格或养护不好,还是因为其他如气候之类的原因造成的,检测和试验的结果将作为确定缺陷性质和制定随后的处理措施的主要依据。

3.专题调研。有些质量问题,仅仅通过以上两种方法仍不能确定。如某大桥在交工后不到一年的时间里出现了超过规范要求的裂缝,仅通过简单的观察和查阅现有资料很难确定产生裂缝的根本原因,找不到原因也就无从确定进一步的处理措施,在这种情况下就需要采用专项调研,通过对勘测、设计、施工各个环节的调查、分析研究,辅之以辅助的检测手段,确定质量问题的性质和为随后采取的措施提供依据

在这种情况下,为了查明产生问题的根本原因,有必要组织有关方面的专家或专题调查组提出检测方案,对所得到的一系列参考依据和指标进行综合分析研究,找出产生缺陷的原因,确定缺陷的性质。这种专题研究,对缺陷问题的妥善解决作用重大,因此经常被采用。

二、质量缺陷处理方法

1.整修与返工。缺陷的整修,主要是针对局部性的、轻微的且不会给整体工程质量带来严重影响的缺陷。如水泥混凝土结构的局部蜂窝、麻面,道路结构层的局部压实度不足等。这类缺陷一般可以比较简单地通过修整得到处理,不会影响工程总体的关键性技术指标。由于这类缺陷很容易出现,因而修补处理方法最为常用。

返工的决定应建立在认真调查研究的基础上。是否返工,应视缺陷经过补救后能否达到规范标准而定,对于补救后不能满足标准的工程必须返工。如某承包人为赶工期,曾在雨中铺筑沥青混凝土,监理工程师只得责令承包人将已经铺完的沥青面层全部清除重铺;一些无法补救的低质涵洞也被炸掉重建;温度过低或过高的沥青混合料在现场被监理工程师责令报废等。

2.综合处理办法。综合处理办法主要是针对较大的质量事故而言的。这种处理办法不像返工和整修那样简单具体,它是一种综合的缺陷(事故)补救措施,能够使得工程缺陷(事故)以最小的经济代价和工期损失重新满足规范要求。处理的办法因工程缺陷(事故)的性质而异,性质的确定则以大量的调查及丰富的施工经验和技术理论为基础。具体做法可组织联合调查组、召开专家论证会等方式。实践证明,这是一

条合理解决这类问题的有效途径。例如:某桥梁上部为4孔20m预制空心板结构,下部为桩基础形式。0号桥台施工放样时发生错误,导致第一孔跨径增加了50cm,发现时桩基础、承台、台身已全部完成,空心板预制了二分之一。经综合论证,采用下部不变,改变上部的方式,第一孔空心板跨径增加了50cm,增加费用约2万元。而采用返工方式,需要大约8万元和2个月工期。

第三节 桥梁工程质量检验

一、桥梁总体

1.基本要求

(1)桥梁施工应严格按照设计图纸、施工技术规范和有关技术操作规程要求进行。

(2)桥下净空不得小于设计要求。

(3)特大跨径桥梁或结构复杂的桥梁,必要时应进行荷载试验。

2.实测项目

桥面中线偏位、桥宽(含车行道和人行道)、桥长、引道中心线与桥梁中心线的衔接以及桥头高程衔接。

二、钻孔灌注桩施工质量检验

1.基本要求

(1)桩身混凝土所用的水泥、砂、石、水、外加剂及混合材料的质量和规格必须符合有关规范的要求,按规定的配合比施工。

(2)成孔后必须清孔,测量孔径、孔深、孔位和沉淀层厚度,确认满足设计或施工技术规范要求后,方可灌注水下混凝土。

(3)水下混凝土应连续灌注,严禁有夹层和断桩。

(4)嵌入承台的锚固钢筋长度不得低于设计规范规定的最小锚固长度要求。

(5)应选择有代表性的桩用无破损法进行检测,重要工程或重要部位的桩宜逐根进行检测。设计有规定或对桩的质量有怀疑时,应采取钻取芯样法对桩进行检测。

(6)凿除桩头预留混凝土后,桩顶应无残余的松散混凝土。

2.实测项目

钻孔灌注桩实测项目有:混凝土强度、桩位、孔深、孔径、钻孔倾斜度、沉淀厚度、钢筋骨架底面高程。

三、沉井施工质量检验

1. 基本要求

（1）混凝土桩所用的水泥、砂、石、水、外加剂及混合材料的质量和规格必须符合有关规范的要求，按规定的配合比施工。

（2）沉井下沉应在井壁混凝土达到规定强度后进行。浮式沉井在下水、浮运前，应进行水密性试验。

（3）沉井接高时，各节的竖向中轴线应与第一节竖向中轴线相重合。接高前应纠正沉井的倾斜。

（4）沉井下沉到设计高程时，应检查基底，确认符合设计要求后方可封底。

（5）沉井下沉中出现开裂，必须查明原因，进行处理后才可继续下沉。

（6）下沉应有完整、准确的施工记录。

2. 实测项目

沉井实测面目有：各节沉井混凝土强度、沉井平面尺寸、井壁厚度、沉井刃脚高程、中心偏位（纵、横向）、沉井最大倾斜度（纵、横方向）、平面扭转角。

四、扩大基础质量检验

1. 基本要求

（1）所用的水泥、砂、石、水、外加剂及混合材料的质量和规格必须符合有关规范的要求，按规定的配合比施工。

（2）不得出现露筋和空洞现象。

（3）基础的地基承载力必须满足设计要求。

（4）严禁超挖回填虚土。

2. 实测项目

主要实测项目有：混凝土强度、平面尺寸、基础底面高程、基础顶面高程、轴线偏位。

五、钢筋加工及安装施工质量检验

1. 基本要求

（1）钢筋、机械连接器、焊条等的品种、规格和技术性能应符合国家现行标准规定和设计要求。

（2）冷拉钢筋的机械性能必须符合规范要求，钢筋平直，表面不应有裂皮和油污。

（3）受力钢筋同一截面的接头数量、搭接长度、焊接和机械接头质量应符合施工技术规范要求。

(4)钢筋安装时,必须保证设计要求的钢筋根数。

(5)受力钢筋应平直,表面不得有裂纹及其他损伤。

2.实测项目

钢筋加工及安装施工的实测项目有:受力钢筋间距,箍筋、横向水平钢筋、螺旋筋间距,钢筋骨架尺寸,弯起钢筋位置、保护层厚度。

六、预应力筋的加工和张拉质量检验

1.基本要求

(1)预应力筋的各项技术性能必须符合国家现行标准规定和设计要求。

(2)预应力束中的钢丝、钢绞线应梳理顺直,不得有缠绞、扭麻花现象,表面不应有损伤。

(3)单根钢绞线不允许断丝。单根钢筋不允许断筋或滑移。

(4)同一截面预应力筋接头面积不超过预应力筋总面积的25%,接头质量应满足施工技术规范的要求。

(5)预应力筋张拉或放张时混凝土强度和龄期必须符合设计要求,严格按照设计规定的张拉顺序进行操作。

(6)预应力钢丝采用镦头锚时,镦头应头形圆整,不得有斜歪或破裂现象。

(7)制孔管道应安装牢固,接头密合,弯曲圆顾。锚垫板平面应与孔道轴线垂直。

(8)千斤顶、油表、钢尺等器具应经检验校正。

(9)锚具、夹具和连接器应符合设计要求,按施工技术规范的要求经检验合格后方可使用。

(10)压浆工作在5℃以下进行时,应采取防冻或保温措施。

(11)孔道压浆的水泥浆性能和强度应符合施工技术规范要求,压浆时排气、排水孔应有水泥原浆溢出后方可封闭。

(12)按设计要求浇筑封锚混凝土。

2.实测项目

管道坐标(包含梁长方向和梁高方向)、管道间距(包含同排和上下层)、张拉应力值、张拉伸长率、断丝滑丝数。

七、承台质量检验

1.基本要求

(1)所用的水泥、砂、石、水、外加剂及混合材料的质量和规格必须符合有关规范的要求,按规定的配合比施工。

(2)必须采取措施控制水化热引起的混凝土内最高温度及内外温差在允许范围

内,防止出现温度裂缝。

(3)不得出现露筋和空洞现象。

2.实测项目

承台实测项目有:混凝土强度、尺寸、顶面高程和轴线偏位。

八、混凝土墩、台身浇筑质量检验

1.基本要求

(1)混凝土所用的水泥、砂、石、水、外加剂及混合材料的质量和规格,必须符合有关技术规范的要求,按规定的配合比施工。

(2)不得出现空洞和露筋现象。

2.实测项目

混凝土强度、断面尺寸、竖直度或斜度、顶面高程、轴线偏位、节段间错台、大面积平整度、预埋件位置。

九、墩、台帽或盖梁混凝土浇筑质量检验

1.基本要求

(1)混凝土所用的水泥、砂、石、水、外加剂及混合材料的质量和规格必须符合有关技术规范的要求,按规定的配合比施工。

(2)不得出现露筋和空洞现象。

2.实测项目

墩、台帽或盖梁混凝土浇筑实测项目有:混凝土强度、断面尺寸、轴线偏位、顶面高程、支座垫石预留位置。

十、预制和安装梁(板)质量检验

1.基本要求

(1)所用的水泥、砂、石、水、外加剂及混合材料的质量和规格必须符合有关规范的要求,按规定的配合比施工。

(2)梁(板)不得出现露筋和空洞现象。

(3)空心板采用胶囊施工时,应采取有效措施防止胶囊上浮。

(4)梁(板)在吊移出预制底座时,混凝土的强度不得低于设计所要求的吊装强度;梁(板)在安装时,支承结构(墩台、盖梁、垫石)的强度应符合设计要求。

(5)梁(板)安装前,墩、台支座垫板必须稳固。

(6)梁(板)就位后,梁两端支座应对位,梁(板)底与支座以及支座底与垫石顶须密贴,否则应重新安装。

(7)两梁(板)之间接缝填充材料的规格和强度应符合设计要求。

2.实测项目

梁(板)预制实测项目有:混凝土强度、梁(板)长度、宽度、高度、断面尺寸、平整度和横系梁及预埋件位置。

梁(板)安装实测项目有:支座中心偏位、倾斜度、梁(板)顶面纵向高程、相邻梁(板)顶面高差。

十一、就地浇筑梁(板)质量检验

1.基本要求

(1)所用的水泥、砂、石、水、外加剂及混合材料的质量和规格必须符合有关规范的要求,按规定的配合比施工。

(2)支架和模板的强度、刚度、稳定性应满足施工技术规范的要求。

(3)预计的支架变形及地基的下沉量应满足施工后梁体设计标高的要求,必要时应采取对支架预压的措施。

(4)梁(板)不得出现露筋和空洞现象。

(5)预埋件的设置和固定应满足设计和施工技术规范的规定。

2.实测项目

就地浇筑梁(板)的实测项目有:混凝土强度、轴线偏位、梁(板)顶面高程、断面尺寸、长度、横坡、平整度。

十二、悬臂梁施工质量检验

1.基本要求

(1)悬臂梁浇筑或合龙段浇筑所用的水泥、砂、石、水、外加剂及混合材料的质量和规格必须符合有关规范的要求,按规定的配合比施工。

(2)悬拼或悬浇块件前,必须对桥墩根部(0号块件)的高程、桥轴线作详细复核,符合设计要求后,方可进行悬拼或悬浇。

(3)悬臂梁施工必须对称进行,应对轴线和高程进行施工控制。

(4)在施工过程中,梁体不得出现宽度超过设计和规范规定的受力裂缝。一旦出现,必须查明原因,经过处理后方可继续施工。

(5)必须确保悬浇或悬拼的梁接头质量,梁段间胶结材料的性能、质量必须符合设计要求,接缝填充密实。

(6)悬臂梁合龙时,两侧梁体的高差应在设计允许范围内。

2.实测项目

悬臂梁浇筑的实测项目有:混凝土强度、轴线偏位、顶面高程、断面尺寸、合龙后同跨对称点高程差、横坡、平整度。

悬臂梁拼装的实测项目有：合龙段混凝土强度、轴线偏位、顶面高程、合龙后同跨对称点高程差。

十三、拱的安装施工质量检验

1.基本要求

(1)拱桥安装必须严格按设计规定的程序进行施工。

(2)拱段接头采用现浇混凝土时，必须确保其强度和质量，在达到设计规定强度时，方可进行拱上建筑的施工。

(3)安装过程中，如杆件或节点出现开裂，应查明原因，采取措施后，方可继续进行。

(4)合龙段两侧高差必须在设计规定的允许范围内。

2.实测项目

主拱圈安装实测项目有：轴线偏位、拱圈高程、对称接头点相对高差、同跨各拱肋相对高差、同跨各拱肋间距。

十四、斜拉桥混凝土索塔质量检验

1.基本要求

(1)混凝土所用的水泥、砂、石、水、外加剂及混合材料的质量和规格必须符合有关规范的要求，按规定的配合比施工。

(2)索塔的索道孔、锚箱位置及锚箱锚固面与水平面的交角均应控制准确，锚垫板与孔道必须互相垂直。

(3)分段浇筑时，段与段间不得有错台。

(4)不得出现漏筋和空洞现象。

(5)横梁施工中，不得因支架变形、温度或预应力而出现裂缝，横梁与塔柱紧密连成整体。

2.实测项目

塔柱的实测项目有：混凝土强度、塔柱底偏位、倾斜度、外轮廓尺寸、壁厚、锚固点高程、孔道位置、预埋件位置。

十五、悬索桥索鞍安装质量检验

1.基本要求

(1)索鞍成品必须按设计和有关技术规范要求验收合格，并有产品合格证，方可安装。

(2)必须按要求放置底板或格栅,并与底座混凝土连成整体。底座混凝土应振捣密实,强度符合设计要求。

(3)安装前应进行全面检查,如有损伤,须做处理。索槽内部应清洁,不应沾上减少缆索和索鞍之间摩擦的油或油漆等材料。

(4)索鞍就位后应锁定牢靠。

2.实测项目

主索鞍安装的实测项目有:最终偏位、高程、四角高差。

散索鞍安装的实测项目有:底板轴线纵、横向偏位、底板中心高程5底板扭转、安装基线扭转、散索鞍竖向倾斜角。

十六、悬索桥主缆架设质量检验

1.基本要求

(1)索股成品应有合格证,必须按设计和有关技术规范要求验收合格方可架设。

(2)索股入鞍、入锚位置必须符合设计要求,架设时严禁索股弯折、扭转和散开。

(3)索股锚固应与锚板正交,锚头锁定装置应牢固。

2.实测项目

主缆架设的实测项目有:索股高程、锚跨索股力偏差、主缆空隙率、主缆直径不圆度。

十七、桥面铺装施工质量检验

1.基本要求

(1)水泥混凝土桥面的基本要求同水泥混凝土路面,沥青混凝土桥面的基本要求同沥青混凝土路面。

(2)桥面泄水孔进水口的布置应有利于桥面和渗入水的排除,其数量不得少于设计要求,出水口不得使水直接冲刷桥体。

2.实测项目

桥面铺装实测项目有:强度或压实度、厚度、平整度、横坡及抗滑构造深度。

第四节 质量检验评定

一、道路工程质量检验和评定的标准

道路工程质量检验和评定的标准是:交通运输部颁布的《道路工程质量检验评定标准 第一册 土建工程》及项目专用技术规范。

二、单位工程、分部工程和分项工程的划分

1. 单位工程

单位工程是指在建设项目中,根据签订的合同,具有独立施工条件的工程。

2. 分部工程

在单位工程中,应按结构部位、路段长度及施工特点或施工任务划分为若干个分部工程。

3. 分项工程

在分部工程中,应按不同的施工方法、材料、工序及路段长度等划分为若干个分项工程。

三、工程质量评分方法

1. 工程质量检验评分以分项工程为单元,采用百分制进行。在分项工程评分的基础上,逐级计算各相应分部工程、单位工程、合同段和建设项目评分值。

2. 工程质量评定等级分为合格与不合格,应按分项、分部、单位工程、合同段和建设项目逐级评定。

3. 施工单位应对各分项工程按《道路工程质量检验评定标准 第一册 土建工程》所列基本要求、实测项目和外观鉴定进行自检,按"工程质量检验评定用表"及相关施工技术规范提交真实、完整的自检资料,对工程质量进行自我评定。

4. 工程监理单位应按规定要求对工程质量进行独立抽检,对施工单位检评资料进行签认,对工程质量进行评定。

5. 建设单位根据对工程质量的检查及平时掌握的情况,对工程监理单位所做的工程质量评分及等级进行审定。

6. 质量监督部门、质量检测机构依据《道路工程质量检验评定标准 第一册 土建工程》对道路工程质量进行检测评定。

四、工程质量评分方法

1. 分项工程质量评分

分项工程质量检验内容包括基本要求、实测项目、外观鉴定和质量保证资料四个部分。只有在其使用的原材料、半成品、成品及施工工艺符合基本要求的规定,且无严重外观缺陷和质量保证资料真实并基本齐全时,才能对分项工程质量进行检验评定。

涉及结构安全和使用功能的重要实测项目为关键项目,其合格率不得低于90%(属于工厂加工制造的交通工程安全设施及桥梁金属构件不低于95%,机电工程为

100%),且检测值不得超过规定极值,否则必须进行返工处理。实测项目的规定极值是指任一单个检测值都不能突破的极限值,不符合要求时该实测项目为不合格。

分项工程的评分值满分为100分,按实测项目采用加权平均法计算。存在外观缺陷或资料不全时,须减分。

$$\text{分项工程得分} = \frac{\sum[\text{检查项目得分} \times \text{权值}]}{\sum \text{检查项目权值}}$$

分项工程评分值=分项工程得分—外观缺陷减分—资料不全减分项

(1)基本要求检查。

分项工程所列基本要求,对施工质量优劣具有关键作用,应按基本要求对工程进行认真检查。经检查不符合基本要求规定时,不得进行工程质量的检验和评定。

(2)实测项目计分。

对规定检查项目采用现场抽样方法,按照规定频率和下列计分方法对分项工程的施工质量直接进行检测计分。

检查项目除按数理统计方法评定的项目以外,均应按单点(组)测定值是否符合标准要求进行评定,并按合格率计分

检查项目合格率(%)=检查合格的点(组)数/该检查项目的全部检查点(组)数

检查项目得分=检查项目合格率×100%

(3)外观缺陷减分。

对工程外表状况应逐项进行全面检查,如发现外观缺陷,应进行减分。对于较严重的外观缺陷,施工单位须采取措施进行整修处理。

(4)资料不全减分。

分项工程的施工资料和图表残缺,缺乏最基本的数据,或有伪造涂改者,不予检验和评定。资料不全者应予减分,减分幅度可按《道路工程质量检验评定标准第一册土建工程》所列各款逐款检查,视资料不全情况,每款减1~3分。

2.分部工程和单位工程质量评分

分项工程和分部工程区分为一般工程和主要(主体)工程,分别给以1和2的权值。进行分部工程和单位工程评分时,采用加权平均值计算法确定相应的评分值。

$$\text{分部(单位)工程评分值} = \frac{\sum \text{分项(分部)工程评分值} \times \text{相应权值}}{\sum \text{分项(分部)工程权值}}$$

3.合同段和建设项目工程质量评分中,施工合同段工程质量评分采用所含各单位工程质量评分的加权平均值。即

$$\text{施工合同段工程质量评分值} = \frac{\sum(\text{单位工程评分值} \times \text{该单位工程投资额})}{\text{合同段总投资额}}$$

整个工程项目工程质量评分采用加权平均法进行。即

$$\text{工程质量评分值} = \frac{\sum(\text{合同段工程质量评分值} \times \text{该合同段投资额})}{\sum \text{施工合同段投资额}}$$

五、质量保证资料

施工单位应有完整的施工原始记录、试验数据、分项工程自查数据等质量保证资料,并进行整理分析,负责提交齐全、真实和系统的施工资料和图表。工程监理单位负责提交齐全、真实和系统的监理资料。质量保证资料应包括以下六个方面:

1.所用原材料、半成品和成品质量检验结果;
2.材料配比、拌和加工控制检验和试验数据;
3.地基处理、隐蔽工程施工记录和大桥、隧道施工监控资料;
4.各项质量控制指标的试验记录和质量检验汇总图表;
5.施工过程中遇到的非正常情况记录及其对工程质量影响分析;
6.施工过程中如发生质量事故,经处理补救后,达到设计要求的认可证明文件等。

六、工程质量等级评定

1.分项工程质量等级评定

分项工程评分值不小于75分者为合格;2小于75分者为不合格;机电工程、属于工厂加工制造的桥梁金属构件不小于90分者为合格,小于90分者为不合格。

评定为不合格的分项工程,经加固、补强或返工、调测,满足设计要求后,可以重新评定其质量等级,但计算分部工程评分值时按其复评分值的90%计算。

2.分部工程质量等级评定

所属各分项工程全部合格,则该分部工程评为合格;所属任一分项工程不合格,则该分部工程为不合格。

3.单位工程质量等级评定

所属各分部工程全部合格,则该单位工程评为合格;所属任一分部工程不合格,则该单位工程为不合格。

4.合同段和建设项目质量等级评定

合同段和建设项目所含单位工程全部合格,其工程质量等级为合格;所属任一单位工程不合格,则合同段和建设项目为不合格。

七、道路工程质量检测的意义

(一)工程试验检测环节的重要性

以道路工程建设为例,随着道路等级的不断提升,对于道路工程的建设要求也不断提高,各级交通管理部门、施工单位虽然经对于道路质量检测以及施工质量加强了重视,但是在现存的许多工作之中,仍旧有一些施工单位"上有政策、下有对策",原材料的质量未能达到施工技术要求;有些单位虽然具备了足够的试验检测设备,建立了试验基地,也组织了相关的工程试验检测人员进行检测,但由于各种原因,已有资源不能充分发挥功能。大量的工程实践经验都表明:如果不重视现场的施工监测和质量管理工作,不注意实际检测,仅仅依靠以往的经验去评估工程的好坏,就容易导致在建设初期,工程质量就出现破坏迹象。因此必须在施工开始就配备足量且有丰富经验的试验检测人员,建立健全的工程质量检测管理体系,这样才可以达到缩短工期、提高质量、降低成本的目的;其次,工程试验检测人员必须努力抓好施工过程之中的每一个环节,力图降低人为的误差,提高试验检测的准确度,保证检测结果的可靠性。只有如此,工程试验检测环节才能在工程质量检测中发挥其应有的作用。

(二)开工阶段和施工阶段中工程试验检测对工作质量的控制

1.施工前的各项原料检测

对于每一个工程项目而言,在项目开工之前,都要对工程项目的各个部分配以详尽的工程质量控制指标,例如所使用的水泥及砂石的型号品质、集料规格、不同型号混凝土之间的掺配,这些数据是施工中的重要参数,亦是竣工后相关质量检测的重要依据。所以,及时提供科学精准的试验数据对于工程技术人员来说是十分重要的。在项目开工之前,负责工程的工程试验检测人员会依据项目的设计要求与给定的工程质量技术标准,结合施工地点的实际情况来确定所要使用施工材料,例如混凝土、水泥、砂石等的相关配合比,为工程的顺利施工打下良好基础。

对于路基填土而言,最重要的两个因素是干密度和含水量,施工中应尽量达到最大干密度与最佳含水量,这就需要进行击实试验;对于沥青混合料,一般采用马歇尔试验测量稳定度和流值等指标,而且在施工过程之中,为保证路面质量,应严格控制沥青用量、摊铺温度、压实方法等因素。诸如此类的做法,既能够为工程的施工提供经济可行的配料方案,也能够为日后的施工积累大量的数据资料,更能够保证工程质量,降低工程成本,所以说,工程试验检测是项目开工前必不可少的准备工作。

2.项目施工中的工程试验检测

对于一个安全性能达标,工程质量好的工程而言,每道工序都需要严加把关,不仅要注重施工工艺,更要狠抓施工质量,做好施工过程之中的工程试验检测。例如在道路路基的施工建设中,每一层材料的选取、摊铺的厚度配备何种碾压的机器以及所采用材料的含水量都对于路基压实质量有直接的影响,在路基建设成型之后,对路面铺装的质量也有很大的影响,虽然经过多年的车辆碾压,也可以使路面发生破损。

但是现场所测得压实度数据却可以直接地体现出路基的强度与质量的好坏。在施工建设完成一部分之后,应该按照一定的标准对其进行检验。检测的内容主要涵盖建筑物的中线偏移量、相对于检测轴线的实际位置、压实度、偏移量等等;例如对于压实度的检测,一般选用灌砂法、路面取芯法;为反映路面各结构层及土基的整体强度和刚度,一般使用弯沉仪进行测量;在进行水泥混凝土抗压抗折程度检测时,应注意控制仪器荷载,避免由于荷载过快或过慢造成试验误差,或者是仪器的损坏。

(三)竣工阶段工程试验检测对工作质量的控制

在项目的施工进程中,合理有效地进行工程试验检测,可以做到对于材料性能更好了解,从而更加合理、更加经济地进行施工。在项目竣工之后,无论项目规模的大小还是工期长短都需要进行一次整体的交工验收,在所组织的验收技术人员中,试验检测人员也是必不可少的,他们要完成很多的项目现场检测工作,例如路基压实度、平整度、路面强度、隧道抗渗等各种检测。为保证道路工程质量,我国交通运输部颁布了《道路工程质量检验评定标准》,其中对于试验检测有明确的规定,这充分体现了试验检测工作在工程项目竣工验收中重要地位。尤其是项目交工验收时施工单位所上交的工程质量自检报告中,对于试验检测数据资料,也要专门整理成册,以方便竣工时工程试验检测人员查阅。这些资料既反映了在工程施工之中施工方对于工作质量的控制情况,也体现了施工单位对于工程质量试验检测的手段是否完善合理,为验收人员评定工程质量提供了重要依据,也是该工程日后养护维修的重要依据。

在项目完成之后,对于整个工程进行试验检测,也是一项任务量巨大的工程。我们不仅需要对于该工程的整体进行试验检测,也需要对于各个环节,各道工序分别进行检测,这样做的目的不仅是为了保证整个工程的工作质量,也为检测提供具体依据。众所周知,一个完整的工程需要很多道不同的工序,在对各道工序的试验检测中,要保证各个工序的质量合格以及上下级工序之间的衔接恰当合理。在对于工程整体质量进行评估时,必须依据各个环节之中所测得工程相关数据,以及竣工后整个工程的整体质量,对于该工程给予一个综合性的评定。工程试验检测工作人员要依据相关数据,评定该工程是否达到了预期效果,是否符合国家的或者有关部门的相关标准。唯有如此,才能起到工程试验检测工作在竣工验收中的作用。

八、道路工程质量检测工作的现状分析及措施

(一)道路工程试验检测工作的现状分析

1.道路工程试验检测工作未能得到重视

试验室建设需要大量的资金投入及满足相应资质等级数量要求的检测工程师、检测员。试验检测不能直接为企业创造价值,这对有些施工企业来说,试验检测工作似乎只有投入而没有产出,从而不能对试验检测工作有足够的重视。因此普遍存在试验人员,在待遇方面或多或少都其他技术和管理岗位要低的现象。加之试验检测工作是一项十分繁重、枯燥的工作,并且由于道路工程施工环境较差,其试验检测工作环境也相对较差,导致试验检测人员积极性不高,从事这一行业的意愿也低,人员

挂靠现象时有发生,造成从事试验检测行业的试验人员无论从数量和质量上都不能满足工程建设需要。

2.道路工程试验检测机制受到阻碍

随着科学技术水平的不断创新,道路工程试验检测技术也有所提升,但其运行机制阻碍了试验检测行业的发展。在目前的道路工程管理当中,真正完全独立法人的第三方检测机构所占比例不多,大多道路工程试验检测机构一般都隶属于施工或监理单位,试验检测人员的作用与投入经费的多少都会受到所属单位的制约,使得道路工程试验检测工作独立开展业务受到很多客观条件的约束和干扰,造成道路工程试验检测工作无法发挥对工程质量的控制作用。

3、道路工程试验检测数据信息存在虚假现象

随着国家的不断发展,道路工程建设规模的不断扩大,道路工程施工企业承揽工程也不断扩张,在建项目数量也随之增加,而试验检测人才库的建设往往跟不上工程扩张的速度,加剧了的道路工程试验检测业务需求量与试验检测人力资源的短缺出现相互矛盾的现象。能否按照所规定的检测频率进行检测成了一个普遍的问题。施工企业管理水平有高有低,难免有施工项目管理水平低下的,在项目施工过程,难以做到按计划有条不紊进行施工,从而施工企业补假资料是一个普遍现象。再者,施工企业良莠不齐,为偷工减料对检测数据造假也并不罕见,以上种种,使所建立起来的试验室沦为了造假资料,应付检查的工具,试验检测结果编造或者修改调整数据的现象时有发生,导致试验检测工作与施工过程中的质量控制作用没有真正发挥出来,试验检测结果的数据不具有真实性与可靠性。

(二)加强试验检测工作,提高工程质量的措施及途径

1.充分意识到加强试验检测的重要性

试验检测是为了更好地确保工程质量得到有效的提升。因而作为施工企业,必须利用试验检测得出各项技术参数,从而更好地开展施工,为工程质量的夯实奠定坚实基础的同时减少工程的投资,实现施工企业经济效益的最大化。因此对于施工企业管理者而言,只有意识到加强试验检测的重要性,才能从根本上意识到试验检测在道路工程建设中的作用,进而为试验检测工作的高效开展奠定坚实的基础。

2.致力于试验检测技术、设备的更新

随着道路建设的高速发展,传统的道路检测技术和设备存在多项问题的弊病日益凸显,同时也反映出我国相关机构的研究工作人员对无损检测技术应用更新没有高度重视的现状。运输业的高度发展以及国家整体经济的发展离不开道路网络的通畅,同时现代化道路的要求也越来越高,使得传统的一般道路检测技术已经无法满足现代道路高性能,高精确度的检测。因此,需要引进并掌握新的检测技术与设备,提高检测的水平,才能充分地保证现代道路工程保质保量地建成,也达到对道路工程建

设质量的监督作用。而这就需要施工企业加强对试验方面的投资,加强对试验检测技术人员的培训,不断强化其专业技术水平和责任意识,从而更加主动积极地参与到试验检测工作中来,并切实做好检测设备的维护和保养工作。尤其是加强试验检测新技术、新方法、新设备的更新,这样才能更好地确保检测结果的精准性。

3.切实做好施工过程中的各项检测工作

一是施工企业应建立设施齐全的工地试验室,配备具有较高技术水平的试验检测人员,并建立一套完整的试验室质量管理体系,从而提高试验数据的精确性、可靠性。二是施工中的关键工序和重要施工部位进行严格监督,并详细认真填写工程记录。三是及时对分项工程进行质量验收,验收不合格的项目,坚决返工处理。四是工程竣工后应严格检测验收,对检测中发现的质量隐患应及时提出,没通过验收的必须返工。

4.进一步建立完善道路工程质量保证体系,增强工程质量意识

目前实行"政府监督,社会监理,企业自检"三级质量保证体系。各级质量管理部门应各司其职,按质量第一的方针和全面质量管理要求,采取切实有效的措施,不断提高质量管理水平。在实际工作中,应严格实行质量自检,加强质量管理和质量监督,逐步建立完善三级质量保证体系。其有增强建设各方面的质量意识,分工负责,责任到人,真正落实质量岗位责任制。

第八章 道路桥梁建养一体化信息管理研究

道路桥梁在现代交通基础设施中占有十分重要的地位，特别是对于处在丘陵起伏、江河众多、山水交叠的特殊地理位置的区域。桥梁工程项目相比一般工程项目而言，除具有技术复杂、建设周期长、投资巨大等特点外，最大的区别在于工程质量安全方面的特殊要求，确保工程质量、预防事故的发生是道路桥梁建设与运营单位的首要社会责任。本章主要对道路桥梁建养一体化信息管理研究进行详细的讲解。

第一节 道路桥梁建养一体化的概念认知

一、道路桥梁工程的特点

道路桥梁的特殊性主要体现在如下几个方面。

1.结构设计复杂，预制构件多、体积庞大

为了满足结构安全的要求，桥梁工程设计一般比较复杂，不仅对受力分析要求高，结构形式复杂，还涉及大量的预制构件，特别是异型构件数量众多。桥梁工程预制构件体积庞大，桥梁的大体积施工须解决诸如预制构件的工厂制作和运输，以及大型构件的吊装和施工机械的使用等存在的潜在问题。随着桥梁工程不断向大跨度和大宽度方向发展，这对桥梁的设计和施工也提出了更高的要求。

2.施工环境复杂多变

相对于一般的建筑工程项目，道路桥梁工程施工的整体环境比较恶劣，除会受到洪水、风暴、雨雪甚至地震等恶劣天气的影响外，不同地理环境对施工要求也是千差万别，如跨江、跨海、峡谷及冻土地带等地理环境复杂多变，不同的道路桥梁工程项目可能会面临截然不同的施工环境。为保证桥梁工程施工的顺利进行及施工安全性，必须针对不同的环境制定相应的施工方案。

3.养护工作重要而艰巨

相对于房屋建筑工程，作为重要交通基础设施的道路桥梁在建设和运营过程中，不仅受到自然环境的腐蚀风化，甚至是洪水等地质灾害的破坏和船舶撞击的威胁，还要不断受到车辆行车时产生的冲击力,桥梁的技术性能随着服役时间的延长而不断下降,出现退化趋势。如果不采取有效措施,就会加快桥梁的衰老,缩短桥梁的寿命。

相对于道路工程,道路桥梁的结构更为复杂,由于桥梁特有的工程结构,所以桥梁比道路更容易出现各种破损和故障。另外,道路桥梁的检查工作也更复杂,不仅动用各种检测设备和更多的人员与资金,在遇到一些特殊事件,如地震、洪水等情况时,还要采用特殊手段和科学方法对桥梁进行检查,准确判断整座桥的技术状况。大型、特大型桥梁的数量较少但往往又是重要的交通枢纽,它们承担了巨大的交通流量,随着近年来交通量的持续增加,超载、超限车辆日益增多,增加了桥梁维修、养护工作的难度。因此,道路桥梁的养护工作异常重要和艰巨。

二、道路桥梁管理存在问题分析

道路桥梁的特殊性决定了其对技术和管理上的要求也更为严格,但是近年来随着桥梁建设事业的不断发展,相关管理方式和水平却远没有跟上技术发展的步伐。桥梁管理还存在诸如养护管理手段落后,建设与养护管理的人为分割和信息阻隔,以及建设管理信息化水平低,技术档案资料等信息管理不完善,桥梁建设信息系统与养护信息管理缺乏有效的整合与联系,各桥梁信息管理系统独立运行缺乏共享等诸多问题,这都将不利于道路桥梁全寿命周期目标的实现。

(一)道路桥梁养护管理存在的问题

众所周知,道路桥梁损坏后再修复是比较困难的,严重时可能造成交通中断甚至发生安全事故等。因此,对道路桥梁进行科学有效的管理,保证桥梁在设计年限内处于正常使用状态,满足其承载力和通行能力要求,并尽可能延长使用寿命,对道路运输具有极其重要的意义。目前,中国大多数桥梁的养护管理还没有大规模采用科学的定量技术,许多地区仍依靠传统的人工收集、分析信息的方法进行桥梁技术状况的判断,无法全面掌握桥梁状况,也缺乏相应的数据档案系统,这都影响到道路桥梁的日常养护和维修,造成资源的浪费及养护效率的低下。中国道路桥梁养护管理存在的问题主要有以下几点。

1. 观念问题

目前,中国大部分桥梁养护工作仍存在重建设轻养护、路桥养护不分的观念问题,未意识到桥梁养护的特殊性和重要性,仍混同于一般的养路工作。道路和桥梁都属于重要的基础设施,相对于道路养护、路面养护为重点,桥梁养护则须以桥面养护为中心,承重部件为重点,进行全面养护。另外,桥梁养护管理也缺乏系统观念,大多是就养护论养护,与桥梁全寿命周期割裂开来。

2. 资源问题

养护资源存在的问题主要包括养护资金有限和养护技术人才缺乏两方面。中国道路桥梁普遍存在养护资金缺乏的问题,主要表现为有限的养护资金远不足以完成所有桥梁的维修加固需要,如何使用有限的养护资金利用最大化是目前需要解决的难题。此外,中国大部分地区均未设有单独的大桥管理部门,除少数跨海、跨江大桥有专业的养护管理机构外,其余一般委托当地的道路管理机构负责,这就使得道路桥梁的养护资源难以得到保证。中国虽然实行养护工程师制度,但专业的养护管理人才相对缺乏仍然是桥梁养护管理中普遍存在的一个问题,虽然各桥梁养护管理部门都配备了专职的桥梁养护工程师,但是由于管养的路段较长,桥涵数量较大,养护技术人员的数量难以满足桥梁养护、检查和维修工作的需要。

3.质量问题

桥梁养护存在的质量问题包括桥面不清洁、泄水孔堵塞;桥面不平整,车辆颠簸;引道路面与桥衔接处不够平整导致桥头跳车,行车不顺适;桥栏杆残缺不齐;桥梁构件损坏,如日常养护没有及时修补造成的混凝土剥落、钢筋外露锈蚀、活动支座失去活动能力等。

4.养护信息问题

道路桥梁养护信息存在的问题主要在于前期信息的缺失及其与养护管理的脱节。

(二)道路桥梁建设管理与养护管理间的脱节

工程项目建设期间的人员调动频繁,一般在建设完成1~2年后,建设期的项目管理者不再承担运营任务,这种情况在道路桥梁建设项目中非常普遍。但从工程全寿命周期考虑,由于项目管理者的极度不稳定,也造成了对项目全寿命周期的人为分割。这体现在建设期的项目管理者很难从运营的角度考虑问题。项目的决策和建设没有运营目标为导向。传统桥梁项目管理以建设过程为对象的目标是近视和局限性的,项目的经济效益是通过建成后的运营收益实现的。由于历史资料和相关技术的限制,道路桥梁的运营需求往往难以得到准确、全面的定义,尤其是建设期间道路桥梁的施工往往容易忽视后期养护维修的需要,加大后期运营成本,无法实现运营目标的最优化。

道路桥梁建设与运营阶段之间的界面信息流失现象较为严重。从设计到施工、竣工交付到投入使用两个过渡阶段,建设项目信息都存在不同程度的大量流失,严重影响了工程施工质量及运营管理工作的正常进行。

建设和运营阶段的相互独立,不同阶段用于项目管理的信息支离破碎,项目信息只能阶段性局部共享。在传统的阶段性项目管理模式中,项目的信息主要是为阶段性目标服务的,如设计阶段的信息主要服务于设计方的工程设计,实施阶段的信息主要关注工程的实施与建成。这种信息传递和共享方式约束了项目信息的潜在价值,忽视了项目全寿命期各阶段间的高度关联性与反馈性,往往会造成建设过程中的项目局部目标最优而整体目标受损。

(三)道路桥梁建设信息管理存在的问题

据国外相关文献介绍,建设项目实施过程中产生的诸多问题,约有三分之二与信息沟通有关;建设项目中10%~33%的费用增加与信息交流存在的问题有关;在大型建设项目中,信息交流的问题导致工程变更和工程实施的错误占工程总成本的3%~5%,由此可见,建设项目管理中信息管理的重要性。随着道路桥梁建造规模的逐渐扩大,桥梁施工技术难度与工程质量要求不断提高,建设管理的复杂程度和难度变得越来越突出。工程项目参建各方交互的信息量不断扩大,信息的交流与传递更加频繁,也就对信息管理提出了更高的要求。然而,中国道路桥梁建设信息管理方式仍比较落后,传统的施工信息管理主要存在以下问题。

1.道路桥梁施工信息化有待提高

传统施工信息表现与传递形式已不足以满足现代桥梁施工管理的要求。传统的施工信息表现形式以表格、单据等纸质文档为主,面对桥梁工程施工产生的海量信息,基于纸质、会议、人员往来等传统的信息交流方式需要投入大量的人力和物力,而且容易造成信息失真与时间迟滞,因此利用计算机与网络技术构建信息共享平台,成为道路桥梁工程信息管理的发展趋势。

常见的项目管理软件如P3、Project等在道路桥梁建设管理中的应用也比较少,除个别大型桥梁工程有针对性地开发专用的项目管理系统,如杭州湾大桥、青岛海湾大桥等都建立了自身的信息化管理系统,这类管理信息系统的开发不仅需要业主承担很高的费用,而且系统的研发需要很长时间的调试与试运行,也不具有通用性,难以为其他桥梁工程的建设提供更多参考。

2.信息管理系统相对独立,存在信息孤岛

有关道路桥梁建设信息化管理的研究和应用多集中在4D施工管理系统、桥梁数字化等方面,基于建筑信息模型(BIM)的桥梁设计和施工技术也多处于应用研究阶段,少有工程实践。但整体上现有的信息管理系统自成一派,系统集成度不高,与通用办公软件和概预算等其他软件没有接口,重新输入大量基础数据降低了工作效率。另外,由于缺乏统一的编码体系,信息管理系统都是独立的数据体系,存在"信息孤岛"现象。信息系统的数据质量难以有效控制,数据共享和关联程度不够,难以解决协同管理、有效沟通和系统综合管理等关键性问题,即使是BIM技术建模也难以对其他同类工程提供可参考的信息。

(四)道路桥梁养护信息管理存在的问题

1.桥梁技术档案资料不完善

桥梁技术档案不够完善,尤其对于老旧桥梁,由于历史及档案管理等原因,档案资料普遍存在丢失现象,归档不够齐全规范。一方面,桥梁建设时期的变更技术资料容易归档不及时，造成初始资料难以管理，而且档案资料在移交及多部门管理过程中也容易造成资料的不规范或缺失现场。另一方面，对于道路桥梁的维修和新改建工程等，桥梁技术状况变化较大，由于缺乏有效的历史积累技术资料，极容易找不到最初设计、施工、后期维护等相关信息作为诊断、设计和维修依据，而贻误时机，或者诊断决策、维修不到位，留下隐患。

2.桥梁技术资料管理方式存在弊端

技术资料管理方式的不足在于档案资料缺乏系统的统一和信息化管理程度不高。虽然工程各参与方逐渐提高了对档案管理的认识，但资料没有系统地进行统一，参建各方在资料整理方面逐步形成了各式各样的版本，资料的不连续、不集中和相互独立，导致查阅不便，不利于各单位之间庞大的信息交换。此外，桥梁技术档案资料信息化管理程度不高。传统的桥梁档案资料主要依靠人工方式进行管理，这样的方式存在诸多弊端：一方面以纸质为媒介的资料存储、保管和查询困难，也极易造成资料的丢失和残缺；另一方面资料的统计查询对人的依赖性很大，不同人员的管理、统计方式差别较大，不利于档案资料的管理。

3.桥梁信息养护管理系统存在的问题

虽然桥梁信息管理系统的应用有效提升了档案技术资料的管理效率，但在桥梁的养护管理实践中，系统真正得到充分利用的情况非常少，桥梁信息管理系统仍然依赖人工逐条录入，如果没有严格的制度管理和系统设置，极易流于形式，难以系统、完整地建立和完善桥梁技术档案。桥梁养护管理信息化存在的问题有如下几点。

(1)桥梁信息管理系统缺乏前期基础信息的积累，桥梁信息管理系统是协助桥梁管理部门制定桥梁养护管理计划、资金最优规划等策略的最佳工具，主要包括技术状况评估、结构退化预测、维护对策及经济分析等功能。尽管桥梁信息管理系统在功能上得到了不断的完善，然而值得注意的是，中国现有的桥梁信息管理系统中施工模块是普遍缺失的。目前，桥梁养护所需的各类设计基础信息、施工阶段沉淀数据及养护历史数据均不成系统，养护方案的制订缺乏准确的科学依据。

(2)各桥梁信息管理系统独立运行，信息共享难以实现，国内桥梁信息管理系统大多还处于独立运行阶段，无法通过网络化等信息技术互联互通，形成资源共享和协同分析决策。桥梁信息的采集主要通过地方桥梁管理部实施，由于缺乏一个统一的系统平台，地方桥梁管理部门采集到的桥梁信息需要分级录入市级桥梁信息管理系统和省级桥梁信息管理系统，整个重复录入的过程极易引起数据的丢失和失真，而且数据的修改也十分不便。这就导致桥梁信息难以及时更新，也不能准确、迅速地在各部门间传递共享。

(3)数据采集和录入问题，桥梁信息管理系统需要大量的各方面数据才能发挥其应有的作用。然而在桥梁运营阶段，想要精确采集相关数据是比较困难的。数据采集需要专门的技术人员进行,而桥梁管理部门存在养护技术人员普遍缺乏的现象,从而难以及时采集相关数据;另外,数据采集采用传统的纸质记录方式,为后期人工逐条录入带来巨大的工作量,数据的准确性和安全性很难保证,也难以避免数据的丢失。如果桥梁信息管理系统没有准确、可靠的数据作为支持,其预测和决策功能也就会受到很大的制约。

三、道路桥梁全寿命周期的划分和建养一体化

1.道路桥梁全寿命周期的划分

道路桥梁全寿命周期是指项目从构思(项目建设意图产生)到结束(项目废除)的全部过程,包括决策阶段、实施阶段和运营阶段,其中决策阶段是从工程构思开始到批准立项为止,建设阶段通常分为设计和施工两个阶段,运营阶段从项目交付使用直至工程结束,也是工程寿命期中时间最长的阶段。道路桥梁养护工作一般自交付使用之日正式开始,但在病害出现之后才得到重视,从工程全寿命周期的角度来看,道路桥梁从规划立项、设计、施工直至拆除,各项工作与养护工作都有不同程度的联系,故应在全寿命周期内考虑养护问题。

2.道路桥梁建养一体化

"建养一体化"即建设养护一体化,是在当前高速道路养护普遍存在"重建轻养"、养护管理体制不完善、养护质量偏低的情况下体现出来的,常见于道路管理部门的各项工作报告中,多用于强调做到建养并重,提高高速道路建设和养护水平,实行建设养护一体化管理。

通过以上分析得出,道路桥梁建养一体化是指,在道路桥梁的生命周期内,针对道路桥梁结构性能的安全性、适用性和耐久性能,以及环境、费用和可用性等目标,对建设和养护业务信息进行历史的、空间的分类存储与综合分析,为道路桥梁的建设、养护过程提供信息共享和决策支持,提供道路桥梁建设和养护管理水平。

道路桥梁建养一体化的根本目的是,通过对建设期间信息的有效管理,服务于运营养护期的决策工作。为了实现建设和养护信息之间的共享、消除信息孤岛,道路桥梁建养一体化提出以一体化的项目管理为目标,采用集成管理和信息管理的方法,为道路桥梁管理单位提供从项目开始建设到交付使用的养护、运营的全过程和一体化的管理,包括建设项目生命周期管理的一体化和各参建单位信息共享的一体化。

第二节　道路桥梁建养一体化信息管理的综合认知

一、建设工程信息的特点

在建设工程全寿命周期中会产生大量的信息,它们在不同的工程参与者之间,以及在不同的工程阶段之间传递,前一阶段的大量信息会被后一阶段连续使用。建设工程的信息具有数量庞大、类型复杂、来源广泛、存储分散、应用环境复杂等特征,在建设工程全寿命周期中始终处于动态变化之中。

1.信息量大,内容复杂

建设工程全寿命周期内产生的信息数量巨大、种类繁多,随着工程项目的进展,建设项目信息的数量呈现出几何递增的趋势。据测算,单个普通单体建筑产生的文档数量就达到10的4次方数量级,一个大型建设项目在项目实施的全过程中所产生的文档纸张重量可达几十吨。在建设工程全寿命周期内,大量的信息被创建和传递,在工程各阶段之间、项目各参与方之间存在数量庞大的信息流。信息涉及技术、经济、管理、法律等方面与建设工程全过程有关的各种信息。

2.信息类型复杂、格式多样

建设工程项目信息可依据不同的标准进行分类。按照建设项目实施的过程划分,可分为决策阶段信息、设计阶段信息、施工阶段信息和运营管理阶段信息;按照建设工程的目标划分,可分为投资控制信息、质量控制信息和进度控制信息等;按照参与方信息需求划分,可分为建设单位信息、勘察设计信息、施工单位信息等;从计算机辅助信息管理角度,建设工程信息可以分为结构化信息和非结构化信息两类。在全寿命周期内,建设工程项目信息在被创建和管理的过程中存在多种形式与表现方式,如表达建筑产品构造的工程图纸,反映施工项目管理活动的报告,以及体现工程造价的预算表格等,不同格式的信息同时被创建和管理。

3.信息被多方创建、管理,存储分散

建设项目信息来自建设单位、设计单位、施工单位、监理单位以及其他组织与部门,来自建筑、结构、给排水等不同专业。在全寿命周期内,建设工程各参与方都在工作中创建和管理自身需要的信息,造成信息的分散、重复存储,多个独立的信息中心不能充分地进行信息共享,导致所谓的"信息孤岛"现象的产生,既不利于建设信息的共享及应用,也不利于及时进行决策。

4.信息变更频繁,始终处于动态变化之中

建设项目的信息始终处于动态变化之中。与其他应用环境中的信息一样,建设项目中的信息都有一个完整的信息生命周期。建设工程持续时间长,在实施过程中存在大量的不确定因素,如建设工程的实施环境存在很大的不确定性,各类突发事件经常出现,因此建设工程信息由于外部条件变化而变更频繁。

5.信息应用环境复杂

信息通常按照组织结构形式,在组织成员间进行传输。不同的项目参与方对项目信息有不同的应用要求,同一信息面临不同的信息处理和应用要求,因此对建设工程信息进行组织和管理时需充分考虑对信息的应用要求。

二、道路桥梁信息的分类

桥梁工程项目的信息量大,构成情况复杂,可以从不同的角度对桥梁工程信息进行分类。

按照项目管理工作对象划分,道路桥梁工程信息包括工程系统的总体信息、单位工程信息、分部工程信息、分项工程信息等,按照桥梁结构划分,可分为下部结构、上部结构、桥面系和附属结构信息。

按照信息的内容,道路桥梁工程信息大致可分为技术信息、经济信息、管理信息、法律及其他信息等。根据信息内容属性对信息进行分类和编码,可有效满足项目资料档案收集的需求,实现项目管理各方和各阶段的综合管理。按照工程实施过程中的一些主要工作环节,道路桥梁工程信息可分为决策阶段信息、设计阶段信息、施工阶段信息和运营管理阶段信息。

按照项目参与方划分,建设工程信息可分为业主方信息、设计方信息、施工方信息等不同主体的信息。

三、道路桥梁建养一体化信息管理

道路桥梁建养一体化信息管理主要从两方面实现桥梁建设目标的整体最优,即建设养护信息管理一体化和参建单位信息管理共享一体化。

(一)建设养护信息管理一体化

建设养护信息管理一体化,是将道路桥梁建设阶段和运营阶段的信息进行集成管理,将设计、施工到最后运营养护的管理信息经过充分交流和控制集成为一个整体,减少道路桥梁建设与运营阶段之间的界面信息流失,使项目信息能准确、充分地传递,使道路桥梁建设各个过程之间以及项目各参与方之间进行有效的沟通与合作,实现数据共享。

(二)参建单位信息管理共享一体化

参与道路桥梁建设和养护过程的单位包括业主方、设计单位、施工单位、运营方、政府部门、咨询单位和供应商等有关主体,道路桥梁的建设与养护管理是由各个阶段的参与主体所创建、更新、管理或使用的。在建设阶段,项目各参与主体之间因工作需要而大量、频繁地交流和共享信息,由于各方主体在纵向管理范围有所不同,参与主体在阶段之间的信息交接也是必不可少的。从这个意义上讲,道路桥梁建设与养护管理实际上就是一个工程信息的创建、管理信息共享及应用的过程。因此,基于建养一体化的信息管理模式力图对建设过程中项目各参与主体产生的信息进行有效的梳理,实现在道路桥梁生命周期的各阶段之间、各参与主体之间高效地创建、管理、共享和应用工程信息。基于建养一体化的信息管理共享,一方面要求加强信息(沟通)管理和界面管理,保证界面之间项目各参与主体之间顺利完成信息交接,使工程信息保持准确和完整;另一方面要求加强各参与主体之间彼此合作,强调各参与主体在履行各自传统职责的同时,以配合运营养护为目的将管理工作延伸至工程建设全过程,加强协同工作,实现参建单位信息管理共享一体化。

(三)道路桥梁建养一体化信息管理作用

道路桥梁工程项目信息应符合管理的需要,有助于项目的管理和实施,道路桥梁建养一体化的信息应符合如下要求:符合专业需要,能够满足不同专业、不同项目管理职能人员的信息需求;反映并符合项目实际情况,项目信息保持准确有用不失真;及时提供和反馈信息;信息通俗易懂,便于正确理解。道路桥梁建养一体化信息管理除具备信息管理的辅助决策,提高管理水平、降低成本和提高工作效率等常见作用外,更强调以下几点。

1.合理组织道路桥梁管理信息资源,实现信息资源的共享

道路桥梁从建设到运营的发展过程中,形成了一定的信息沉淀,如果无法有效组织和管理这些信息,则不能发挥信息资源的优势。为了使这些信息真正成为资源,道路桥梁建养一体化的信息管理通过对桥梁信息的搜集、整理、选择和评价,巧用基于BIM技术的数据管理平台实现信息资源的有效整合,通过将分散无序的数据加工为系统有序的信息流,利用信息管理平台实现项目各参与单位的信息资源共享,为桥梁运营养护提供各种工程信息,实现异地协调和控制,并通过各种方式向人们提供信息服务,发挥道路桥梁信息的作用。

2.信息便于查询与利用

在桥梁运营期间,当通过专业监测系统发现桥梁某技术系统发生故障时,则需要调用设计、施工及变更等所有信息,作为技术人员分析和处理故障的主要信息依据。采用一体化的信息管理方式,通过对道路桥梁建设和养护信息的合理组织,提供多元化查询支持,不仅提供当前桥梁运营养护管理的信息,同时基于BIM模型提供三维可视化界面,直观提供道路桥梁各工程系统历史的数据资料,便于工程技术人员查阅和决策。

四、基础理论和方法

(一)建设项目集成管理

集成追求的是优势互补,要求各集成单元能实现优化组合,形成有序和谐的运行结构,从而使得集成产生的总效益大于各集成单元分效益的累加。PMBOK 中对项目集成管理的定义是:项目集成管理是项目管理的一个子集,项目集成管理是将项目管理的各个方面整合在一起的活动,包括那些确保项目各要素相互协调所需要的过程,它需要在相互矛盾的项目目标和方案之间做出权衡,以满足或超出项目干系人的需求和期望。

(二)集成管理分析方法

对于建设工程项目而言,一个典型而有效的方法就是采用系统工程的方法进行集成管理。其中运用最多并且十分有效的方法是 1969 年美国系统工程学者霍尔(Hall)提出的"三维结构体系",即霍尔模型。它用时间维、逻辑维和知识维的三维空间描述复杂系统分析与设计在不同阶段时所采用的步骤和所涉及的知识,是进行集成化管理系统分析与设计的主要方法。霍尔模型是解决规模较大、结构复杂、影响因素众多的大型复杂工程组织与管理问题的思想方法。

(三)建设工程项目集成管理途径

根据霍尔模型可知,建设工程项目集成管理一般从三个维度进行分析,即组织集成、过程集成、信息集成。建设工程项目作为一个完整的系统,组织集成、过程集成、信息集成分别是从三个不同的侧面对建设工程项目进行集成的途径。

1. 组织集成

组织集成是指建设工程项目参与各方的集成。组织集成描述的是建设工程项目集成管理系统的组织形态,即描述建设工程项目各参与单位之间的组织关系。建设项目集成管理中的组织集成是指项目参与各方为了实现共同的目标,按照特定的原则组织设计,从而使相关资源得到有机整合,并以特定结构运行的结合体。组织集成的方法则根据系统论的观点运用组织理论分析建设工程项目采用何种组织结构模式、组织分工及工作流程组织,实现建设工程项目集成化管理。

2. 过程集成

过程集成是建设工程项目实施过程的集成,也是建设项目全寿命周期各阶段的集成。过程集成强调不能只将管理的重点放在工程建设的实施阶段,而应从工程项目的全寿命周期角度进行分析。建设工程项目的所有活动是不可分割的,应运用系统的观点统筹考虑。在建设工程项目集成管理模式中,过程集成反映了纵向管理的范围,涉及建设项目不同过程之间的交互和协同工作。建设项目的过程集成是指实现建设工程项目全寿命周期数据、资源的共享和各参与方的协同工作，将原来分隔的建设过程集成为一个协调的系统。

3.信息集成

信息集成主要针对建设工程项目管理过程中大量存在信息孤岛等问题，解决信息准确、高效地共享和交换。信息集成是建设工程项目集成管理首先必须解决的问题。信息集成的主要目的是保证建设项目全寿命周期的信息得到合理的定义、组织和管理，使项目整个寿命周期内的信息都能保持最新、一致、共享和安全。建设工程项目的信息集成根据系统论的观点针对工程项目既定的目标或任务，运用信息管理的理论和方法对信息进行组织和管理，使建设项目相关的多元信息有机融合和优化，为建设项目集成管理而服务。

组织集成、过程集成和信息集成是建设工程项目集成管理必不可少的三个方面。信息集成是过程集成和组织集成的基础，过程集成是连接组织集成与信息集成的重要环节，组织集成是在过程集成和信息集成的基础之上进行的，是建设工程项目集成的最高层次。

五、工程全寿命期管理

在全寿命期管理研究中最早的领域是全寿命期费用管理（LCC）研究，LCC概念起源于瑞典铁路系统，《工程全寿命期管理》一书中关于工程全寿命期管理的定义为：工程全寿命期管理是以工程的前期策划、规划、设计、建设和运营维护、拆除为对象的管理过程。工程全寿命期管理有两个含义。

1.工程全寿命期管理，主要是指对工程全寿命期内各个阶段的管理工作。

2.基于工程全寿命期的管理理念、理论和方法。工程全寿命期管理强调工程的任何一个阶段的工作都要立足于工程的全寿命期，不仅注重建设期，更注重工程的运行阶段；工程全寿命期管理以工程全寿命期的整体最优作为管理目标，反映工程全寿命期的整体效益和效率；强调对工程全寿命期进行集成化管理，将工程全寿命期的各个阶段的全过程作为一个整体统一管理，形成具有连续性的、系统的、集成化的管理系统。

建设项目全寿命管理从项目决策阶段开始，直至项目废除，进行总体和全面的策划、协调与控制，使项目符合投资方、运营方和最终用户的要求，使建设的投资目标、质量目标和进度目标尽可能实现，并使项目得到尽可能大的投资的有形和无形的回报。

全寿命管理的理念要求工程项目的建设和管理应在考虑工程项目全寿命过程的基础上进行，在工程全寿命期内综合考虑工程建设的各种情况，使工程项目的总体目标达到最优。全寿命期管理有助于项目管理者在工程建设过程中统筹考虑工程项目全寿命期目标的实现并最终提升工程的价值。

第三节 道路桥梁建养一体化信息管理过程解析

随着BIM技术的发展,BLM理念的提出为建设项目全生命周期信息管理提供了理论和技术上的支持。BLM通过支持协作性地创建、管理、共享和使用项目相关信息,以全寿命周期集成化管理的思想将项目设计和相关信息进行有机集成,为项目增值服务。先分析桥梁工程建设与养护阶段的信息管理过程,包括信息创建、信息加工与存储、信息共享和信息再利用四个环节。然后通过建养一体化信息流程分析,明确基于BIM模型的建养一体化信息流动过程,为桥梁建设和养护管理决策服务。

一、基于BLM理念的建设工程信息管理

建设工程生命周期信息管理(BLM)的理念思想的提出,从技术上改变了建设工程信息的创建、管理和共享行为与过程,是工程建设领域信息化发展的方向。建设工程生命周期信息管理以BIM为技术核心来推动建设工程设计、施工和运营管理工作中的数字化,从而提高信息在工程参与各方之间共享的程度。

道路桥梁建养一体化信息管理的对象是道路桥梁建设项目各阶段的信息,即寻求最佳方式组织、跟踪、访问和管理道路桥梁项目的设计、建造与运行维护等各阶段内的所有数据及信息,它需要解决目前道路桥梁信息的创建、管理、共享和使用中存在的问题。基于BLM理念的道路桥梁建养一体化信息管理不仅仅是信息管理,相对于传统的信息管理侧重于信息传输的合理组织和控制,其更密切结合面向道路桥梁项目的协同工作、流程改进和知识管理。道路桥梁建养一体化信息管理过程涉及桥梁工程信息的创建、管理、共享和使用整个过程,需要解决以下问题。

1. 信息的创建阶段

基于BLM理念的建养一体化信息管理需要解决道路桥梁巧计方案以及相关的信息集成问题,包括结构空间规划、成本、物料清单等资源和工程结构关系等,以及这些信息的参数化处理和相互关联处理,目前建筑信息模型(BIM)是解决此问题的重要途径。

2. 信息的管理和共享阶段

在这一阶段需要解决信息的分类、文档的产生、桥梁数据的更新以及信息的安全管理、分发和交流等,以使项目各参与方协同工作。

3. 信息的使用阶段

信息的使用阶段需要解决所创建信息的再利用问题,即应具备强大的索引和搜索功能,从信息的最终用户需求角度出发获取信息,将传统的"推"式转向"拉"式,提

升信息使用层次,将信息转化为知识,为道路桥梁项目增值提供服务。

二、道路桥梁建养一体化信息管理的实施

信息管理角度来看,道路桥梁建设与养护管理实际上就是工程信息的创建,以及管理信息共享及应用的过程。道路桥梁建养一体化信息管理的实施可用五个基本过程进行描述,即信息需求的识别、信息创建(获取)、信息加工和存储、信息共享和信息再利用。现在以BLM理念为指导,重点分析桥梁工程建设与养护的信息创建、信息加工和存储、信息共享和信息再利用过程。

(一)建设阶段信息管理过程

道路桥梁建设阶段信息管理过程主要从信息创建、信息加工与存储,以及信息共享三个环节进行分析。

1.信息创建(收集)

道路桥梁工程项目在整个建设过程中产生大量的信息,对这些工程信息进行管理的第一步就是信息的创建和收集。BIM设计工具创建了参数化设计数据,为桥梁工程全寿命期的信息管理提供了可行的技术基础,实现全寿命期各阶段的信息管理和共享。基于BIM模型的信息创建主要包括BIM核心、信息的创建以及技术信息、经济和资源信息、管理和其他信息等附属信息的创建。

桥梁工程BIM核心、信息的创建主要由专业软件系统实现,在设计阶段主要是参数化三维建模,建立结构细化模型,不仅包括桥梁图形信息、设计信息和材料信息等BIM模型创建桥梁工程结构信息等核心信息,还包括通过与BIM模型相结合的信息平台集成创建的相关附属信息(如技术信息、经济和资源信息、进度信息等),是BLM各阶段信息共享和协调工作的基础。

2.信息加工与存储

原始信息创建(收集)后并不宜直接存储和使用,信息存储之前需要对信息加工和处理,即对与建设项目相关的信息根据不同需要及要求进行选择、核对、分类和汇总,在此基础上生成不同形式的信息。基于BLM理念的信息加工与处理,在强调信息集中管理的同时,主要通过判断、分类整理以及编辑与归档保存三方面的工作,获得可供利用和存储的真实可靠的信息资料。

(1)判断。除了判断创建信息的真实性与准确性外,BIM信息的判断主要包括两方面:一是工程建设需要的信息,宜由业主方牵头组织,设计、施工方负责实施;二是从运营养护管理角度出发,由运营方负责判断信息的归档和参考类型。

(2)分类整理。道路桥梁建设项目参与方众多,从各方面收集到的信息分散而杂乱,采用基于EBS的信息模型能够以统一的标准对其进行分类整理。拓展的编码信息则用于将创建的初始信息按一定的标准,如时间、业务性质等将其分门别类进行

整理。

（3）编辑与归档保存。信息的编辑与归档保存主要是为后期的调用提供便利。基于BIM的信息模型能够通过三维可视化让使用者直观了解桥梁状况，采用统一的编码体系则有助于信息归档的电子化和规范化，以实现数据库对信息的集中管理。

3.信息共享

传统的信息传递主要依赖人工的方式进行，如专人负责信息的传递，将纸质文件在规定时间内传达到指定方，通过通信方式（如信函、电话、传真等方式）及会议形式进行信息传递。BIM作为一项基于三维的面向对象的工程数据库技术，BIM数据库包含设计意图、设计管理数据、项目资料和建造信息等可视化信息，因此满足了构建信息交换平台的最基本要求。基于BLM的信息共享强调在桥梁工程生命周期内，使工程各参与方能够在线交流信息与协同工作，项目信息门户（PIP）为此提供了技术方面的支持。项目信息门户在对工程各参与方产生的信息进行集中管理的基础上，在互联网平台上为各参与方提供个性化建设工程信息的单一入口，项目所有参与方可以通过这一单一入口访问他们所需要的信息，从而使项目信息从传统低效、点对点的沟通方式转变为集中共享，不仅大大提高了信息沟通的效率，项目信息也得以稳定、准确和及时传递，为工程各参与方提供一个高效的信息交流和共同协作的环境。设计阶段PIP为设计方基于BIM的协同工作提供支撑，各专业工程师改变传统点对点的沟通方式，采用在PIP平台上实现基于BIM的信息集中共享。PIP还为业主方决策提供信息支撑，决策人员通过PIP能够实时掌握工程进展和工程方案实施情况。施工阶段PIP除实现信息共享、协同工作和文档管理等功能外，基于PIP平台集成相关项目管理信息系统，能够在PIP平台上进行成本管理、进度管理、合同管理等项目管理工作。另外，BIM中心、数据库的信息内容也可以通过PIP平台进行共享和发布，并通过PIP平台接收各参与方的信息指令。基于BIM数据库和PIP信息平台的信息传递与管理模式，使建设项目信息在规划、设计、建造和运营维护全过程充分共享、无损传递，可以使建设项目的所有参与方在项目从概念产生到完全拆除的整个生命周期内都能够在模型中操作信息和在信息中操作模型，进行协同工作，从根本上改变过去依靠文字符号形式表达的蓝图进行项目建设和运营管理的工作方式。

（二）养护阶段信息管理过程

道路桥梁养护是一项系统工程，涉及的信息量多面广，针对道路桥梁养护信息过于抽象、分散的特点，将桥梁养护信息进行科学加工与集成共享具有重要意义。桥梁养护信息过程管理也可以从信息创建、信息加工与存储，以及信息共享的角度进行分析。

1.信息收集（创建）

道路桥梁养护信息可以分为构件信息和业务信息两类。运营阶段道路桥梁的产品数据模型由构件数据模型和业务数据模型组成,构件数据模型是在移交的BIM模型基础上形成的,主要描述道路桥梁构件的状态,构件数据模型信息包括桥梁下部结构、上部结构、桥面系、附属结构信息,以及档案信息和图形信息等基本信息。业务数据模型则用于描述桥梁检测、桥梁状况和评估等动态信息。

构件数据模型信息由在桥梁维护过程中所需和积累的设计与施工信息构成。因此,构件数据模型创建的信息包括结构类型和构件在维护计划、退化诊断、维修与加固阶段的信息。

业务数据模型信息由运营阶段桥梁养护工作产生的信息构成,业务数据模型创建的信息包括:桥梁检查检测产生的数据,桥梁检查检测专业数据信息是桥梁状态评估和养护决策的主要专业数据来源,包括经常性检查、定期检查和特殊检查专业数据和健康监测系统采集的数据;根据桥梁检查数据生成的桥梁评定结果的数据;桥梁养护决策信息以及维修加固计划的制订;进行桥梁维修与加固产生的数据;等等。

2.信息加工与存储

桥梁管理系统的数据库子系统为桥梁养护信息的加工和存储提供了技术支持,一般桥梁管理系统数据库包括桥梁基本数据(桥梁结构、设计数据、施工数据)、检查数据、维修改建历史数据、技术状况数据、费用数据和交通环境数据等。采用基于BIM的数据库技术,在实现传统桥梁管理系统数据库功能的基础上,通过面向对象的、智能化和参数化特点的数字化表示,支持桥梁养护过程中动态信息创建、更新和管理,实现信息可视化表达,为桥梁养护信息加工与存储提供集成化平台。基于BLM的桥梁产品数据模型也可根据判断、分类整理、编辑归档三方面工作进行信息的加工与处理。

(1)判断。除判断创建信息的真实性与准确性外,桥梁养护信息判断主要包括两方面:一是工程后期维护需要的信息;二是为桥梁设计、施工提供技术参考的信息。由运营方负责判断信息的归档和参考类型,并且与设计、施工方保持长期合作关系。

(2)分类整理。桥梁养护信息的整理采用动态数据与静态数据的相互转化进行分类整理,对于构件数据模型的信息,主要桥梁构件指将对应的基本数据、检查数据、维修数据、技术状况等数据一归类整理。

(3)编辑和归档保存。桥梁养护信息的编辑归档是一个不断更新的过程,其中构件数据模型的信息经归类后即可累积存储,业务数据模型的信息在信息输入和输出的过程中将相关技术信息归类保存,便于本工程后期运营参考和其他类似工程设计、施工的借鉴。

3.信息共享

相对于桥梁养护管理,桥梁建设阶段参与方多、信息量大,基于BIM的PIP为不同参与方之间的交流和信息共享构建了面向桥梁建设全生命周期信息管理的协作平台。桥梁运营方在建设阶段基于BIM的PIP平台上实现桥梁建设信息共享之外,桥梁养护信息的共享则由基于BIM数据库的产品数据模型实现。不同于传统的桥梁管理系统,基于BIM数据库的桥梁3D产品数据模型最大的特点是提供一个可视化直观界面,作为进入海量桥梁信息库的窗口,具备强大的索引和搜索功能,为相关方信息查阅提供支持。

传统桥梁养护管理从运营阶段开始,相关养护信息也是在运营阶段开始创建和管理。基于BIM数据库的产品数据模型在整合桥梁维护过程中所需和积累的设计与施工信息基础上,不断更新桥梁构件在维护计划、退化诊断、维修和加固阶段的信息,其面向桥梁工程对象的设计、施工、养护一体化信息,实现桥梁全生命周期的信息传递,特别是桥梁运营期间的检测评估后的信息共享,为相关设计、施工与养护等部门提供反馈信息,实现桥梁建设与养护之间的信息共享。

产品数据模型中的业务数据模型可以有效与传统的桥梁管理系统相结合,实现业务间的信息共享;产品数据模型与健康监测系统相结合—在产品数据模型上结合桥梁健康监测布局,实现桥梁基本数据信息、业务数据信息、健康监测信息一体化,实现BIM数据库、桥梁管理系统和健康监测系统间的信息共享。

(三)信息再利用

对于建养一体化的道路桥梁而言,信息的价值在全生命周期各个阶段的体现也有所不同。在决策阶段,信息的价值在于明确定义一个项目,并为后续阶段提供决策信息;在设计阶段,信息的价值在于为招投标、施工和运营阶段提供准确而完整的项目信息;在施工阶段,信息的价值在于根据项目目标进行各项管理活动并指导施工,避免因信息的错误导致不必要的浪费;在运营阶段,信息的价值在于辅助运营管理及资产的保值增值。

1.信息管理平台的应用能够减小数据手工输入造成的错误。采用信息管理平台实现了信息再利用的"一次录入,多次使用",这就避免了传统信息在过程界面或组织界面都需要重复手工录入的情况,从而减少了手工录入造成的信息错误。

2.基于EBS的编码体系减少信息冗余。信息再利用是根据需求对信息的多次使用,由于EBS编码体系的固定性,只需对录入的一套信息进行维护就可以满足多方的需求,这不仅减少了信息总量,也降低了信息搜索与维护的成本。

3.提高信息准确性,准确反映桥梁状态。传统道路桥梁各阶段都是利用本阶段录入的信息,在桥梁生命周期内存在多种表达同一构件的信息,当信息变更时,无法及时反映给其他相邻阶段,造成信息时效性和准确性下降,无法准确反映桥梁状态。

三、道路桥梁建养一体化信息流程

信息流程是记录业务流程中管理工作形成的数据流,建设项目信息流程主要反映建设项目的建设过程和信息处理过程。道路桥梁建养一体化信息流程包括项目管理流程和信息流分析两方面。采用IDEF0(Intergrated Definition Language)方法对道路桥梁建养一体化过程建立模型,通过分析项目各个过程之间的联系,梳理项目管理流程,是信息流程分析的基础。项目建设的不同阶段均存在信息流动过程,建养一体化信息流通过分析基于BIM信息模型的数据流,实现道路桥梁设计、施工和养护管理各个阶段的过程数据与结果数据的整合及再利用,服务于道路桥梁建设和养护管理决策。

(一)建养一体化工程模型建立

工程建设项目的过程是指为完成建设项目目标而进行的一系列逻辑相关的跨越时间的活动的有序集合。工程建设项目的所有活动是不可分割的,需要用系统的观点统筹考虑,道路桥梁建养一体化过程涉及不同过程之间的交互和协同工作,运用过程建模技术对道路桥梁建养一体化过程建立模型,分析项目各个过程之间的联系,也有利于实现桥梁建设各过程的信息集成与管理。采用IDEF0方法可以清晰而有序地描述各层次的过程以及相互关系,IDEF0的基本元素包括输入、活动、输出、机制和控制。

工程建设过程从不同参与方的视角出发具有不同的输入、输出和控制机制,业主方作为整个项目的组织者与集成者,道路桥梁建养一体化的过程模型是基于业主视角的模型。由于桥梁工程建设过程涉及内容广泛,人们主要就桥梁工程生命周期过程及其部分关键过程给予建模,着重体现建模的思路和方法。建养一体化过程总体模型可分为建养一体化信息管理、前期策划、设计、施工和运行及维护五个子过程,具体包括以下内容。

1.建养一体化信息管理活动。建养一体化信息管理主要集中在将资源转化为项目参与团队、文档或合同等控制条件,建养一体化信息管理受控于两个要素,即整个项目的状况信息和优化项目内部子过程的信息。

2.项目前期策划活动。通过明确和定义业主需求与实现方法,将建设想法转化为设计要求,受控于项目参与者、管理计划、合同和优化信息,输出包括活动下游的设计要求文件和项目前期策划信息。

3.设计活动。基于策划报告和设计文件的要求,将执行方案转化为BIM模型、工程文档和运行维护文档。另外,后续活动的设计可施工性以及运营养护管理信息也是设计所需的控制信息,以使工程满足业主的需求。基于BIM的设计过程可分为如下几个子过程:理解项目需求和要求;项目定义和概念设计;初步模型建立;模型改进和深化;模型的测试与模拟;模型的维护和设计文档的输出。

4.施工活动。基于BIM模型、工程文档、合同、标准和现场计划等控制条件,施工活动的主要任务是将与设计有关的资源转化为一个完整的工程实体。

(二)建养一体化项目管理工程分析

基于建养一体化的项目管理流程更多地考虑工程技术的定位、工程建设组织协调管理和运营维护,包含许多职能型的计划和管理控制,使桥梁工程在建设期和运营期都能很好地发挥作用,实现建设目标。项目管理流程可分为建设管理流程和养护管理流程两部分。

1. 基于建养一体化的桥梁建设项目管理流程

建养一体化桥梁建设项目管理应以运营养护为导向,从提高信息再利用、降低桥梁寿命周期成本和提高运营效率的功能角度出发,在满足当前目标的基础上,以建养一体化为目标,形成一体化的管理流程,为桥梁养护决策提供必要的条件。在桥梁建设阶段,项目管理流程主要反映项目管理要素之间的关系。

2. 基于建养一体化的桥梁养护管理流程

在养护管理工作中,基于BIM模型的数据库包含桥梁基本数据(即产品数据模型中包含的桥梁设计、施工数据),它是进行检测、评估、计划和决策的基础。在桥梁检查检测和健康监测系统数据基础上进行结构状态评估,评估结果为维护计划和决策的制定提供数据基础。根据评估的结果制订维修加固计划,最后将维修加固实施的结果也录入数据库保存。

(三)建养一体化信息流分析

从全寿命周期的角度来分析,建设项目在某一阶段产生的一些信息不会立刻消失或失效,往往会继续进入下一个阶段使用、更改。在信息产生、转化、消亡的过程中,项目建设的不同阶段均存在信息的流动过程。道路桥梁工程项目从产生开始经历了决策、设计、施工和运营多个阶段,各阶段之间的管理过程是紧密联系的,前一阶段的信息输出会成为后一阶段的信息输入。建养一体化信息流即用来分析相关的信息流动过程是如何为桥梁建设和养护管理服务的。

1. 桥梁建养一体化总体信息流

道路桥梁建养一体化信息平台不同于一般的桥梁管理系统,道路桥梁信息平台利用BIM技术,通过对全桥进行结构分解、参数化编码,将每个构件在设计阶段、施工阶段以及运营阶段检测、维修养护的各类数据信息输入,实现桥梁生命周期数据的流通,形成建养一体化的信息流,其信息资料的完整性也符合全寿命周期理念的要求。

2. 道路桥梁建设—养护管理信息流

BIM作为桥梁建养一体化信息管理的核心,在工程生命周期不同阶段的模型信息是一致、连贯的,同一信息无须重复输入,故建设—养护管理信息流分析以BIM模型信息流分析为主。BIM模型信息流以完善BIM数据库的信息为目标,BIM数据库相当于提供了一个信息存储平台,不同阶段不同参与方可以根据需求提取相关信息,扩展和输入相应的信息,随着BIM数据库信息的不断完善,为相关参与方进行项目决策提供技术支持。

从以养护为导向的桥梁建养一体化角度出发,桥梁运营阶段的产品数据模型信息由在桥梁维护过程中所需与积累的设计和施工信息构成。因此,运营阶段信息流关注构件的结构类型及其在设计、施工、运营维护计划、退化诊断、维修和加固阶段的信息积累,并将这些信息有效归类于桥梁上部结构、下部结构、桥面系和附属设施中。其中,CAD、设计分析和工程量计量结果等信息作为运营阶段产品数据模型的基础数据,应能体现一定的架构并提供原数据的链接。

(1)桥梁建设阶段的信息流,通过设计和施工各功能模块信息的完善最终流向BIM数据库。桥梁BIM功能模型的建立是在数据的基础上进行的,可以从相关模型软件中抽取提炼出可识别的信息,通过BIM数据集成平台(BIM数据库)实现共享和扩展。例如,设计阶段的信息模型主要包括桥梁3D模型、材料属性、地质环境、水文资料、基础造价等信息;施工信息模型对其进行扩展,包含桥梁施工模拟数据、施工基本信息、安全管理方案。由于后续信息模型在建立时可以从中提取所需的信息,减少不必要的信息输入,提高了信息的重复利用率。

(2)桥梁运营阶段的信息流,桥梁运营阶段的BIM信息流以桥梁设计和施工模型积累的信息为基础,对最终施工信息模型进行进一步扩展,增加桥梁检测采集信息、桥梁状况评估产生的关于桥梁构件的结构特征信息,以及后期桥梁维修加固的相关信息,更新到BIM数据库中。一方面为桥梁后期养护管理提供技术基础,提高信息再利用;另一方面对其他桥梁工程的设计、施工提供参考信息。

结语

随着我国道路交通行业的不断发展,建设的道路桥梁工程数量也越来越多,极大地推动了我国的发展,方便了我国人民的日常出行。在道路桥梁的施工过程中,经常会进行隧道的施工,隧道的施工十分困难,对施工技术的要求也较高,很容易在施工过程中出现各种问题。

社会的发展进步使得我国现代化的道路桥梁建设工程发展迅速,而道路隧道建设是一项十分关键的工程建设项目。对此,本书结合了当前我国道路桥梁隧道的施工现状,有效地完善道路桥梁隧道的施工工艺和质量管理工作。道路桥梁建设和其他建设项目比较而言有着很大差别,道路和桥梁是其管理的主体。与其他的工程建设相比道路桥梁工程相对复杂,在保证工程进度的基础上需要最大程度地节省建设成本,重视道路桥梁施施工管理工作,提出相应的解决对策,确保工程建设安全有效地进行。

当前我国充分重视基础设施建设,积极开展基础设施建设工作。道路桥梁隧道工程作为基础设施建设中重要的组成部分,道路桥梁隧道建设工程项目和数量逐年增加。为了确保工程项目的整体安全性,应全面分析道路桥梁隧道工程项目施工技术的重点和难点,不断提高整体施工技术水平。我国经济建设的快速发展,极大地促进了我国交通事业的发展。在道路桥梁工程的建设过程中,桥梁隧道工程的建设相当关键,其整个施工过程危险程度较高,同时对于施工技术也有着极高的要求,一旦出现差错,后果将不堪设想。因此,加大对桥梁隧道工程施工技术的研究是非常有必要的。

对于路桥隧道施工来说,合理地完善施工组织设计以及施工方案和路桥隧道施工的质量有着密切的联系,首先,制定科学的编制程序和方法来确保施工的流程能够顺利地进行。其次,在编制过程中一定要认真的对经济技术进行全面的分析,不仅要确保设计质量,还应保证施工准备工作的质量。为了加强路桥隧道施工的质量,要充分地做好施工组织设计的准备工作,这样才能保证路桥隧道施工的连续性,可以尽快做下一个施工准备,保证路桥隧道施工的有序进行。

路桥隧道建设工程是一个复杂而系统化的工程。施工时,必须符合先前制定的质量控制标准,提高工程技术管理水平,使路桥隧道施工顺利进行。路桥隧道的安全性也得到了提高,不仅解决了路桥的承载问题,而且解决了施工质量问题。加强路桥隧道工程质量控制,保证工程整体质量,间接保障人民生命财产安全,提高企业在市场上的竞争力。使路桥隧道工程今后可以不断发展和完善。

参考文献

[1]周洪文,董德全.山区高速道路项目管理工程实践[M].北京:人民交通出版社.2021.

[2]潘凯,晁新忠,陈纪州.道路工程经济及项目施工管理[M].北京:中国石化出版社.2021.

[3]李迁.江苏省高速道路项目管理标准化指南[M].北京:人民交通出版社.2019.

[4]王兴平,尹紫红,尹杰,赵建华,侯俊平,等.道路工程项目全寿命周期BIM智慧化管理系统研究[M].成都:西南交通大学出版社.2019.

[5]任均华.道路工程建设项目管理[M].济南:山东大学出版社.2019.

[6]陈开群.高速道路建设项目设计与施工管理[M].北京:中国商务出版社.2020.

[7]葛明元.道路建设与项目管理[M].长春:吉林科学技术出版社.2020.

[8]张少华.道路桥梁工程与项目管理[M].北京:北京理工大学出版社.2019.

[9]丁雪英,陈强,白炳发.道路桥梁建设与工程项目管理[M].长春:吉林科学技术出版社.2019.

[10]张发雨.高速道路建设项目动态管理理论及其应用研究[M].长春:吉林大学出版社.2019.

[11]黄擎洲,俞建虎,王翔.道路项目建设管理[M].新疆生产建设兵团出版社.2018.

[12]孔滨,柴东霞,倪国庆.现代道路项目管理与园林绿化[M].长春:吉林文史出版社.2018.

[13]杨寿君,刘建强,张建新.城市道路桥梁建设与工程项目管理[M].长春:吉林科学技术出版社.2021.

[14]王兆奎.道路工程施工项目精细化管理研究[M].沈阳:沈阳出版社.2018.

[15]王启铜.城市高风险高速道路项目 挑战与创新 珠澳大桥珠海连接线工程建设管理[M].人民交通出版社股份有限公司.2018.

[16]高永强.道路工程与项目管理[M].长春:吉林教育出版社.2018.

[17]史建峰,陆总兵,李诚.道路工程与项目管理[M].北京:九州出版社.2018.

[18]刘黔会.规划设计与道路工程项目管理[M].吉林出版集团股份有限公司.2018.

[19]李伟;杨佳,赵中华,李赢副主编.道路工程施工项目管理与技术创新[M].北京:清华大学出版社.2018.

[20]田晓飞,郭明华.道路桥梁项目管理与水利工程[M].北京:团结出版社.2017.

[21]吕春雨;刘艺荣,何日林,邹双凤副主编;方崇主审.道路工程施工项目管理技术[M].北京:中国水利水电出版社.2016.

[22]李宽.道路工程项目管理[M].武汉:华中科技大学出版社.2018.

[23]郝俊杰,杨杰,杨远亮.道路工程建设管理与项目规划设计[M].长春:吉林科学技术出版社.2018.

[24]刘海英.道路工程与项目管理[M].天津:天津科学技术出版社.2018.

[25]刘文胜.道路工程施工项目试验管理手册[M].北京:中国建筑工业出版社.2017.

[26]杨涛,周银红,韩春景.道路工程建设项目工地试验室建设与管理[M].北京:北京理工大学出版社.2018.

[27]陈纪军,李晋旭,王同伟.道路工程与项目管理[M].长春:吉林人民出版社.2017.

[28]胡思维.高速道路路面工程施工精细化管理 在广东省汕湛高速揭阳至博罗项目实践[M].北京:人民交通出版社.2017.

[29]江国帅.道路桥梁建设与工程项目管理[M].北京:现代出版社.2017.

[30]郭其云.道路工程项目安全管理概论[M].北京:电子工业出版社.2017.

[31]李杰,安彦龙,梁锋.市政路桥施工技术与管理研究[M].文化发展出版社.2020.

[32]黄萍.路桥施工技术研究[M].昆明:云南科技出版社.2019.

[33]朱睿,田永许.路桥施工技术与项目管理[M].北京:中国纺织出版社.2018.

[34]周仁松,杨家松,李凯.路桥施工技术与安全管理[M].哈尔滨:黑龙江科学技术出版社.2018.

[35]汪亚飞,乔利胜,蒲国柱.路桥施工技术研究[M].延吉:延边大学出版社.2018.